का उससे तद्‌रूप, तदाकार होना, 'ट्यून' होना जरूरी है। अगर यह है तो यह होता है; नहीं है तो नहीं होता। क्या ऐसा ही कुछ हिमालय में, कैलास-मानसरोवर में, काशी, चित्रकूट, पंढरपुर में होता है? या नहीं होता। पता नहीं। आपको क्या लगता है?

इन शब्दों के साथ, यह यात्रा-वृत्तान्त संग्रह प्रस्तुत है।

सारनाथ, **–कृष्णनाथ**

वाराणसी **14 मई, 2009**

प्राक्कथन

हिमालय के यात्रा-वृत्तान्त पढ़ कर मेरे एक सहृदय पाठक ने संकोच से कहा कि आप सिर्फ बौद्ध स्थानों की यात्रा करते हैं और लिखते हैं। क्या हिन्दू तीर्थ, स्थल नहीं हैं? उनके बारे में क्यों नहीं कुछ लिखते?

यह तो मुझे सूझा नहीं था। क्योंकि हिमालय न तो हिन्दू है, न बौद्ध, न ईसाई, न मुसलमान। हिमालय तो हिमालय है। और ऐसे ही अन्य तीर्थ। और स्थल।

अगर परीक्षा करें तो न तो कोई स्थान, या शरीर, पवित्र है, न अपवित्र; न शुद्ध, न अशुद्ध। यह शरीर खुद ही तीर्थ है। इसमें ही काशी, प्रयाग, चित्रकूट, पंढरपुर है। इसमें गंगा-जमुना, सरस्वती है, सिंधु, ब्रह्मपुत्र, नर्मदा, गोदावरी, कृष्णा, कावेरी है। और यह शरीर तो शुक्र, शोणित से बना है। यह न तो शुद्ध है, न अशुद्ध। अगर शुद्ध है तो वह और बाट से क्यों नहीं आया? इसमें कोई स्पृश्य-अस्पृश्य नहीं। वैसे ही तीर्थों में, स्थलों में।

फिर भी, हिमालय में या तीर्थों में जा कर यहाँ कुछ तो है, ऐसा क्यों लगता है? शायद इनमें कुछ है जो चित्त में गूँज-अनुगूँज पैदा करता है। खास कर, वहाँ कम से कम एक रात या तीन रात रह कर कुछ ऐसा भाव उपजता है। इसका कोई माप नहीं। ऐसा कुछ स्थूल भी नहीं। किन्तु कुछ नहीं है, ऐसा भी नहीं।

कैम्ब्रिज विश्वविद्यालय के वैज्ञानिक रूपर्ट शेल्ड्रेक अपनी खोज के आधार पर इसे एक नाम देते हैं : ''माफ़ोंजेनेटिक रेजोनेंस''। मैंने उनसे पूछा कि यह क्या है? तो वे संक्षेप में बताते हैं कि 'मार्फो' तो 'मार्फस' या 'फॉर्म', आकार, रूपाकार है। यह कुछ रूप, रूपाकार हैं, जो हैं, जब चित्त उनसे जुड़ जाता है तो यह उसमें कुछ गूँज-अनुगूँज 'रेजोनेंस' पैदा करते हैं। स्मृति और 'टेलीपैथी' वगैरह का मूल यह है। हाँ, चित्त का, मन

वाणी प्रकाशन
ज्ञान के विविध आयामों के प्रकाशक

वाणी प्रकाशन का 'लोगो' विख्यात चित्रकार मक़बूल फ़िदा हुसेन की कूची से

वाणी प्रकाशन, 4695, 21-ए, दरियागंज, नयी दिल्ली-110002
वाणी प्रकाशन, अशोक राजपथ (पटना कॉलेज के सामने), पटना (बिहार)

DUTT DIGAMBAR MAJHE GURU
Category : **Travels / Hinduism / Hindu Culture**
by : **Krishnanath**

ISBN : 978-93-5000-048-9

प्रथम संस्करण

मूल्य : 495/-

वाणी प्रकाशन
फोन : 0091#11#23273167, 23275710
फैक्स : 0091#11#23275710
वेबसाइट : www.vaniprakashan.in
ई-मेल : vaniprakashan@gmail.com
vani_prakashan@yahoo.com

आर.टेक ऑफसेट प्रिंटर्स द्वारा दिल्ली-110095 में मुद्रित

दत्त दिगम्बर माझे गुरु

(यात्रा-वृत्तान्त)

कृष्णनाथ

वाणी प्रकाशन

दत्त दिगम्बर माझे गुरु

(यात्रा-वृत्तान्त)

अनुक्रम

प्राक्कथन	5
अगर तुम्हारी प्रिया आँखों-ही-आँखों के इशारे न समझे तो...	9
कोणारक : कालो अश्वो वहति	22
चित्रकूट	38
चुनार	49
जिन्दगी का एक हादसा या...?	60
श्रीलंका यात्रा	69
अथ हिमालय आख्यानम् या मानसरोवर माहात्म्य	78
कैलास-मानसरोवर यात्रा मार्ग	84
मुक्त कैलास-मानसरोवर यात्रा क्यों ?	89
कैलास-मानसरोवर के रास्ते से	94
गंगोत्री-गोमुख : नोटबुक के पन्नों से (भेंटवार्ता)	101
केदार खण्ड यात्रा (यात्रा नोटबुक से)	109
अथ यमुनोत्तरी यात्रा	119
यमुना से संवाद	133
अथ कुम्भ माहात्म्य	139
माझे माहेर पंढरी	185
दत्त दिगम्बर माझे गुरु	195

अगर तुम्हारी प्रिया आँखों-ही-आँखों के इशारे न समझे तो...

दोपहर खाना खा कर बैठा था। दीपावली का दूसरा दिन था। सोच रहा था कुछ लिखूँ या कहीं घूम-फिर आऊँ। तभी एक जर्मन युवक—एक अच्छी काठी का, चमड़े की हाफ पैंट, कमीज और स्काउटों वाला बिल्ला लगाये आया। कमीज पर 'बर्लिन' लिखा था। इसलिए जर्मनी का है, यह तो जाहिर ही था। हाल की बढ़ी दाढ़ी और कुछ अपरिचय से ठिठकता हुआ-सा था। पूछा : 'मैं यहाँ अपना सामान रख कर शहर घूमना चाहता हूँ। रात को यहीं सोना भी चाहता हूँ। बशर्ते, आप इजाज़त दें।

यह सब, इतने सहज ढंग से उसने पूछा-जाँचा, और वैसे भी, ऐसे अतिथि को इनकार करने का तो सवाल ही नहीं था। सामान भी क्या था? पीठ पर लाद लेने वाला एक गट्ठर जो पैंट की पेटी से बँध जाता था और एक गिटार। बोझ वैसे भी हल्का ही था, लेकिन गिटार बजा कर वह सफर और एकांत को रसमय बना लेता है, यह जाहिर था। यह सब चौकी पर रख कर सुस्थ हुआ। बोला : 'अच्छा तो मैं शहर घूम आऊँ।'

मैंने खाने के लिए पूछा और यह भी कि भारतीय खाना उसे पसन्द तो है न? वह तपाक से बोला : 'बिलकुल पसन्द है।' लेकिन फिर सकुचा : 'मेरे लिए बनवाने की तकलीफ न करेंगे।'

खाना खाते हुए एक दूसरे का अता-पता लेने लगे। नाम है : गुंटे नैक। आयु 20 साल। 1944 में जन्मा, इसलिए उसने लड़ाई का एक साल 'देखा' था, लेकिन उसे याद नहीं। पिता लड़ाई में मारे गये। हर हफ्ते एक चिट्ठी लिखता है। बर्लिन में 'ब्वॉय स्काउट' है। पढ़ाई का एक हिस्सा पूरा कर चुका है। अभी दूसरा शुरू करने वाला है। बीच में घूमने निकला है।

मैंने पूछा : 'बनारस कब आये?'—'साढ़े दस बजे।' 'किस गाड़ी से? या जहाज से?'

'गाड़ी से भी नहीं, जहाज से भी नहीं। ट्रक से आया। मैं कभी कार पर भी चलता हूँ, कभी ट्रक पर, कभी ठेले पर, कभी टाँगों पर।'

मैं उसे एकटक देखता हूँ : 20 साल का कोमल सा युवक, पहली कपिशा दाढ़ी, आँखों में चुहल की चमक और एक बेफिक्री।

गुंटे बोला : 'मेरे पास बहुत पैसे नहीं हैं। दस महीने घूमना है। कुल—मैं बताऊँ—800 रु. हैं। इसमें भारत में खर्च करने को 17½ रुपये बचे हैं। इससे ही अभी पटना जाना है, पटना से काठमांडू, काठमांडू से कलकुटा (कलकत्ता)। वहाँ से न हुआ तो न्यूजीलैण्ड चला जाऊँगा। वहाँ अगर हुआ तो कुछ दिन काम भी कर लूँगा।...'

यह सब कुछ उसके लेखे बिलकुल असहज नहीं है।

खाना तृप्ति से खाते हुए बोला : 'अभी तो मैं यह शहर देखूँगा।'

मैंने पूछा : 'कैसे देखोगे। कोई नक्शा है।'

'नहीं, लेकिन मैं देख लूँगा। यह हिन्दुओं का बड़ा केन्द्र है। यहाँ गंगा नदी है। हर हिन्दू की यह इच्छा है कि वह यहीं मरे। यहाँ मरने से वह सीधा स्वर्ग जाता है।...'

अपनी जानकारी पर खुश होता हुआ मुझे देखने लगा कि 'क्यों? घूम लूँगा न?'

मैं इतने से आश्वस्त न हुआ। फिर मेरी भी आज कुछ घूमने-फिरने की तबियत थी ही। कहा कि चलो मैं तुम्हें घुमा लाऊँ। वह सहसा बड़ा प्रसन्न हुआ। बार-बार कृतज्ञता प्रगट करने लगा। 'लेकिन हाँ, अगर आपको कोई काम न हो तो चलिए।'

++ ++ ++

विद्यापीठ से हम पहले सारनाथ की ओर निकले। गुंटे नैक ने अर्थशास्त्र में अपनी एक पढ़ाई पूरी की थी। मैं भी अर्थशास्त्र पढ़ता-पढ़ाता हूँ। शायद इसलिए मैंने पहले ही पूछा : 'तुम्हारी अर्थव्यवस्था तो फिर ठीक-ठाक से हो गयी है न?'

गुंटे : 'हाँ, अर्थव्यवस्था तो हमने ठीक कर ली है, लेकिन सेना नहीं।'

'सेना? सेना का क्या करोगे? किसके खिलाफ लड़ोगे?'

'किसके खिलाफ? यह न पूछिए। हाँ किसलिए? तो अपनी स्वतंत्रता के लिए, अपनी एकता के लिए। और अगर जानना चाहते हैं कि किसके खिलाफ? तो जो इसके खिलाफ है, उनके खिलाफ।'

'कौन तुम्हारी स्वतंत्रता और एकता के खिलाफ है? अमरीकी या रूसी?'

'अभी तो रूसी।'

'सो कैसे?'

'वे पूर्वी जर्मनी में स्वतंत्र चुनाव का मौका नहीं देते।'

'अगर स्वतंत्र चुनाव हो तो क्या पूर्वी जर्मनी के लोग जर्मन एकता के पक्ष में वोट देंगे।'

'बिलकुल! इसमें कहीं दो राय हो सकती है? भाई उधर है, बहन इधर है, चाचा-चाची उधर है, भतीजा-भतीजी इधर हैं। वे मिलना नहीं चाहेंगे क्या?'

फिर तैश में आ कर बोला : 'जर्मनी एक है। पश्चिमी जर्मनी आज़ाद है, पूर्वी कैद में है।'

मैंने जानना चाहा : 'पश्चिमी जर्मनी में अमरीकी प्रभाव कितना है।'

गुंटे : 'करीब-करीब कुछ भी नहीं। करीब-करीब, इसलिए कि हम पूरी तौर पर स्वतंत्र हैं, लेकिन अमरीकियों ने इतना अधिकार रख छोड़ा है कि वे किसी भी टेलीफोन की बातचीत सुन सकते हैं।'

'लेकिन वे हर टेलीफोन सुन कैसे सकते हैं?'

'वे हर फोन सुनना भी कहाँ चाहते हैं? उन्हें जहाँ शक होता है कि यह रूसी एजेण्ट है, वहीं वे सुनना चाहते हैं, और सुन सकते हैं।'

अमरीकियों के प्रति नरम देख, मैंने पूछा : 'क्या अमरीकी तुम्हारी स्वतंत्रता और एकता के पक्ष में हैं।'

गुंटे ने जवाब दिया : 'न तो अमरीकी पक्ष में हैं, न विपक्ष में, न वे तटस्थ ही हैं। लेकिन पक्ष में अधिक हैं, विपक्ष में कम।'

मुझे यह बड़ा साफ ढंग लगा बातचीत का, मैंने और खुलासा चाहा।

गुंटे बोलता गया : 'अमरीकी चाहते हैं कि पश्चिमी जर्मनी अलग ही रहे लेकिन उनकी ओर रहे। यह भी हमारी एकता में बाधा है।'

मैंने पूछा : 'तो असली बाधा यह अमरीकी रुख है या रूसी दबाव?'

गुंटे ने कहा : 'रुकिए। मुझे देखने दीजिए। ...रूसी दबाव एकता में बड़ी बाधा है। ...फिर, एक और बाधा है। यूरोप में आजकल यूरोपीय एकता की चर्चा है। जर्मनी में भी है। यह यूरोपीय एकता वाले कहते हैं कि यूरोप एक होगा तो इसका लाजिमी मतलब है कि जर्मनी एक होगा।...'

गुंटे इससे सहमत नहीं। गुंटे अपने को 'राष्ट्रीय जर्मन' कहता है। कहता है 'जर्मन एकता के बिना यूरोपीय एकता कैसी हो सकती है? आप ही बताइए।'

इस पर मैंने उसका समर्थन किया और यह बताया कि हम लोग तटस्थता की गारंटी के साथ जर्मन एकता के समर्थक हैं। इस पर गुंटे बहुत खुश हुआ, उसने धन्यवाद दिया, सचमुच तहेदिल से धन्यवाद। मैंने उसे याद दिलाया कि खेल-कूद में तो इसकी शुरुआत हो गयी है, जब ओलम्पिक में दोनों जर्मनी की एक टीम उतरी।

'हाँ, इसका झंडा पश्चिमी जर्मनी का है।' गुंटे ने कहा। फिर उसने गलती के लिए माफी माँगते हुए कहा : 'यह झंडा जर्मनी का है, सिर्फ पश्चिमी जर्मनी का नहीं।'

एक 20 वर्षीय जर्मन युवा राजनीति में इतनी दिलचस्पी लेता है, इसकी कैफियत खुद गुंटे ने दी। उसने बताया कि जर्मन युवकों के दो तरह के संगठन हैं : एक, खेलकूद, मेला-तमाशा वाले, दूसरे राजनीति वाले। वह खुद राजनीतिक रुझान वाला है। लेकिन जोर प. जर्मनी में खेल-कूद वालों का ही है। इस माने में वह ठीक-ठीक जर्मन युवकों का प्रतिनिधि नहीं है।

'यह तो वैसे भी स्वाभाविक है। दूसरे, इधर जो पढ़ाई-लिखाई हुई है उसमें शुरू से ही बताया गया है कि 'सिपाही होना बुरा काम है।' हाँ, अलबत्ता इधर यह कहा जा रहा है कि 'जर्मन नागरिक वर्दी में' रहें, और यह सेना 'नाटो' के अधीन रहे।'

'तुम सेना में भर्ती होना चाहोगे?'

'जरूर, लेकिन मैं अफसर बनूँगा। अभी मेरी पढ़ाई इसके लिए काफी नहीं है।'

'अच्छा, बर्लिन में यह अमरीकी नाच 'ट्विस्ट', 'जाज', 'राकेन-रोल' लड़के-लड़कियों को पसन्द हैं?'

'पसन्द हैं, बहुत पसन्द हैं। लेकिन मुझे पसन्द नहीं। मुझे अपने जर्मन नाच प्रिय हैं। वे कैसे हैं? यह तो नाच कर मैं बता सकता हूँ। लेकिन यहाँ नहीं।'

हम दोनों इस पर हँसे।

मैंने पूछा : 'जर्मनी में यह 'क्रुद्ध नौजवान', या 'बीट पीढ़ी' या 'टेडी बाय' जैसी चीज है न? वह क्या है? क्यों है?'

गुंटे ने कहा : 'हैं, हम इन्हें 'की बाय' 'चाभी वाले लड़के' कहते हैं। असल में ऐसा है कि समृद्धि के लिए माँ-बाप दोनों ही काम करते हैं। क्योंकि अगर दोनों ही काम न करें तो कमरा, रेफ्रीजरेटर तो हो जाए लेकिन कार, टेलीविजन वगैरह नहीं हो

सकता। अब माँ-बाप दोनों काम पर हैं। लड़का स्कूल से घर आता है। चाभी से दरवाजा खोलता है। उसे खाने के लिए कुछ गरम नहीं होता। न माता-पिता का प्यार ही मिलता है। रात को भी जब माँ-बाप लौटते हैं तो इतने थके रहते हैं कि बच्चों की फिकर नहीं कर पाते। शायद इसलिए यह लड़के बिगड़ जाते हैं। अभी बर्लिन में कुछ गवैये आये थे। लड़के-लड़कियों ने इन्हें घेर लिया। 300 पुलिस वाले आये। तो इन्हें बड़ी मुश्किल से निकाल कर ले जा सके।'

'ऐसे लड़के-लड़कियाँ कितने हैं? यानी कुल के कितने प्रतिशत?' मैंने पूछा।

'देखिए, मेरे स्कूल के कोई 20 प्रतिशत ऐसे हैं।'

'20 प्रतिशत! तब तो यह संख्या अच्छी-खासी है।'

'हाँ, है तो।' गुंटे परेशान दीखा।

उसकी भूँअर दाढ़ी झुक-सी गयी।

++ ++ ++

इस बीच चौखण्डी स्तूप आ गया। मैंने बताया कि बुद्ध के पाँच शिष्य, गया के, उनसे असन्तुष्ट होकर यहीं रह रहे थे। क्योंकि बुद्ध ने उपवास का व्रत लेकर बीच में सुजाता की खीर खा ली थी। जब बुद्ध को ज्ञान प्राप्त हुआ और बहुजन के हित और बहुजन के सुख के लिए उन्हें उपदेश करना तय किया तो पहले अपने उन पाँच शिष्यों को ही ढूँढ़ निकाला जो बोध गया से आ कर यहीं रह रहे थे।...

हम लोग चौखण्डी स्तूप पर चढ़ रहे थे। 'यह स्तूप कितना पुराना है?' मैंने बताया कोई दो हजार बरस पुराना। अब उसे संशय हुआ। उसने कहा भी कि हम यूरोपियनों के लिए आपका देश एक रहस्य ही है। अब हमारे लिए दो हजार बरस पुराने और दो सौ बरस पुराने मन्दिर में फरक करना मुश्किल है।

मैंने कहा : 'हाँ, यह इसलिए भी है कि तुम नये लोग हो। उल्लिखित जर्मन इतिहास दसवीं शताब्दी से शुरू होता है?'

'हाँ, लेकिन हमारी कौम इससे पुरानी है। ईसा से तीन हजार बरस पहले आबादी के चिह्न अब हमारे यहाँ मिले हैं। ईसा के आसपास रोम साम्राज्य के दिनों में रोम के सैनिक आल्प्स पार कर जर्मनी आये थे। लौट कर उन्होंने फिर जाने से इनकार कर दिया था : क्योंकि वहाँ जमीन अच्छी नहीं है, धन नहीं है, सोना नहीं है। और लोग वहशी

हैं। तब हमारे पुरखे चमड़े की खाल पहनते थे। हमारे हथियार भी अनगढ़ थे। रोमनों के हथियार अच्छे थे। फिर भी ईसा के बाद पहली शताब्दी में हम लोगों ने रोमनों को हराया था। इसलिए यह हमें याद है। लेकिन रोम वाले हमें 'बर्बर' कहते थे।'

कह कर गुंटे ने ठहाका लगाया तो लगा कि अभी वह आदिम वहशत बिलकुल खतम नहीं हुई है।

++ ++ ++

अब चौखण्डी स्तूप से चल कर हम लोग संग्रहालय आ गये थे। संग्रहालय में चारों दिशाओं में धर्म का सिंहनाद करते हुए चार शेरों की चमक देख हम चकित हुए। गुंटे की यूरोपीय भावना ने जोर मारा। बोला : 'इस शिल्प पर ग्रीक प्रभाव लगता है।'

मैंने टोका : 'वैसे तो हर ही चीज पर हर चीज का असर देखा जा सकता है, लेकिन यह ओपदार चमक मौर्य काल की अपनी विशेषता है।'

आगे पद्मासन में बुद्ध की प्रसिद्ध मूर्ति थी। अब पत्थर की मूर्ति को सफेद संगमरमर के रंग में रंग रहे हैं। इस सफेदी से मूर्ति को सपाट बना रहे हैं। मूल पत्थर की मूर्ति में जो मुद्रा थी, जो खुदे हुए जर्रों में रोशनी और अन्धेरा खेलता था वह इस सपाट सफेदी में जाने कहाँ खो गया है? पता नहीं गोरे रंग की यह गुलामी हमें कितना सपाट बनाएगी।

फिर बर्तन थे। ठिल्ले और घड़े मोहनजोदड़ो काल के, ईसा से कोई तीन हजार बरस पूर्व के। आज भी वैसे ही ठिल्ले और घड़े बनते हैं। कसोरे, सुराहियाँ, घंटियाँ पाँचवीं-छठी शताब्दी की आज भी वैसी ही। हमारी बर्तन बनाने की कला में परिवर्तन और विकास ही जैसे पाँचवीं-छठी शताब्दी के बाद रुक गया। बगल के कमरे में कंगन शायद आठवीं शताब्दी का, जो बीसवीं सदी की एक आधुनिका आज भी पहने हुए है। ताँबे का लोटा, लोहे की टाँगी, खुरपी, कील, काँटा, हँसुआ, चाकू पिछले 15 सौ बरस से बदला ही नहीं। यह क्या है? हमारे बर्तन, प्रसाधन, और औजार बदले नहीं, बँधे रहे। हमने विकास करना बंद कर दिया, इसके ये प्रतीक ही तो हैं।

जो हो, गुंटे बुद्ध की मुद्राओं, शिव-पार्वती, शिला लेखों में उलझा रहा। हर कहीं संक्षिप्त ब्योरा देखता। कोई दूसरी सदी ईसा पूर्व से पाँचवीं-छठी सदी का काल देख चकराता रहा।

संग्रहालय के बाहर निकलते-निकलते उसका माथा जैसे चक्कर-सा खा गया

था : 'यह एक चीज है जिस पर आपके राष्ट्र को अभिमान है। हमारे देश में ईसा के नौ सौ, दस—

सौ बरस बाद के पहले का ऐसा कुछ भी नहीं है। लेकिन इधर यूरोप बढ़ा-चढ़ा है।'

हमने काल-चक्र की गति का जिक्र किया। फिर वहाँ से कैसे तो बात खिसक कर गुंटे की बिलकुल हाल-हाल की दाढ़ी पर आ गयी। मैंने कुछ मजाक में पूछा : 'यह दाढ़ी कितने दिन की है।'

'सात महीने की। जब से देश से निकला हूँ यह दाढ़ी रख ली है। देखना है यह कितना बढ़ती है? बर्लिन जाकर इसे बनवा दूँगा।'

'क्यों, क्या जर्मन लड़कियाँ दाढ़ी पसंद नहीं करतीं?'

'नहीं, यह तो अपनी-अपनी पसंद है। कोई पसन्द करती हैं, कोई नहीं करतीं। असल में, मुझे ही दाढ़ी बहुत पसंद नहीं है।'

मैंने अपना किस्सा सुनाया कि यूनिवर्सिटी के दिनों में मैंने भी यह बेवकूफी की थी। बाद में कटा दी। हम लोग अपनी-अपनी बेवकूफियों पर हँसने लगे।

अब तक हम लोग चाय पी कर बौद्ध विहार के अवशेषों में थे। और भी सैलानी थे, खास तौर पर बंगाली लड़के-लड़कियाँ। वे गुंटे की विचित्र पोशाक पर, चमड़े के पैंट, रंगीन कमीज, स्कार्फ, दाढ़ी पर हँस रहे थे।

गुंटे ने पूछा : 'क्या ये लोग मेरा मजाक उड़ा रहे हैं?'

मैंने कहा : 'हाँ, ये लोग तुम्हें ही देखकर हँस रहे हैं। तुम बहुत चतुर हो।'

गुंटे जीभ-दाँतों से निकाल, मुस्कराता हुआ बोला : 'मैं इन सबकी शरारत जानता हूँ।'

मुझसे पूछा : 'आप विवाहित हैं?'

'नहीं।'

अब एक शरारत उसकी आँखों में थी : 'तब तो आप बड़े चतुर हैं।'

हम हँसे।

मैंने पूछा : 'तुम्हारा क्या हाल है?'

उसने छूटते ही जवाब दिया : 'मैं भी चतुर हूँ।'

इस पर हम दोनों ने इतने जोर का ठहाका लगाया कि सब ठिनठिनाती हँसियाँ

थम गयीं।

++ ++ ++

धमेक स्तूप से होकर हम लोग मृगदाव के चारों ओर थे। हिरन और हिरनियों को निहार रहे थे। जातक कथाओं से इस मृगदाव की करुण कथा को मैं दुहरा रहा था। खुद देख रहा हूँ : बुद्ध के कोई अढ़ाई हजार साल बाद आया हूँ। फिर भी हिरण भूखा है, बनरखा उसका मांस खा गया है, हिरणी रात भर रोयी है। संसार भूख और काम की अतियों में तपा है, तप रहा है। यही वह ऋषिपत्तन है, यही वह मृगदाव है, यही वह धर्मचक्र प्रवर्तन की ठाँव है, फिर भी आज अढ़ाई हजार साल बाद भी हिरण भूखा है, और हिरणी रात भर रोयी है, उसकी आँखें फूली फूली हैं। और अब धर्मचक्र मूलगंध कुटी विहार की बाहरी दीवार पर खुदा है, चित्रलिखित है, चलता नहीं है। मूलगंध कुटी विहार के घंटे की मुंगरी निकाल दी गयी है। घंटे का नाद अब गूँजता नहीं। वंदना के स्वरों में एक स्वर अपना भी अब मिलता नहीं।

विहार से लगा हुआ बोधि वृक्ष है। अढ़ाई हजार साल हुए इसी वृक्ष के नीचे गौतम को चार आर्य सत्य सूझे थे, प्रतीत्यसमुत्पाद की बारह कड़ियाँ सूझी थीं और चर-चरा कर टूटी थीं, जरा-मरण से निर्वाण हुआ था। मूल वृक्ष तो अब रहा नहीं। कोई बाइस सौ बरस पहले अशोक ने अपनी बेटी के हाथ इसकी एक कलम लंका के अनुराधापुर विहार को भेजी थी। आज भी वहाँ वह वृक्ष है। इसी अनुराधापुर का वृक्ष संस्कृतियों की लेन-देन का सुंदर प्रतीक भी बन गया है। बोध गया-अनुराधापुर-सारनाथ की यह दुतरफा यात्रा इस परम्परावलम्बन की कथा है। बौद्ध धर्म कैसे भारत से सुदूर पूर्व, दक्षिण और मध्य एशिया में फैला इसकी कथा यहाँ दुहराना जरूरी नहीं। हाँ, प्रतिदान में लंका के अनागरिक धम्मपाल ने महाबोधि सोसायटी की स्थापना कर भारत में बौद्ध धर्म और तीर्थों के पुनरुद्धार का जो काम किया, हम इसके लिए उन बौद्ध भिक्खु के आभारी हैं। यह आभार वह संगमरमर की प्रतिमा नहीं प्रगट कर सकती जो अनबोली-सी मैदान के एक हिस्से में खड़ी है, जिसके नीचे सरदार जी परांठा खा रहे हैं।

सारनाथ में गुंटे को तिब्बती बार-बार मिलते। एक तो मंदिर में माला फेरते, दण्डवत करते खिसक-खिसक कर बुद्ध की प्रतिमा की ओर बढ़ रहा था। गुंटे इन शांतिप्रिय तिब्बतियों की कथा से गीला हो रहा था। 'यह बेचारे शांतिप्रिय लोग थे। अपने देश से उखाड़ दिये गये। बेचारे...। दलाई लामा आज-कल कहाँ हैं?...'

अब तक हम लोग बुद्ध की सन्निधि में ही थे। गुंटे ने कहा : 'लेकिन बनारस तो हिन्दू धर्म का केन्द्र है न? और वह गंगा कहाँ है? हमें गंगा देखना है।'

तो हम लोग सारनाथ-गोदौलिया-दशाश्वमेध की ओर चले।

++ ++ ++

अब तक परिचय इतना हो चुका था कि कुछ अप्रिय यादें भी कुरेदी .जा सकती थीं। मैंने पूछा : 'गुंटे, हिटलर तुम्हें कैसा लगता है?'

'मुझे कोई बहुत पसन्द नहीं। पहले दो-तीन साल तो उसने अच्छा किया। फिर सबसे लड़ गया। पोलैण्ड, चेकोस्लोवाकिया, रूस, फ्रांस, ब्रिटेन...कुल तेरह देशों से एक साथ लड़ गया। फिर अमरीकी हथियार आ गये। और हम हार गये।...'

लड़ाई की रणनीति और उसके मोर्चे की तफसील में गुंटे उतरता गया। लेकिन इस तफसील में पड़े बिना मैं इतना बता दूँ कि इसका लुब्बे-लबाब इतना है कि : 'हिटलर कोई बहुत पसंद नहीं, क्योंकि वह हार गया।'

अब वह अच्छा था, बुरा था, यह सब नहीं, वह हार गया, यह बुरा किया।

'अच्छा, महात्मा गाँधी और पंडित नेहरू का नाम तो तुमने पहले भी सुना होगा। तुम्हें कौन कितना प्रिय है।'

'गाँधी हमें बहुत पसंद हैं, नेहरू हमें कोई खास पसंद नहीं।'

'क्यों?'

'गाँधी तो हमें जाने क्यों पसंद हैं, हमें शान्ति देते हैं। नेहरू इसलिए नहीं पसन्द हैं कि एक बार उन्होंने कम्युनिस्ट नीतियों के प्रभाव में आकर पूर्वी जर्मनी को मान्यता देना करीब-करीब तय कर लिया था। वह तो जब 1962 में कम्युनिस्ट चीन भारत पर चढ़ बैठा तो कम्युनिस्ट नीतियों के प्रति उनकी आँख खुली। और अगर हम पश्चिमी पूर्वी दो जर्मनी मान लेते हैं तो फिर हमारी एकता का क्या होगा?'

मुझे याद आया कि गुंटे अपने को 'राष्ट्रीय जर्मन' कहता है और अपनी एकता के लिए सेना बनाना चाहता है।

++ ++ ++

हम शहर की ओर आ रहे थे। खेत अगल-बगल पीछे छूटते जा रहे थे। गुंटे इन खेतों की ओर देख कर बोल रहा था : 'मैंने ऐसी अच्छी जमीन कहीं नहीं देखी। जर्मनी में

ऐसी अच्छी जमीन नहीं, इतनी तो हर्गिज नहीं।'

'हाँ, आप लोग यह लकड़ी के हल से क्यों जोतते हैं? लोहे के हल से क्यों नहीं जोतते? लोहे का हल दो तन्दुरुस्त बैल खींच सकते हैं। और अगर इसे आप अपने देश के फौलाद से बनाते हैं तो यह महँगा भी नहीं पड़ता। यह गहरा जोतता है। यह काठ का हल तो सिर्फ इतना जोतता है। गहरी जुताई से फसल सौ फीसदी से लेकर दो सौ फीसदी तक बढ़ सकती है।'

फिर वह खाद और ऋण के बारे में बोलता रहा। अन्त में बोला : 'मैं खेती-वेती के बारे में कुछ बहुत नहीं जानता। स्कूल की छुट्टी में खेती का थोड़ा-बहुत काम किया है। लेकिन इतना जरूर जानता हूँ कि अगर मुझे यहाँ एक छोटा-सा भी खेत मिल जाए तो देखिए, तीस साल में मैं धनी आदमी हो जाऊँगा।'

मुझे इस जर्मन युवक के आत्म-विश्वास में संशय करने की कोई गुंजाइश न दीखी।

इस पर मुझे वैसे यह पूछने को रह नहीं गया था कि जर्मनी की अर्थव्यवस्था ने युद्ध की क्षतियों को कैसे पूर लिया। फिर भी सीधे 'घोड़े के मुँह' से सुनने की गरज से पूछा : 'जर्मनी ने युद्ध से ध्वस्त अर्थव्यवस्था का कैसे इतनी जल्दी पुनर्निर्माण कर लिया?'

गुंटे ने जवाब दिया : 'दो बातें हैं : एक तो, यह कोई घमण्ड की बात नहीं, लेकिन हम जर्मन बड़े मेहनती काम-काजी लोग हैं। दूसरे, शुरू में हमें अमरीकी सहायता भी अच्छी-खासी मिली।'

'अभी भी युद्ध के अवशेष हैं क्या?'

'मुझे देखने दीजिए।' गुंटे ने अपने खास अंदाज में कहा। फिर जैसे देख कर बोला : 'नहीं, अब करीब-करीब नहीं हैं।'

'पहले बर्लिन का कोई 66 फीसदी बमबारी से खँडहर हो गया था। मुझे अपना बचपन याद आता है। हम लोग एक खँडहर पर लुका-छिपी खेलते। फिर देखते कि वह खँडहर नहीं रहा। फिर दूसरे खँडहर पर खेलते, तब तक वह भी खँडहर न रह जाता। इस तरह एक-एक कर हमारे खँडहरों पर नयी इमारतें खड़ी हो गयीं। अब हमारे बच्चे इन खँडहरों पर कभी नहीं खेलेंगे।'

गुंटे आश्वस्त था, या कम-से-कम आश्वस्त होना चाहता था कि अब उसके बच्चे युद्ध के खँडहरों पर कभी नहीं खेलेंगे।

++ ++ ++

गोदौलिया से दशाश्वमेध के बीच अन्य बाधाओं के अलावा, 'रांड सांड सीढ़ी सह्नन्यासी' से बचते हुए हम गंगा जी के तीर पहुँचे। घसान के लिए काली की मूर्तियाँ नावों पर रखी जा रही थीं। अगरु-धूम से रास्ते और घाट और नदी गमक रही थी। विदेशी साथ देख कर पहले तो मल्लाह ने ऊँची-नीची बात की, लेकिन ठेठ बनारसी में ललकारने पर एक घंटा घूमने का तय हुआ। दशाश्वमेध घाट-हरिश्वन्द्र घाट-दशाश्वमेध-मणिकर्णिका-दशाश्वमेध। गुंटे को किसी ने बता रखा था कि हर हिन्दू बनारस में मरना चाहता है, कई एक तो इसीलिए हमेशा आधा शरीर पानी में आधा बाहर रखे गंगाजी में ही पड़े रहते हैं।' मैंने पहले भी इसे गप्प बताया था क्योंकि यह सम्भव नहीं है। गुंटे ने खुद भी देखा कि ऐसी कोई जल समाधि है नहीं।

जो हो, मणिकर्णिका पर चिता की नित्य अग्नि जल रही है। कोई पाँच हजार बरस से यह बुझी नहीं है। यह सबको जलाती है। जब नित्य अग्नि जलती हो तो फिर मोह कहाँ, शोक कहाँ?

मैं 'स्वगत भाषण' जैसे ही करता रहा : 'मृतकों के संस्कार के जितने भी रूप हैं उनमें शायद यह जला देना सबसे अच्छा है। क्योंकि भस्मीभूत होने पर लगता है जैसे इस देह का अन्त हो गया। यह नहीं कि रोज़े-हिसाब तक वहीं पड़े हुए हैं।...'

गुंटे ने कहा : वह 'प्रोटेस्टेंट' है। इसलिए उसके धर्म में दाह-संस्कार का निषेध नहीं, जैसा कैथोलिकों में है। लेकिन वह तो शायद दफनाया जाना ही पसंद करेगा। क्योंकि मृत्यु को एक महानिद्रा कहा गया है। दफन किये जाने पर 'रोज़े-हिसाब' तक वहीं पड़े-पड़े सोते रहने का जो सुख है, वह जलने में कहाँ है?

मेरे लिए भी नींद जैसा कुछ नहीं। गहरी नींद का तो कोई जवाब नहीं। इसलिए मुझे यह बात कुछ दिलचस्प लगी। वैसे सब ले-दे कर मुझे तो अपना दाह-संस्कार ही प्रिय है। वैसे मरने पर इस देह का क्या होता है, क्या नहीं, इससे क्या फर्क पड़ता है?

हम लोग जरा-मरण के चक्कर में अधिक फँस रहे थे। इसलिए मैंने गुंटे को टोका : यह सब बातें तुम्हारे जैसे 20 साल के नौजवान को सोचने जैसी नहीं हैं।

गुंटे ने इसे झट मान लिया। फिर भी कुछ मौत-सा भारी वातावरण हमारे बीच आ गया। घाट की घंटियों का नाद, लम्बी होती रोशनी की परछाइयाँ, उत्तरवाहिनी गंगा की लहरों की सुगबुग हमें बाँधती रही। मेरे लिए तो यह सब प्रायः सहज था। गुंटे के

लिए यह एक भिन्न अनुभव था। बोला : 'हम यूरोपियनों के लिए आपका यह देश बड़ा ही रहस्यमय है। हम इसे कभी नहीं समझ पाएँगे क्या?'

++ ++ ++

घर लौट कर खाना खाया। गुंटे ने अपना गिटार निकाला। क्षमा-प्रार्थी-सा बोला : 'मुझे भारतीय गीत और ध्वनियाँ मालूम नहीं। जर्मन धुनें थोड़ा-थोड़ा आती हैं। पता नहीं आप लोग पसंद करें, न करें।'

जोर से पसंदगी जाहिर करने पर गुंटे गिटार बजाता रहा : खुद अकेले लोकगीत गाता रहा : 'थर्टी ईयर्स वार' की धुन, एक चीनी धुन, प्रेम की धुन...एक कड़ी है :

अगर तुम्हारी प्रिया
आँखों-ही-आँखों के इशारे न समझे
तो
उसे अपने हाथों के इशारे से बुलाओ...
...
डांग डांग डांग डिरि डिरि डांग
... डिरि डिरि डांग

++ ++ ++

मुझसे पहले ही सुबह उठ कर गुंटे ने मेरे पिताजी के साथ चाय पी। अपना गिटार खोल में रखा। विदा के पहले कहा कि : 'कभी आपका बर्लिन आने का इरादा था?'

'था तो, लेकिन देखो कब पूरा होता है?'

'तो इस पते पर मिलने की कोशिश कीजिएगा।' कहकर अपना पता लिखा।

मैंने आशा प्रगट की कि मैं गुंटे से संयुक्त जर्मनी में मिलूँगा।

इस पर वह बहुत खुश हुआ। बोला : 'हाँ, तब मैं आपको पूरा जर्मनी दिखा सकूँगा।'

'अच्छा, अच्छा, अलविदा, अलविदा, अलविदा।' कहता हुआ पीठ पर अपना बोरिया-बिस्तर बाँधे, गिटार हिलाते मुड़-मुड़ कर देखते गुंटे नाक सड़क पर चला गया, तो कैसा-कैसा तो लगा।

++ ++ ++

इस समय गुंटे पता नहीं कहाँ है? सड़क पर किसी सवारी को रोकने के लिए हाथ उठाये खड़ा है? रैन-बसेरा की तलाश में है? नेपाल की घाटियों में रम रहा है? 'कलकुटा' की भीड़ में खो गया है? न्यूज़ीलैण्ड में काम कर रहा है? या बर्लिन में जर्मन एकता के सपने को साकार बनाने में लगा है?

मुझे न जाने क्यों यह लगता है कि जहाँ भी है, जिस देश में भी है, गुंटे उस अदम्य जर्मन भावना का जीता-जागता प्रतीक ही बना हुआ है और गिटार पर अपनी लोक-धुन बना रहा है :

....
अगर तुम्हारी प्रिया
आँखों-ही-आँखों के इशारे न समझे
तो
उसे अपने हाथों के इशारे से बुलाओ
डांग डांग डांग डिरि डिरि डांग
...डिरि डिरि डांग
....

कोणारक : कालो अश्वो वहति

भुवनेश्वर-कोणारक के रास्ते में पिपली। कोणारक सत्ताइस मील और पन्द्रह साल दूर। पन्द्रह साल पहले भुवनेश्वर से पुरी जाते हुए यहीं पता चला कि कोणारक यहाँ से जाते हैं लेकिन अभी जा नहीं सकते। बीच में नदी, नाले हैं। सड़क पानी में डूबी हुई है। पुल नहीं है। मैंने बहुत प्रकार से जाँचा। साइकिल, बैलगाड़ी, कमर भर पानी से पार कर क्या किसी प्रकार जाया जा सकता है। पन्द्रह साल पहले इतना जोश था कि कोई काम असम्भव है यह मानने को मन तैयार न हो रहा था। लेकिन हर प्रकार की जाँच से यही निकला कि अभी जाना सम्भव नहीं है। मन अध-जली मछली की तरह छटपटा कर रह गया। आगे बढ़ गया। साखी-गोपाल—सखी है राधा, और सखा है गोपाल—साखी गोपाल और फिर पुरी।

मन की वह छटपटाहट पन्द्रह साल बाद खींच लायी है। साघ के पुल नदी-नालों पर बन गये हैं और रास्ता बारह मासा हो गया है। कोणारक पन्द्रह साल पहले जैसा मेरे मन में था, अब वह नहीं है। तब कुतूहल था, कौतुक था और उफनती इच्छा थी। आज जिज्ञासा है और निष्कम्प वासना है। फिर भी, जब कोणारक का मंदिर पास आ रहा है तो मन उछलता है। पन्द्रह बरस पुरानी साध पूरी हो रही है—शारदा से ही सूर्य मंदिर का कलश उभर रहा है।

I

भारतीय पुरातत्व सर्वेक्षण द्वारा प्रकाशित 'कोणार्क' वृत्त के अनुसार : 'पुरी जिले में बंगाल की खाड़ी पर स्थित कोणार्क (अक्षांश 19° 53' उ., देशान्तर 86° 06') के छोटे से

ग्राम को अपने प्राचीन सूर्य मंदिर के कारण अद्वितीय महत्व प्राप्त है। इस स्थान का नामकरण मन्दिर के ही अधिष्ठाता देवता कोणार्क (कोण=दिशा या कोना+अर्क=सूर्य) पर हुआ है।' सूर्य मंदिर के एक कोने से निकलता है। चन्द्रभागा नदी और समुद्र के मुहाने पर उगने वाले सूरज की प्रथम किरणें एक कोण से सूर्य के रथ-रूपी मंदिर पर पड़ती हैं। तब बाल सूर्य की प्रतिमा सबेरे की पहली लाली में नहा लेती है। सिन्होरिया-श्याम हो जाती है। इसलिए कोण अर्क-कोणार्क-कोणारक।

मंदिर को हर कोण से—सामने से, बाएँ, दाएँ, पीछे और मध्य के कोण से पलट-पलट कर देखने से एक आकृति उभरती है। चौबीस पहियों और बारह घोड़ों से जुता हुआ विराट सूर्य का रथ है। अथर्ववेद (19/16/53) का ऋषि गाता है : *कालो अश्वो वहति,* काल अश्व जाता है : *सप्तरश्मिः सहस्त्राक्षो अजरो भूरिरेताः*—सात किरणों वाला सहस्त्र नेत्रों वाला और नित्य युवा भूरि वीर्ययुक्त अश्व—काल अश्व जाता है। मंत्रद्रष्टा भृगु देखता है : *तस्य चक्रा भुवनानि विश्वा*—उसका चक्र समस्त भुवन है। ज्ञान, बुद्धि, और काव्य की महिमा में जोड़ता है : *तम आरोहन्ति कवयो विपश्चितः*— उस पर कवि विपश्चित आरूढ़ होता है। बुद्धिमान और कवि! यह मेल दुर्लभ है। लेकिन वह कवि विपश्चित ही काल-अश्व पर सवारी करता है, अन्य तो काल-अश्व की टापों से रौंदा जाता है।

काल प्रथम देव हैं, काल ही पिता और काल ही पुत्र हो जाता है, काल से ही सूर्य तपता है, काल ही भूत, वर्तमान और भविष्य है। सब प्राणी काल के ही आश्रित हैं—इन्द्रियों का अधिष्ठाता काल है, इन्द्रिय-बोध का कारण काल है। काल ही तप, काल ही ज्येष्ठ है, काल ही सर्वस्व है।...

अथर्ववेद का काल सूक्त उग आता है। कभी पढ़ा था। अब पलट कर देखता हूँ। तो कभी-कभी मुझे यह लगता है कि कोणारक का यह मंदिर काल का मंदिर है। सूर्य भी तो काल से ही तपता है। अथर्ववेद का ऋषि गाता है : *काले तपति सूर्यः*। काल-अश्व सूर्य के रथ को खींचता है। कोणारक के घोड़े उतने ही अजर और भूरिरेता हैं जैसा उन्हें अथर्ववेद का ऋषि बताता है। रथ के पहिये संवत्सर की तरह सात चक्रों (ऋतुओं) को वहन करते हैं, चक्र इसके नाभि-रूप और अमृत अक्ष वाले हैं। रथ-चक्र की नाभि और उसके धुरे को छू कर आज भी अमृतत्व का बोध होता है—अमृत का, अनन्त का और अजर अमर गति का।

पुराने यूरोपीय नाविक इसे 'ब्लैक पगोडा' के नाम से याद करते रहे हैं। कहीं ऐसा तो नहीं कि किसी से पूछने पर किसी ने बताया हो कि यह काल का मंदिर है। और काल का अनुवाद 'ब्लैक' हुआ हो। इससे यह 'ब्लैक पगोडा' मशहूर हुआ हो। और इसके वजन पर पुरी का मंदिर 'व्हाइट पगोडा'। असल में न तो कोणारक काला है, न पुरी श्वेत। श्याम-श्वेत-रतनार है। जैसा पत्थर होता है। स्थानीय बउड़माला नामक पत्थर से गंगवंशीय राजा नरसिंह देव प्रथम (1238-68 ई.) के आदेश पर बना मंदिर यूरोपीय नाविकों को काला कैसे दीखा होगा? पत्थर आज भी भास्वर है।

इसके अलावा, सूर्य की जो तीन मूर्तियाँ मंदिर में हैं वे मंदिर के ऊपरी तल्ले के पार्श्व भाग में हैं। सूर्य पार्श्व देवता है। एक नहीं तीन ऐसी मूर्तियाँ हैं : बाल सूर्य, मध्याह्न सूर्य और अपराह्न सूर्य की मूर्तियों में पहर के भेद से भाव के भेद हो जाते हैं। सुबह ताजगी है, विस्वास है और ओज है। मध्याह्न में तपन है और अग्नि है और तेज है। अपराह्न में थकन है, क्षीण-तेज है और रथ को छोड़ कर सूर्य एक थके घोड़े के सहारे अपनी शेष यात्रा पूरी कर रहे हैं। लेकिन यह तीनों ही सूर्य पार्श्व देवता हैं। गर्भ गृह बंद है। इसमें कोई मूर्ति नहीं है। मंदिर जीवित-जाग्रत नहीं है। देवता और ब्राह्मण का भोग नहीं है। आम तौर पर यह सूर्य मंदिर माना जाता है (किन्तु सूर्य मन्दिर में सूर्य मुख्य देवता होना चाहिए, न कि पार्श्व देवता। अगर यह काल का मंदिर है तो अजर भूरिवेता घोड़े हैं, अमृत अक्ष वाले चक्र हैं और रथ के रूपक का पूरा मंदिर है और काल में ही जैसे सूर्य तपते ही हैं। उस मुताबिक सूर्य भी तप रहे हैं काल, मध्याह्न और अपराह्न। काल में ही गन्धर्व और अप्सरा हैं—*काले गन्धर्वाप्सरसः* (*अथर्ववेद*, 19/7/54)। पुष्ट वक्ष और सघन जाँघों वाली, अप्सराएँ मंदिर के हर भाग में हैं। नाचती, गाती, मृदंग बजाती मंदिर और मन में हर कहीं बसती हैं। काल में ही काम है। और काल में ही लोक प्रतिष्ठित है : *काले लोकाः प्रतिष्ठिताः*। इस लोक में देवतागण हैं, पशुपक्षी हैं, काम केलि में निमग्न मिथुन और मैथुन मूर्तियाँ हैं और अन्य लौकिक आकृतियाँ हैं।

इस कोण से भी कोणारक के नाम, और देवता को देखा जा सकता है।

परम्परा और लोक-व्यवहार में कोणारक का मंदिर सूर्य मंदिर है और इसका सारा रूपक—रथ के अक्षर पहिए, अजर भूरिरेता अश्व और सारा शिल्प विराट सूर्य के रथ का है। वैसे काल और सूर्य में विरोध नहीं, अविरोध है। वैदिक ऋषि गाता है : *काले तपति सूर्यः*। काल से ही प्रेरित सूर्य तपता है। वैसे काल सूर्य से ज्यादा विभु, देवता

है। काल में यह सूर्य और अन्य सौर मण्डल के सूर्य और उनके पार के लोक प्रतिष्ठित हैं। काल उन सबकी गणना करता है जो सूर्य के इस ओर हैं और उसके उस ओर या अन्तरिक्ष में स्थित हैं। फिर महाकाल उसके भी पार जाता है। काल के प्रेरे सूर्य तपता है और सूर्य से काल का सेकेंड, मिनट, घंटा, दिन, रात, सप्ताह, माह, वर्ष का बँटवारा होता है। यह सब और भी बहुत कुछ कहा जा सकता है। लेकिन अगर कोणारक का देवता सूर्य है, काल नहीं, यह तथ्य है तो है। इसमें तर्क का एक हद के बाद काम नहीं। बिखरी अलकों की तरह घने तर्कजाल से ऐतिहासिक तथ्य और सत्य को ढँका नहीं जा सकता। तर्क से ही किसी तथ्य की प्रतिष्ठा-अप्रतिष्ठा नहीं की जा सकती। हाँ, अगर तर्क और तथ्य किसी और नये सत्य का संकेत कर रहे हों तो उस संकेत और सूत्र पर खुले दिल-दिमाग से विचार किया जा सकता है। इस दृष्टि से काल और सूर्य मंदिर का प्रश्न विचारणीय है, अन्यथा नहीं।

II

कोणारक की कथा क्या है? देबल मित्र लिखित 'कोणारक' (आर्केयालिजकल सर्वे आफ इंडिया, नयी दिल्ली, 1968) में इससे जुड़े किस्सों का बखान हुआ है। एक ज्यादा प्रचलित किस्सा इस प्रकार है। इसका स्रोत कपिल संहिता, जगन्नाथपुरी के मंदिर में सुरक्षित मादल-पंजी और प्राची माहात्म्य है। ऐसा लगता है कि ये किस्से भविष्य पुराण और साम्ब पुराण से लिये गये हैं। इन पुराकथाओं के अनुसार कृष्ण का पुत्र साम्ब और उसकी पत्नी जाम्बवती अत्यन्त सुंदर थे। साम्ब को अपनी सुंदरता पर गर्व था और उसने एक बार नारद को चिढ़ा भी दिया था। नारद तो नारद ही ठहरे। उन्होंने साम्ब से बदला लेने की ठानी। चतुराई से वे साम्ब को वहाँ ले गये जहाँ कृष्ण की रानियाँ, साम्ब की माताएँ नहा रही थीं। वे साम्ब पर मोहित हो गयीं। इस बीच नारद चुपके से खिसक गये और कृष्ण को वहाँ ले आये। अपने पुत्र की इस अभद्रता पर कृष्ण कुपित हुए। उन्होंने शाप दिया कि जाओ तुम्हें कोढ़ हो जाएगा जो तुम्हारी काया की सुन्दरता को चबा डालेगा। साम्ब ने अपने को निर्दोष सिद्ध किया। लेकिन शाप तो दिया जा चुका था। वह वापस नहीं हो सकता था। तो फिर यह उपाय निकला कि साम्ब चन्द्रभागा के निकट मित्रवन में रह कर सूर्य की उपासना करें। सूर्य हर प्रकार के चर्म रोगों का नाश करते

हैं वैसे भी स्त्री-पुरुषों की मनोकामना पूरी करते हैं। साम्ब ने वहाँ बारह बरस तक कठोर तप किया। तप से प्रसन्न होकर सूर्य देवता ने उनका रोग-शोक हरा। साम्ब ने अपनी कृतज्ञता प्रगट करने की गरज से वहाँ सूर्य देवता का मंदिर बनाने का निश्चय किया। दूसरे दिन जब वे चन्द्रभागा नदी में नहा रहे थे तो उन्हें सूर्य की प्रतिमा मिली। यह प्रतिमा विश्वकर्मा ने सूर्य के देह में से ही गढ़ी थी। सूर्य-देह-निर्मित प्रतिमा साम्ब ने मित्रवन में स्थापित कर दी। *भविष्य पुराण* में यह भी कहा गया है कि साम्ब को सूर्य देवता की पूजा के लिए शकद्वीप से पुजारी बुलाने पड़े क्योंकि देशस्थ ब्राह्मणों ने सूर्य देवता की पूजा करने से इनकार कर दिया। श्री मित्र की टिप्पणी है कि उत्तर भारत की सूर्य प्रतिमाओं में जो विजातीय तत्व मिलते हैं वे सम्भवतः इस शाकद्वीपी प्रभाव के चलते हैं।

सिर्फ पुजारी ही नहीं बदले। किस्से का देश भी बदल गया। मूल किस्से की चन्द्रभागा नदी शायद पंजाब की चैनाब थी। पंचनद में से एक। वह स्थल साम्ब के नाम से साम्बपुर और—मूल—साम्बपुर प्रसिद्ध हुआ। वही बिगड़ कर मुलतान हुआ। मुलतान के इस सूर्य मंदिर का ह्वेनसांग ने बखान किया है। फिर यह किस्सा, मंदिर और वह स्थल खिसक कर कोणारक में जमा। यहाँ भी चन्द्रभागा, नदी ढूँढ़ी गयी। यह समुद्र से लगी हुई जल की चिलका जैसी है। इसमें माघ मास के शुक्ल पक्ष की सप्तमी को स्नान होता है और इससे देह शुद्ध होती है। शुद्ध देह, मन, प्राण, अहंकार से भक्तजन नील जल निधि से उगते हुए सूर्य के गोले का दर्शन करते हैं। वहाँ से मंदिर आते हैं जहाँ नव-ग्रहों की पूजा करते हैं। सप्तमी के दिन यह जल, समुद्र, सूर्य और नवग्रह धार्मिक भावनाओं से भर जाता है।

सूर्य मंदिर की देश के उत्तर-पश्चिम से दक्षिण-पूर्व की यह यात्रा असम्भव तो नहीं। अपने देश के इतिहास-पुराण में ऐसी हेरा-फेरी तो बहुत मिलती है। नव दुर्गा कहाँ तो धुर उत्तर काठमांडो में हैं नहीं तो धुर दक्षिण पश्चिमी तट पर गोवा में हैं। कहाँ हिमालय का काठमांडो, कहाँ नील जलनिधि का किनारा कोंकण। लेकिन नवदुर्गा दोनों को जोड़ती हैं। तो असम्भव नहीं। लेकिन बहुत सम्भव भी यह नहीं दीखता। इसका कोई और किस्सा भी हो सकता है। और है भी।

जगन्नाथपुरी में सुरक्षित अप्रकाशित पाण्डुलपि के अनुसार अर्क-क्षेत्र में कोणार्क-देव का मंदिर केशरी वंश के राजा धुरंदर-केशरी ने बनवाया। गंगा वंश के राजाओं ने केशरी वंश को हरा कर अपना राज कायम किया। इन्होंने भी सूर्य की

पूजा चालू रखी। इस वंश के राजा अनंग भीम ने मंदिर की पूजा के लिए और ज्यादा सम्पत्ति अलग कर दी। पुरी में इन्होंने एक मंदिर बनवाने का संकल्प किया। जो पूरा न हुआ। इस पाप के मोचन के लिए उनके पुत्र और वारिस नरसिंह देव ने पुरंदर केशरी के मंदिर की छवि पर ही यह मंदिर बनवाया। भारतीय पुरातत्व विभाग के वृत्त के अनुसार नरसिंह देव प्रथम का काल 1238-64 ई. है। मंदिर के अहाते में अंग्रेजी में लगा हुआ पट कहता है : 'यह मंदिर, जिसे काला पगोडा भी कहते हैं, गंगा वंश के नरसिंह प्रथम द्वारा 1255 ई. के लगभग बनाया गया। चौबीस पहियों और सात वीर्यवान घोड़ों से खिंचते हुए विशाल रथ के रूप में निर्मित यह मंदिर सूर्य देवता की दिव्य यात्रा का प्रतीक है।'

यह वृत्तांत ज्यादा सही लगता है। वैसे इससे भी पुराण में साम्ब वाले किस्से का मेल बैठाया जा सकता है। पुराण में तो यह योग-बुद्धि बड़ी जबर्दस्त है। वर्तमान में यह छीज रही है। नहीं तो अब तक तो दोनों किस्से जुड़ गये होते। पुराण के कृष्ण और साम्ब का इतिहास के गंगा वंश का सीधा सम्बन्ध निकल आया होता। या यह सपना ही हुआ होता कि जाओ तुम कलिकाल में केशरी और गंगावंश में जन्म लोगे और अर्क-क्षेत्र में कोणार्क देव का मंदिर बनवाओगे तो शाप-मुक्त होगे। या ऐसी ही कुछ युक्ति निकल आती। इससे इतिहास-पुराण ऐसे नथ जाते जिससे इतिहास में पुराण की गहराई और गरिमा आ जाती, और दोनों मिलकर वर्तमान और भविष्य को भास्वर करते। जाहिर है यह काम पुरातत्व विभाव की विश्लेषणात्मक पद्धति से नहीं होने वाला। यह तो लोक की पुराण-प्रतिमा से ही सधने वाला है। लोक-प्रतिमा क्या चुक रही है? कोणारक के स्वयं-नियुक्त लोकल गाइडों को देख कर मुझे तो ऐसा नहीं लगता। हाँ, उन पर जैसा समय और भाषा की धूल जम गयी है। गगन से वे उड़िया में चहकते हैं, अंग्रेजी में ठिठकते और भद्दी भूलें करते हैं। सिरजते तो हरगिज नहीं। शायद वे पुरातत्व विभाग के अंग्रेजी में लिखे दोनों किस्सों को जानते भी नहीं। जो भी हो।

III

कोणारक की ललक न तो इसके नाम के कारण है, न इतिहास-पुराण के कारण। कोणारक खींचता है तो अपनी बेजोड़ कला के कारण। और कला के लिए इतिहास-

पुराण और नाम गौण है, मुख्य है कला की अपनी अन्तरंग खूबसूरती, लय और उसकी अदाकारी। कोणारक उनमें भी उन मध्यकालीन मंदिरों में अन्यतम है जो काम-केलि के, मिथुन-मैथुन मूर्तियों के लिए प्रसिद्ध हैं। ऐसे मंदिर तो कम-बेश देशभर में हैं। बृहत्तर सांस्कृतिक भारत में हैं। उत्तर में काठमांडो से लगाकर दक्षिण में नागार्जुन कोंडा और धुर दक्षिण में हैं। लेकिन इसकी खास पेटी भारत के करधनी वाले प्रदेश में है। प्रसिद्ध हैं : कोणारक, भुवनेश्वर, पुरी और खजुराहो। क्रम प्रसिद्ध या कमनीयता की दृष्टि से नहीं है। उस दृष्टि से तो कोणारक और खजुराहो में गहरी स्पर्द्धा है। कौन कम, कौन बेश है, कहने में अपराध है। दोनों अपने-अपने ढंग के बेजोड़ हैं। लेकिन दोनों में चुनना ही हो तो मुझे चौबीस पहियों और सात घोड़ों वाला गतिशील कोणारक ज्यादा ही खींचता है। कहते हैं, इसके सिरे पर भारी चुम्बक था जो समुद्र से जहाज खींच लेता था। फिरंगी जहाजी उसे उखाड़ ले गये। लेकिन मन का जहाज तो वह आज भी खींचता है, और मन पूरे वेग से कोणारक से टकराता है।

खजुराहो की तरह ही कोणारक की मिथुन-मैथुन मूर्तियों के अनुपात का बराबर ध्यान रखना अच्छा है। मंदिर की कल्पना सूर्य के रथ जैसी की गयी है। 24 पहियों, सात घोड़ों पर यह काल या सूर्य की दिव्य यात्रा का पूरा रूपक है। इस रथ पर सवार रथी आज जीवित नहीं है। 1903 से गर्भ-गृह बंद है। काल अश्व पर कवि सवारी करता है। रथ पर पत्थरों का काव्य, संगीत आरूढ़ तो क्या होगा आवेष्ठित किये हुए है। रथ के पहिये का चित्र बराबर छपता है। कोणारक में देखने के पहले से स्मृति में है। फिर घोड़े बहुत ही जानदार और जिंदा हैं। घोड़ों की टाप सहित विराट रथ खींच रहे हैं। फिर हाथी हैं, सशक्त और सजीव। फिर, व्याल। हाथी जैसे मांस और शक्ति के पुंज के माथे पर अपने पंजों की चाप चढ़ाए सिंह या शार्दूल या व्याल दुर्दांत और दुरतिक्रमणीय हैं। मंदिर के चौतरे के नीचे, करीब-करीब फर्श से लगे हाथियों की कतार हैं। हर एक की अलग अदा है। सिलसिला है। यह तो पशु-लोक है।

इसके अलावा, देवता हैं। काल देवता तो अगर कभी थे तो अब कूच कर गये हैं। सूर्य हैं। शास्त्रीय अनुपातों में बँधे हो कर उनसे पार जाते हैं। खास कर अस्ताचलगामी सूर्य, अपने रथ से उतर, एक घोड़े पर सवार, क्लांत अस्ताचल की ओर जाते सूर्य की छवि का बखान नहीं किया जा सकता। मैंने तो उदयाचल के सूर्य की अपेक्षा अस्ताचल के सूर्य को ही ज्यादा देखा है। सूर्योदय से ज्यादा सूर्यास्त मुझे खींचता है और बाँधता

है। कभी-कभी तो पूजा करने जैसा मन हो जाता है।

तीसरे, नाग हैं। इनके शीर्ष पर स्त्री-पुरुष हैं। कभी अकेले, कभी जोड़े-मिथुन। बाँहों में एक-दूसरे के तन में धँसे हुए नाग-नागी के मिथुन। नीचे सर्प की गुंजली और सिर पर फन। काम-सर्प के डसे ये जोड़े एक-दूसरे को दीप्त करते हुए स्त्री-पुरुषों का चित्त हर लेते हैं।

चौथे, कन्याएँ हैं। प्रायः अपने देह के उभार और सौंदर्य को दिखाती हैं। देह के इशारे से कभी आँखों के, कभी हाथों के इशारे से बुलाती हैं। कहीं पेड़ के नीचे निराली अदा से इंतजार कर रही हैं, कभी वीणा, कहीं कान का ऐरन पकड़े हैं, कहीं अँगड़ाई ले रही हैं, कहीं जम्हाई, प्रतीक्षा कर रही हैं। अनंत प्रतीक्षा। पुरुष के लिए स्त्री-देह और स्त्री के लिए पुरुष-देह जैसे सरबस है, इससे ज्यादा काम्य और वासनामय और क्या है? देह का भरपूर सौंदर्य, खास कर स्त्री-देह का अपूर्व सौंदर्य यहाँ पत्थरों में छलक रहा है। पत्थर इतना लय युक्त है या स्त्री-तन ही, जो पत्थर को भी ऐसा थिरकाता है और थरथराती वासना से भर देता है। अकेली-अकेली कन्याएँ उदास हैं। पुरुष के साथ मिथुन में पुलकित हैं। कम से कम मुझे ऐसी लगती हैं।

पाँचवें, काम-आसक्त स्त्री-पुरुष के जोड़े हैं। मिथुन मूर्तियाँ हैं। कहीं सिर्फ पास-पास खड़े भर हैं लेकिन नर-नारी दोनों ही हुलस रहे हैं। कहीं एक-दूसरे के आलिंगन में हैं और गलबहियों में गुँथे तन उमग रहे हैं। वह उछाल है जो देह में स्त्री-पुरुष के साथ से ही आती है। मिथुन-मूर्तियों की क्रिया-निष्पत्ति मैथुन-मूर्तियों में है। अष्टांग मैथुन के अन्य सात प्रकार तो हैं ही : स्मरण, कीर्त्तन, केलि, प्रेक्षण, गुह्य भाषण, संकल्प, अध्यवसाय। आठवाँ क्रिया निष्पत्ति भी है। वात्स्यायन के कामसूत्र में साम्प्रयोगिक अधिकरण में रति-प्रीति विशेष प्रकरण के आठ प्रकरण बताये हैं, वे मंदिर की दीवारों पर डंके की चोट बनाये हुए हैं। आलिंगन से लगा कर संवेशन-संभोग की पुष्ट मूर्तियाँ हैं। संवेशन के आसन हैं। चित्ररत भी है। मनोरंजन के लिए कुछ विचित्र और विपरीत रति वगैरह के आसन भी हैं। सहज से ज्यादा असहज और चित्ररत के आसन हैं। कई ऐसे हैं जिनमें स्त्री-पुरुष खम्भे के सहारे या एक-दूसरे के सहारे खड़े-खड़े स्थिर रत कर रहे हैं। खजुराहो की तरह यहाँ भी पुरुष अपनी बाँहों में स्त्री को बैठाये हुए हैं, स्त्री पुरुष की गरदन में अपनी बाँहें डाले हुए संभोग रत हैं। पशु और समयोनि, अयोनि, मुख मैथुन के आसन भी उत्कीर्ण हैं। ये चित्ररत

के आसन अपनी विचित्रता के कारण आकर्षण पैदा करते हैं।

हिप्पी अपने कपड़े-लत्ते, खान-पान, दाढ़ी-बाल, गाँजा, एल.एस.डी. से लगा कर अन्तरंग जीवन में मुक्त जीवन-शैली के कायल हैं। काम जीवन का एक प्रमुख अंग है। इसलिए मैथुन्य काम के मामले में भी वे मुक्त काम के पक्षपाती हैं। मैं जहाँ तक इनके विचार-दर्शन और व्यक्तिगत आचरण को समझ सका हूँ वे 'सेक्स' की वर्जना को नहीं मानते। और न मानने का उनका खास ढंग है। वह यह है कि सम्भोग को इतना खुला और इफरात में उपलब्ध कर दिया जाए कि स्त्री-पुरुष इससे मुक्त हो जाएँ। हो सकता है इसमें यौनाचार की अति वाले स्त्री-पुरुष भी घुस गये हों। वे इस व्याख्या के तहत अति-काम-वासना को तृप्त करते हों। ऐसा किसी भी आंदोलन में हो जाता है। किन्तु हर हालत में हिप्पी मुक्त जीवन-शैली में मुक्त-काम को शामिल मानते हैं। ऐसा वे सभ्यता और समाज से अपने को काट कर करना चाहते हैं। कोणारक में काम और वह भी सामान्य काम नहीं, काम-विशेष, मैथुन्य काम धर्म और अर्थ और मोक्ष के साथ जुड़ कर सम्पूर्ण जीवन-शैली, पुरुषार्थ चतुष्टय के अंग के रूप में है और मुक्त है। इतना मुक्त और इतना खुला कि मंदिर के बाहर की दीवारों पर हर युवा-युवती, बाल-वृद्ध सब किसी के लिए खुला है।

हिप्पी अपने वैयक्तिक, अंतरंग जीवन में मुक्त-मैथुन का हामी है। भीमताल के टूरिस्ट बंगले में अपने मित्र कैल ग्लांत्ज़ और लिंडा का अता-पता लेने के लिए मैंने खिड़की का परदा ज़रा सा सिखकाया कि दोनों चीख पड़े। कैल चादर को लुंगी की तरह लपेट कर लजाता हुआ बाहर आया। लिंडा शायद लज्जित और क्रुद्ध बिस्तर पर मुँह ढाँक कर पड़ी रही। वे ठीक-ठीक हिप्पी नहीं थे। तंत्र सीख रहे थे। मुक्त थे। कोणारक वैयक्तिक-सामाजिक दोनों ही आयामों में मुक्त जीवन-शैली का प्रवर्तक है। बेजोड़ प्रतीक है। कोणारक में साम्य है, संतुलन है, संगीत है, जो शायद हिप्पी आन्दोलन में नहीं रहा है। तंत्र और हिप्पियों में ऊपर-ऊपर साम्य है, किन्तु तंत्र की गहराइयों में हिप्पी की पैठ नहीं है। यह एक सतही, ऊपरी, बाह्य प्रतिक्रिया-मात्र है।

कोणारक जीवन-रथ के एक अंग के रूप में मुक्त मैथुन का हामी है, किन्तु वही इसके लिए सम्पूर्ण नहीं है। हिप्पी आन्दोलन भी वैसे सम्पूर्ण जीवन-शैली की मुक्तता का हामी है, किन्तु व्यवहार में यह कपड़े-लत्ते, दाढ़ी-बाल, स्नान, और संभोग की मुक्तता तक सीमित है। शायद इसी आंशिकता के कारण हिप्पी आंदोलन

छीज रहा है। इसके नये राजनीतिक-सामाजिक रूप नया वामपंथ और हिप्पी और अन्य पैदा हो रहे हैं।

हिप्पी-हिप्पिनी कोणारक, खजुराहो की मैथुन-मूर्तियों की तपती धूप और छाया में क्या सोचते हैं? क्या करते हैं? मैं नहीं जानता। कभी कोणारक में फुरसत से रह कर जानना चाहूँगा। सिर्फ हिप्पी से ही क्यों, हर किसी महसूस करने वाले स्त्री-पुरुष से कोणारक की मूर्तियों को देख कर क्या अनुभव होता है—एकांत, अंतरंग और विशिष्ट, जानना चाहूँगा। लेकिन कितने थोड़े से लोग जाते हैं? और कितना कम बतलाते हैं? या कितना कम अनुभव करते हैं? भर आँख देखते भी कहाँ हैं?

इनकी ओर से आँख मूँद लेना या इन पर ही टकटकी लगाये रखना, दोनों ही अतियाँ बरजने जैसी हैं। ये सामान्य काम की मूर्तियाँ नहीं हैं। सामान्य काम के बारे में वैदिक ऋषि गाता है : काम सबसे आगे वर्तमान है, यह मन का प्रथम रेत है : *कामः तदग्रे समवर्त्तताधि, मनसो रेतः प्रथमं यदासीत्*। उपनिषद् में वह एकाकी न रमता था। संकल्प हुआ कि मैं एक से अनेक हो जाऊँ, बहुत हो जाऊँ—*बहु स्यां*। पुरुष काममय है। उसका रूप, उसकी शक्ति, उसकी प्रकृति काममय ही है। काम अपने संकल्प से उपजता है। शिवपुराण में कहा गया है : *कामः सर्वमयः पुंसां, स्व-संकल्प-समुद्भवः*। संकल्प और काम का यह सीधा रिश्ता स्त्री-पुरुष के अनुभव का विषय है। यह कोणारक की मूर्तियों का विषय नहीं है। काम मूर्तियों में नहीं है। अपने संकल्प में है। संकल्प सम्भवा है।

कोणारक में काम-विशेष की मैथुन्य काम की मूर्तियाँ हैं। इस विषय में वात्स्यायन प्रमाण हैं। सामान्य काम और काम-विशेष की सार-गर्भ व्याख्या डाक्टर भगवानदास ने *पुरुषार्थ* में की है। कामसूत्र में काम के ये दोनों प्रकार बिना अलगाये हुए इस प्रकार कहे गये हैं : श्रोत्रत्वक्चक्षुर्जिह्वाघ्राणानाम् आत्मसंयुक्तेन मनसा अधिष्ठातानां स्वेषु स्वेषु विषयेषु आनुकूल्यतः प्रवृत्तिः कामः।। *कामसूत्र,* 1,2,11।।

कान, त्वचा, आँख, जीभ, नाक इन पाँच इंद्रियों के विषयों में प्रवृत्ति काम-सामान्य है। इस अर्थ में काम नितांत निरामिष है। स्पर्शविशेषविषये तु अस्य आभिमानिकसुखानुविद्धा फलवती अर्थप्रतीतिः, प्राधान्यात् कामः।। *कामसूत्र,* 1,2,12।।

जिस प्रकार के स्पर्श से, स्त्री-पुरुष के संयोगात्मक स्पर्श से, फल के, अर्थ के प्राप्ति की प्रतीति—विश्वास, आशा, उम्मीद—भी है, ऐसे स्पर्श-विशेष की, रति की,

मैथुन की इच्छा को काम कहते हैं। कामसूत्र में काम शब्द इसी अर्थ में प्रधानतः प्रयोग किया गया है। यह काम-विशेष है।

कोणारक और खजुराहो के मंदिरों में काम-सामान्य की मूर्ति होती तो वह वैसे ही समझ में आती जैसे शिव-पार्वती की मूर्ति होती है। लेकिन मंदिर पर स्पर्श विशेष विषय की, काम-विशेष की, रति की, मैथुन की मूर्तियाँ क्यों हैं? मंदिर जैसे पवित्र निर्माण में, वह भी हमारे जैसे वर्जना के देश में मैथुन का क्या काम? यह क्या मामला है?

IV

इस रहस्य को जानना कठिन है। अगर इनका कोई अध्यक्ष रहा है तो शायद वह जानता है, शायद वह भी नहीं जानता। मन की कोई तरंग कब आयी, क्यों आयी, यह कौन जानता है? इसलिए अंतिम रूप से यह हमेशा रहस्य ही रहने वाला है, अज्ञात शायद अज्ञेय। फिर भी इसके कई एक कारण सुझाये जाते हैं।

धोती, कमीज पहने, काकुल काढ़े, छाता लिए स्थानीय गाइड बताते हैं : एक समय जगन्नाथ देश में लड़कियाँ लड़कों से ज्यादा थीं। किन्तु लड़के विरक्त होने लगे। संन्यास लेने लगे। लड़कियाँ जवान होती जा रही थीं। लड़के सधुआय रहे थे। राजा सोच में पड़ा। रानी ने सुझाया। मंदिर बनवाओ, मंदिर पर रति क्रिया की मूर्तियाँ बनवाओ। मंदिर हर कोई आता है। देख कर राग उत्पन्न होगा। विराग दूर होगा। इसलिए मंदिर बना। मूर्तियाँ बनीं। मूर्तियों में भी एक ही नायक से कई नायिकायें उलझी हैं। इसे भी गाइड लड़कियों के अधिक होने का सबूत बताते हैं। जो हो, मूर्तियाँ बनीं तो लड़कों में काम जगा। राजा का मनोरथ पूरा हुआ।

एक कोने ले जा कर प्रायः हर गाइड एक साधु और सुन्दरी को खड़े-खड़े स्थिर रत करते दिखते हैं। साधु के लम्बे-लम्बे बाल हैं, दाहिनी भुजा में रुद्राक्ष है, लम्बा जनेऊ है, खड़ी मूँछें हैं, वक्ष तक दाढ़ी फहरा रही है, हाथ अप्सरा के वक्ष पर है, और लिंग योनि के आसपास है। अप्सरा बाँह उठाये, बायीं ओर मुड़ी और जाँघों को सिकोड़े स्पर्श से पुलकित खड़ी है। युगल के चेहरे पर आनंद की आभा है, पाप-पुण्य से परे रत आनंद की आभा। गाइड इन्हें विश्वामित्र और मेनका बताता है—बंगाली युगल को आँख मार कर कहता है : कामशास्त्र है। पुरुष देखता है और कुहनी मार कर स्त्री को देखने के

लिए उकसाता है। स्त्री ठहरी मर्यादा की मूर्ति। वह लज्जा और शायद आहत दृष्टि से एक बार देखती है, फिर ठेल कर कहती है, चलो।

थोड़ी देर में वहीं शायद आंध्र स्त्रियाँ आती हैं—एकाध अधेड़, दो-तीन युवा और कुछ किशोरियाँ - गाढ़े हरे, बैंगनी रंग की साड़ियाँ। चमकता श्याम रंग और चाल में अजब सी अदा। वे देखती हैं और खिलखिला कर हँसती हैं—अधेड़-युवती सब। किशोरियों के चेहरे ताँबे के रंग से दिप जाते हैं और वे किनारे हो जाती हैं। तब तक एक पंजाबी जोड़ा आता है। दोनों ही छक कर देखते हैं, और सट जाते हैं और बाँहों की पकड़ और कस जाती है। कसमसा जाती है।

मैं आस-पास मूर्तियाँ देखता, फोटो लेता, यह व्यापार देखता हूँ। दुचित्त हूँ, यह ठीक नहीं है, ...ठीक है, ...घुमक्कड़ी में सब चलता है। ...सोचता हूँ कि काम के प्रचंड वेग के मुकाबले हमेशा-हमेशा सावधान रहना जरूरी है। नहीं तो अच्छे-खासे विश्वामित्र की क्या फजीहत हो गयी है। और किसी जोड़े से ज्यादा जग-हँसाई इनकी ही है।

सोच रहा था। सवार सहित घोड़े की फोटो ले रहा था। उस कोण से मंदिर को निरख रहा था। यह निरखने का सुख तो सब सुखों में उत्तम है। तब तक मंदिर के दूसरे तल्ले पर एक स्त्री की छाया आकृति दिखी। मुझे लगा कि वह यहाँ कहाँ? ध्यान से देखा तो अप्सरा है। जैसे बुला रही है। मुझे वहाँ जाना चाहिए, ऐसा सोच कर मैं उधर बढ़ा। मंदिर के पश्चिमी सिरे से ऊपर चढ़ने लगा। एक जगह पट्टी मिली : 'इसके आगे जाना मना है।' वह इस वर्जना के बाद एक तल्ला और ऊपर थी। मैं उस पट्टी पर ठिठका। फिर उसे अनदेखा कर आगे बढ़ा। चौड़ी दीवार पर चलते हुए वहाँ तक पहुँचा जहाँ कि वह तल्ला समाप्त होता था। आगे रास्ता नहीं था। अप्सरा अब पास थी, और मुस्करा रही थी। वहाँ जाने का कोई रास्ता नहीं दीखता था।

ऊपर मजदूर काम कर रहे थे। समुद्री हवा से मूर्तियाँ, दीवारें खत हो रहे हैं। उनमें कुछ काई भी जम रही है। वे इस खत को माँज रहे थे। साफ कर रहे थे। जाहिर है वे वहाँ तो जन्मे नहीं थे, किसी प्रकार गये ही थे। वे जा सकते हैं तो मैं क्यों नहीं? देखते-देखते पता चला कि एक सीढ़ी है जिससे ऊपर चढ़ कर वे उसे भी ऊपर चढ़ा लेते हैं। मैंने गगन से कहा कि उड़िया में उन्हें कहो कि वे सीढ़ी लगा दें। मैं भी ऊपर चढ़ जाऊँ। देख-सुन कर उतर आऊँगा। वे हिचक रहे थे। ऊपर आना मना था। मैंने आँखों और हाथों के इशारे से और मुँह से बोलकर कहा कि मैं बनारस से आया हूँ। लेख लिखूँगा। छपाऊँगा।

मुझे भी ऊपर आ जाने दो। मेरी आकुलता का असर रहा हो या गगन की उड़िया का या मेरे बनारस से आने का पुण्य-प्रताप रहा हो, उन्होंने सीढ़ी लटका दी और मैं ऊपर चढ़ गया। मंदिर के ऊपर छज्जे पर बालों का जूड़ा बाँधे, लम्बी भौंहें ताने, भरे-पूरे गाल, पतले बंद ओठों पर मुस्कान लिए, बाजूबंद, कंगन, पुष्ट स्तनों की संधि तक लटकता हार, नाभि के नीचे तक लटकती करधनी से अलंकृत, एक हाथ से उरोजों का भार सम्हाले, दूसरे से जाँघों पर साड़ी को सम्हालते थोड़ा दाहिनी ओर लचकती हुई खड़ी है। वह कहीं दूर देख रही है। मुझे नहीं। मैं अपने को समझाता हूँ कि यह मेरी उपेक्षा नहीं, यह तो उसकी अदा ठहरी। दूर से देखने वालों को यह लुभाती है, बिलगाती है, पास बुलाती है, पास आने पर दूर देखती है। मेरे ही साथ नहीं हर किसी के साथ ऐसा ही बरतती है। फिर सचमुच की कोई नायिका नहीं, यह तो पत्थर की मूर्ति है। और मैं ही कौन आल्हा-ऊदल के काव्य का नायक हूँ कि सोनवा रानी ने इशारे से बुलाया तो अब उसे हर ले जाना ही है। इसके चलते जो कुछ हो।

मैं तस्वीर लेता हूँ। पूरी अदा आ जाए जिससे मेरे जैसा कोई और ठगा न जाए, इसलिए ऊपरी छज्जे से नीचे की ओर ढुलआँ पत्थरों पर थह-थह कर पाँव जमाता हूँ। पत्थर समुद्री हवा से खुरदुरे और खोंड़ हो गये हैं। पैर जमाने तक तो ध्यान रहता है। कैमरे के 'व्यू फाइंडर' से जब छवि देखता हूँ तो उसे पूरा उतारने के लिए लगता है थोड़ा और पीछे हटना अच्छा है। पीछे पाँव उठाते समय भूल जाता हूँ कि यह छज्जे का अंतिम पत्थर है, नीचे पहले तल्ले का ढलुआँ सिरा है, ढलान है और फिर चालीस-पचास फीट पर धरती है जो सबको धारण किये हुए है। एक कदम और पीछे होने का मतलब था कि जिस जमीन से मैं अभी-अभी जिंदा चढ़ा था उस पर ही मृत आ जाता। छाया आकृति का यह बुलावा कितना खतरनाक है यह मैं आगे वहाँ जाने वालों के लिए यहाँ टाँक जाता हूँ। हालाँकि जानता हूँ कि न्योता मिलने पर वहाँ मुझ जैसे लोग मृत्यु या उसकी जोखिम को झेल कर भी जाएँगे। मरना तो एक बार है इसलिए मरा नहीं। तो मन और बढ़ा। उधर बायीं ओर भी एक और अप्सरा है। अकेली, कुछ उदास-उदास। जरा उसे भी देख लिया जाए। उधर गया तो मंदिर के चौकीदार ने मुझ अकेले को वहाँ अप्सराओं के वर्जित क्षेत्र में भटकता देख लिया। 'छी मानुष', 'छी मानुष'। जैसे गंध लगी। सामने दूर नीचे से लगा ललकारने। मैं दूसरी को भर आँख देख भी न सका। न वही मुझे देख सकी होगी। झट फोटो ली और हाँ, हाँ, बस, बस की टोका-टाकी में जैसे-तैसे सीढ़ी से नीचे उतर आया। नीचे निषिद्ध क्षेत्र के पार जा कर तन-मन जैसे गनगना गया।

निषिद्ध कर्म करने की आदिम थरथराहट बहुत दिनों बाद महसूस हुई। अब जब कि वह थरथराहट नहीं है तो सोचता हूँ कि क्या खुले खजाने निषिद्ध, वर्जित काम, मैथुन का बखान करने के आवेश में राजा नरसिंह देव ने कोणारक के मंदिर पर यह मूर्तियाँ तो नहीं बनवायीं? वर्जना को तोड़ने की उत्तेजना में तो यह सब नहीं हो गया? कौन जाने?

जो ही, खजुराहो, भुवनेश्वर, कोणार्क में इन मैथुन-मूर्तियों को देखकर काम-विशेष पैदा तो होता है। हाँ, इंद्रियों को उनके विषय से अलग रखने से इंद्रियों का और मन का दमन-शमन भी होता है। तो क्या ये मूर्तियाँ दम-शम के संस्कार के लिए बनायी गयी हैं। या नित्य सावधान रहने के लिए बनायी गयी हैं? या बौद्ध प्रभाव में आ कर विरक्त होते युवकों में काम-विशेष का संचार करने के लिए बनायी गयी हैं? या काम की वर्जना को तोड़ने की उत्तेजना में बनायी गयी हैं? या इन सब और अन्य कारणों से बनायी गयी हैं?

V

श्री कँवरलाल ने भारत के काम-शिल्प का अध्ययन कर तीन अच्छे सचित्र ग्रंथ छपाये हैं : *इम्मार्टल खजुराहो, द कल्ट आफ डिजायर,* और *द मिरेकिल आफ कोणारक*। इन ग्रंथों में श्री कँवर लाल का मत है कि ये मंदिर उस जबर्दस्त आंदोलन के अंग हैं जो बौद्धों द्वारा काम-वासना के दमन के विरुद्ध चला। यह एक अखिल भारतीय आंदोलन है जो बुद्ध के बाद तीन-चार सौ बरसों से ले कर मध्य-युग तक चला। अजंता, एलोरा, नागार्जुन सागर, कड़प्पा से लगा कर कोणार्क, भुवनेश्वर, खजुराहो, बनारस का नेपाली मंदिर, काठमांडो के मंदिर इस आंदोलन के साक्षी हैं। यह कन्या और काम की वापसी का आंदोलन है। बौद्ध दमन के प्रति विद्रोह और विस्फोट है।

श्री कँवरलाल का यह मत एक अंश तक सही हो सकता है। इस अर्थ में यह मत सिगमंड फ्रायड के दमन के मनोविज्ञान पर से निकाला गया अति-सरलीकरण है। काम-शिल्प की व्याख्या इतने सतही तौर पर नहीं की जा सकती। खुद फ्रायड में दमन, काम-विशेष, विशेषकर स्त्री-योनि सम्बन्धी विकार के बाद काम-सामान्य द्वारा व्याख्या करने का प्रयत्न है। फ्रायड के ही दिनों में एडलर में अहंकार पर जोर है और युग में जातीय अवचेतन पर। इधर एरिक एरिक्सन का अस्मिता-निर्माण पर और अंतरंगता-

विमुखता के द्वंद्व पर काम चल रहा है। असल में किसी गढ़े-गढ़ाये सिद्धान्त द्वारा व्याख्या सम्भव नहीं। मामला कहीं ज्यादा पेचीदा है।

श्री कँवरलाल ने इसे प्राचीन काल तक और सारे देश तक फैलाने की जो कोशिश की है उसमें खींच-तान ज्यादा है। जैसे एलोरा की शिव-पार्वती के ताण्डव या जोड़े में बैठी मूर्ति सामान्य काम की तो है लेकिन कोणार्क की मैथुन की कपोल, स्तन, जाँघ और गुह्य अंगों में उमगी फलवती प्रतीति वाले काम-विशेष की नहीं है। प्राचीन काल के जितने उदाहरण धुर दक्षिण से लिये गये हैं वे प्रायः सामान्य काम के हैं, जोड़े हैं, मिथुन हैं; मैथुन नहीं।

मंदिरों पर उत्कीर्ण करने के पीछे बौद्ध दम-शम से विद्रोह से ज्यादा फलवती इच्छा रही होगी। काम को त्रिवर्ग—धर्म-अर्थ-काम का एक अनिवार्य अंग मान कर मोक्ष को प्राप्त करने के लिए इनसे गुजरने की अनिवार्यता को महसूस कर इन्हें सिरजा गया है। काल का अश्व सबको वहन करता है, धर्म, अर्थ, काम सबको ढोता है और इनके पार मोक्ष, निर्वाण तक जाता है।

भुवनेश्वर के मंदिर के पुजारी से बात होती है। मैं उनसे भी यही प्रसंग उठाता हूँ। वे कहते हैं कि इन मूर्तियों को देख कर कामसूत्र से मिलान करना शुभ है। मैं बनारस लौट कर मिलान करता हूँ तो साम्य पाता हूँ। कामसूत्र में सब बातें दे कर यह भी बता दिया है कि 'जितनी बातें शास्त्र में दी गयी हैं वे सभी प्रयोग के लिए नहीं हैं। शास्त्र का विषय तो व्यापक सार्वभौम होता है किन्तु उसके प्रयोग एकदेशी होते हैं।'

इस तरह मंदिरों पर जो मनोरंजन के लिए विचित्र आसन वगैरह दिये गये हैं वे प्रयोग के लिए नहीं हैं। और फिर मंदिर की बाह्य भित्ति पर कन्याओं, नागों, हाथियों अप्सराओं वगैरह के साथ-साथ हैं, उनके बिना नहीं। मंदिर के गर्भ गृह में वे नहीं हैं। वहाँ तो अगरु-धूम के रहस्य भरे कुहासे में दीए की आरती मंदिर के शिखर को पार कर अनंत की ओर आती है।

काम-विशेष का यह फलवती प्रतीति वाला रूप काम-मूर्तियों का ज्यादा बड़ा कारक लगता है। अगर बौद्ध काम और मार का निषेध है तो भी तंत्र का इस पर विशेष प्रभाव है। तंत्र में शैव, शाक्त, वैष्णव के साथ-साथ बौद्ध तंत्र भी शामिल है। कोणारक-खजुराहो काल में तंत्र का बड़ा जोर रहा है। स्वयं बौद्ध दर्शन में ईसा के आस-पास ही नागार्जुन हो चुके हैं जो हर कोटि का, काम और उसकी वर्जना दोनों का ही निषेध करते

हैं और बौद्ध कला और मूर्ति और तंत्र वगैरह के विकास को सम्भव बना चुके हैं। इसलिए बौद्ध काम-तृष्णा के निषेध के निषेध में यह आंदोलन है, यह बात खूब जमती नहीं है।

न ही यह उतना अखिल भारतीय आंदोलन है। वैसे छिट-पुट प्रयोग उत्तर और दक्षिण में देखा जा सकता है, काठमांडो से बनारस होते हुए नागार्जुन सागर से इसके उदाहरण जमाये जा सकते हैं। लेकिन ये मंदिर मुख्य रूप से पुरी से लेकर द्वारिका तक के जंगलों और पहाड़ों के बीच, देश के कटि प्रदेश में ही स्थित हैं। इनमें भी प्रमुख हैं : कोणार्क, भुवनेश्वर, खजुराहो। इनके जैसी मिथुन-मैथुन मूर्तियाँ अन्यत्र कहीं नहीं हैं। इनमें भी उत्कल की मिट्टी इसके लिए विशेष कर माफिक है। शायद उत्कल की मिट्टी ही मुझसे ऐसा लेख लिखवाती है!

काल की दृष्टि से भी इनका काल 10वीं-11वीं से लगा कर 15वीं-16वीं सदी का है। बल्कि 13वीं-15वीं सदी का। हिन्दी साहित्य में यह काल रीति और शृंगार का काल है। काम-शिल्प का आंदोलन मूर्ति के क्षेत्र में रीति काल जैसी प्रवृत्ति का विस्तार है। नायक-नायिका, दूती, कुटनी, रति, प्रतीक्षा, शिकवा-शिकायत सब है, लेकिन काव्य और कला का वह उच्छ्वास नहीं है जो कालिदास में है। उसी तरह कोणार्क, खजुराहो, भुवनेश्वर में स्त्री तन अपनी चौंसठ कलाओं में विलसित है, लेकिन इनमें कहीं एलोरा जैसी लय और गति और चरम की प्राप्ति नहीं है। कुछ वैसा ही जैसा रीतिकाल के छंद और महाकाव्य के छंद का अंतर है, वैसा ही, मूर्तिकला में एलोरा, अजंता में और कोणार्क, खजुराहो में है। शायद चित्रकला में भी ऐसा अंतर देखा जा सकता है।

साहित्य, चित्र और मूर्तिकला में साथ-साथ ऐसे काल और कर्म के आन्दोलन क्यों आते हैं? यह अन्वेषण का विषय है। किन्तु कोणारक के भूरिरेता घोड़ों से खिंचा रथ सबको ढोता है, ज्ञात, अज्ञात, अज्ञेय सबको लेकर चलता है। अप्सरा नृत्य करती है, मृदंग बजाती है, प्रतीक्षा करती है, मन को हर लेती है, सावधान करती है...। हमेशा-हमेशा पुरुष की बाँहों में रहेगी और हमेशा-हमेशा कोणारक की ओर खींचती रहेगी। बुलाती रहेगी। हमेशा यह रहस्य अध-खुला अध-गोपन रहेगा इसलिए हमेशा-हमेशा कोणारक का आकर्षण रहेगा। हमेशा सूरज का नित्य गतिशील रथ चलता रहेगा। हमेशा काल अश्व बहता रहेगा। हमेशा अथर्ववेद का ऋषि गाता रहेगा : *कालो अश्वो वहति...*

चित्रकूट

चित्रकूट की यह तीसरी यात्रा है। पहली दो शरीर से कर चुका हूँ। यह तीसरी चित्त से कर रहा हूँ। इस समय शरीर वाराणसी में है। चित्त चित्रकूट में रम रहा है।

चित्त में चित्रकूट तो जाने कब से बसा है। सीता और राम और लक्ष्मण के विहार के पहले से भी चित्रकूट है। उनके विहार स्थल होने से इसकी चर्चा हुई। लेकिन चित्रकूट तो राम आदि के पहले भी रहा है, उनके समय भी रहा और उनके बाद भी है। देश काल पात्र से बँधा है, परे भी है। रामकथा के जिस आदि कवि ने इसका पहली बार बखान किया। यह कुछ ऐसा जमा कि लगता है कि न इसके पहले चित्रकूट था, न बाद।

वाल्मीकि के राम सीता को वन की शोभा दिखाते हुए चित्रकूट पहुँचते हैं। तो वन में वसंत है। संयोग ही है कि जब यह शरीर चित्रकूट गया तो भी वसंत था। पलाश डह डह फूले हुए थे। महुए की मातल गंध वन में थी और मन में भी। सेमल के फूल चटक गये थे। और नील निरभ्र आकाश में रूई ताने बाने बुन रही थी। चित्रकूट के अंग अंग में वसंत था। चित्त में भी।

++ ++ ++

सर्वतः आदीप्त है आदिकवि का चित्रकूट। यह मन्दाकिनी नदी है। आकाश गंगा की तरह उजियार है। इसके पास दूर से नील मेघ के समान वन प्रकाशित हो रहा है।

राम सीता को चित्रकूट दिखाते हैं। कहते हैं कि राज छूट गया, सुहृद छूट गये, फिर भी इस रमणीय गिरि को देख कर मन बाधित नहीं होता। इन गिरि शिखरों में से कोई चाँदी के समान चमक रहा है। कोई लोहू की आभा झलका रहा है। कोई

पीला और मजीठ रंग का है। कोई मणि की प्रभा बिखेर रहा है। कोई पुखराज की तरह है। कोई ज्योतिरस प्रभा वाला है। मैंने सुना है कि आज भी वर्षा में जब ये शिखर धुल जाते हैं तो यह चित्रकूट की प्रभा अधिक निखरती है।

इन शिखरों से जो झरने बहते हैं तो जैसे हाथी के सिर से मद बह रहा है। खुद चित्रकूट कैसा लगता है? मनोरम तो है ही। यह मनोरम होना तो कुछ होना नहीं है। चित्रकूट कैसा है? आदिकवि को ऐसा जान पड़ता है कि चित्रकूट पृथ्वी को फाड़ कर ऊपर उठ आया है।

और रम्य है मन्दाकिनी नदी। मन्दाकिनी के कगारों से और इसके जल में नाव से बैठ कर मैंने भी मन्दाकिनी को कितनी देर तक निहारा है? पुलिनशालिनी मंदाकिनी के किनारे-किनारे अर्जुन वृक्षों की टहनियों के बीच रामघाट से वन अतिथि गृह तक और आगे भी नौका विहार किया है।

यहाँ सब दिव्य ही दिव्य नहीं है। रामघाट पर अब अगर सीता लक्ष्मण सहित राम आयें तो दुःखी होंगे। लक्ष्मण तो शायद कुपित भी हों कि यह क्या दुर्दशा है? रामघाट पर राम-जानकी को नहाने से बरजें। पयस्विनी और मन्दाकिनी का संगम तो कुछ खास नहीं है। कवि जो चाहें करें। तीसरी तो सरस्वती की तरह यहाँ भी अदृश्य है। घाट साफ सुथरे नहीं हैं। चित्रकूट का मल इसमें पड़ रहा है, इसलिए पानी साफ नहीं है। दुर्गंध है। आगे जा कर तो मंदाकिनी बँध गयी है। वन गृह के आगे जलकुम्भी से पट गयी है। नाव से जाना नहीं होता। और यह दिखती भी नहीं। मंदाकिनी आकाशगंगा की तरह निर्मल होती तो चित्रकूट और मन को कितना उजियार करती? मंदाकिनी आज भी रम्य है तो सिर्फ अनसूया आश्रम पर। और कहीं नहीं। न स्फटिक शिला पर, न रामघाट पर, न देवप्रयाग पर।

वैसे यह कोई नदी है? यह तो सती का सत् है जो पाताल फोड़ कर निकला है। यहाँ हरित नील वर्ण जल है। आँखों के अंजन जैसा प्रभावान है। इस रंग रूप को आकाश झुक कर जैसे चुरा रहा है। सचमुच यहाँ नहा कर कौन ऐसा है जो ग्लानि रहित और सुखी न हो।

फिर कामदगिरि है। यह कामतानाथ तो सीता राम से भी पुराना है। कामधेनु का पति है। यह काम-कामियों की कामना को पूरन करने वाला है। कामियों को काम और मुमुक्षुओं को मोक्ष प्रदान करने वाला है। यहाँ राम ने सीता सहित वास

किया था। पास में लक्ष्मण पहाड़ी है। कामदगिरि की परिकरमा का विधान है। मैं तो इस पर कुछ पग ही चल पाया। औरों की जो कामना पूरी करता हो, कामतानाथ ने मेरी तो चप्पल गुम करा दी। शायद यह भी किसी की मनौती रही हो।

++ ++ ++

जो हो, आदिकवि संस्कृत में चित्रकूट का ऐसा बखान कर गये हैं कि बस देखते ही बनता है। मैं पहले उसे दुहरा गया।

तब तक देखा क्या हूँ कि भाषा में तुलसीदास खड़े हैं। उनको चित्रकूट अति विचित्र दीखता है। चित्रकूट चारु है। यहाँ जब से दो भाई आइ रहे तब से चित्रकूट कानन की छवि दिन दिन अधिक और अधिक बढ़ती जाती है। तुलसी का मन चित्रकूट वन देख हुलसता है। और चित्रकूट में कोई विशेष ऋतु मास दिन नहीं, सब दिन उन्हें अच्छा लगता है।

चित्रकूट सब सोच विमोचन है। भव के घोर धाम में तपे प्राणी के लिए यह सुखद छाँह है। यह भूमि रामपद अंकित है। यह वन राम के विहार थल हैं। शैल श्रृंग भव भंग हेतु हैं। जब भव के साँप डसते हैं, ज्ञान हर लेते हैं तो चित्रकूट ही एक औषधि है जिसे देख तुलसी नकुल सचेत होते हैं।

यह भव भुवंग मुझे भी डस रहे हैं। तो तुलसी बाबा का नुस्खा याद आता है : *अब चित चेति चित्रकूटहि चलु*।

तो चित्रकूट चला आया। आने को तो आ गया। लेकिन यहाँ किया क्या जाए?

रामायण मेला एक निमित्त था। सो हुआ नहीं। वह दुर्दिन में पड़ गया। जब होगा तब होगा। देखा जाएगा। अभी क्या किया जाए?

चित्रकूट माहात्म्य और शोभा और कथा आदिकवि कह चुके हैं। फिर तुलसी बाबा भाषा में प्रसिद्ध कर चुके हैं। चित्रकूट भी प्रकाश में है। रामकथा भी। तब मैं आया हूँ। ऊख का रस तो वे पहले चुह चुके। अब मैं क्या खोइया चुहूँ?

++ ++ ++

अन्यथा न समझें। मेरी वाल्मीकि और बाबा की कोई स्पर्द्धा नहीं। हो भी नहीं सकती।

उनकी ही बाँह पकड़ कर यहाँ तक आया। भव धाम घोर से तप कर चित्रकूट की सुखद छाँह आया। मंदाकिनी नहाया। भवभंग हेतु सैल शृंगों पर चढ़ा-उतरा। किन्तु भव भंग नहीं हुआ। लगता है जब तक यह देह है, मन है, तब तक भव है। तो देह-मन भंग की चेष्टा करता हूँ। अन्तिम रूप से मृत्यु में भव भंग होगा। तो मृत्यु की प्रतीक्षा कर रहा हूँ। मृत्यु पर्यन्त जीना है। तो कुछ न कुछ करना है। तो क्या करूँ? कहाँ जाऊँ?

शरीर से बँधा हूँ तो चित्त से चित्रकूट आया हूँ। यहाँ सब दूर राम डटे हुए हैं। उनके साथ 'फेमिली' है। वैदेही हैं और वह तप के गेरू से लिखे सिन्दूरी लक्ष्मण हैं। मैं वहाँ कहाँ धँसूँ?

मैं उनसे हट कर मंदाकिनी में धँसता हूँ। अनसूया आश्रम घाट छोड़, लकड़ी के झूलते पुल के उस पार वन घाट पर निरल्ले में नहाता हूँ। छोटी-बड़ी लाल और काली मछलियाँ घेरती हैं। जगह-कुजगह काटती हैं। बाँहों से मथ कर जल का एक घेरा बनाता हूँ। जहाँ नाभि की तरह गहरा होता हुआ मंदाकिनी का जल है, और मैं हूँ, और तीसरा कोई नहीं है। फिर आकाश गंगा का नया जल धीरे-धीरे रिसता है। अनंग की तरह अंग अंग को व्यापता है। जल में थरथराहट होती है। और इन्द्रियों में और मन में भी। यह थरथराहट पहले कहाँ होती है। पहले तो शायद मन में होती है। फिर इन्द्रियों में, फिर जल में विक्षोभ हुआ है। मन के क्षोभ को रोकना कठिन है। शरीर पर वश कुछ आसान है। हालाँकि मन की थरथराहट के रुके बिना शरीर की थरथराहट पूरी तरह नहीं जाती। फिर जल में, स्पर्श में, गंध में, शब्द में, यहाँ तक कि स्मृति में यह थरथराहट होती है। तो अच्छा है कि जल वगैरह से बाहर हो जाऊँ। लेकिन कहाँ जाऊँ? जल से तो बाहर हो जाता हूँ। रूप रस गंध स्पर्श शब्द सब बरजता हूँ। फिर भी स्मृति और संस्कार शेष हैं। उन्हें जला कर राख करता हूँ। तो फिर वे उस राख में से जनम जाते हैं। हालाँकि अब स्मृति क्षीण, क्षीणतर... होती जाती है। फिर भी उदय-व्यय चलता रहता है। मैं देखता रहता हूँ।

सोच रहा था कि इस अनुभव को ही लिख डालूँ। यह मेरा है। ऐसा अहंकार हो रहा था कि देखता हूँ महर्षि वाल्मीकि ने इसका भी संकेत कर दिया है : इस नदी में तप दम शम से सम्पन्न कल्मषरहित सिद्धों के अवगाहन करने से मन्दाकिनी का

जल नित्य विक्षुब्ध होता रहता है। राम इसी जल में अपने साथ स्नान करने के लिए सीता को कहते हैं : *नित्यविक्षोभितजलां विगाहस्व मया सह*।

मुझे लगता है कि यह क्षोभ सिर्फ जल में नहीं होता, आदिकवि के चित्त में भी होता है। इसी जल में साथ-साथ नहाने से राम और सीता के तन मन में भी यह थरथराहट होती रही होगी। ऐसा मुझे लगता है। मैं पक्का नहीं कह सकता। यह मेरा अनुभव नहीं है। इसका ब्यौरा भी नहीं बता सकता। राम और सीता के अवगाहन का मैं क्या हाल कहूँ? मैं कवि नहीं कि दूसरे के अनुभव को खुद महसूस भी करूँ और उसका बयान भी करूँ। ऐसे अनुभव स्वसंवेद्य नहीं। कम से कम मुझ में इतनी सामर्थ्य नहीं। फिर, गोस्वामी जी ने राम को ऐसा न मर्यादा पुरुषोत्तम और सीता को जगत् जननी कि अब इनका मर्द-औरत सरीखा बखान करने में संकोच होता है। गोस्वामी जी के पहले पैदा हुआ होता तो खुल कर लिख सकता था। उनके बाद कठिन है।

++ ++ ++

मन्दाकिनी के जल और मेरे चित्त में क्षोभ है। टल-मल टल-मल जल करता है और चित्त भी। लिख लेता तो क्षोभ निकल जाता। न लिखने से अन्दर-बाहर कसमसा रहा है। ऐसे में मन्दाकिनी में नौका विहार करते हुए सुनी एक कथा आती है।

मैं इस खोज में था कि राम के चित्रकूट आने के पहले यहाँ का क्या रूप था? भारद्वाज मुनि ने प्रयाग में राम का स्वस्ति वाचन किया, गंगा-जमुना का संगम बताया, जमुना पार वह श्यामवट बताया जहाँ से चित्रकूट का रास्ता जाता है, यह भी कहा कि वहाँ की भूमि कोमल है और वहाँ दावानल का भय नहीं है। चित्रकूट में बहुत से महर्षि और महात्मा रहते हैं? जैसे अयोध्या राम का स्थान है। मिथिला जानकी का स्थान है। वृंदावन राधा कृष्ण की रास भूमि है। काशी शिव का स्थान है। कामरूप-कामाख्या शक्ति का क्षेत्र है। वैसे चित्रकूट राम के पहले किसका है?

अब... तो... यह सियाराम मय है। रामघाट है जहाँ सिय सहित राम ने स्नान किया। स्फटिक शिला है जहाँ राम ने फूल चुन-चुन कर सीता का श्रृंगार किया। कामदगिरि है जहाँ राम ने वास किया। लक्ष्मण पहाड़ी है जहाँ लक्ष्मण ने वास किया। अनसूया आश्रम है जहाँ से राम चित्रकूट से आगे पंचवटी गये। लेकिन राम के पहले

चित्रकूट किसका स्थान था?

++ ++ ++

अन्तिम रूप से इस खोज का अन्त तो शून्य में होगा। जबकि न सत् था, न असत् था, न अन्धकार था, न प्रकाश था, न चित्रकूट था, न मंदाकिनी, न वन था। और फिर यह सब हुआ। तो कैसे हुआ। मेरी खोज ऋग्वेद के ऋषि जैसी न थी। कमतर थी। कुछ पौराणिक जैसी थी। राम के पहले यह किसका क्षेत्र था?

इसमें मुझे वाल्मीकि से कुछ सूचना नहीं मिली। तुलसीदास से भी शंका समाधान न हुआ। सब लिख-पढ़ कागद कोरे ही रहा। जब शास्त्र ने साथ न दिया तो लोक की शरण गया। यह लोक ही तो सबका मूल है। मेरी जिज्ञासा का शमन एक लोकश्रुति से हुआ। इसे किसी विंध्य के वासी ने मुझे मंदाकिनी के जल-बीच बताया। अब मुझे न तो उनका नाम याद आता है, न रूप। उन अनाम के मुख से कहे हुए शब्द भी हवा और आकाश में बिखर गये हैं। जो अर्थ मेरे मन में है उसे धीरे-धीरे याद करके यहाँ लिख रहा हूँ।

राम के पहले यह शिव क्षेत्र था। जब राम चित्रकूट आये तो उन्होंने लक्ष्मण को शिव के पास भेजा कि यह उनका स्थान है। जाओ उनसे पूछ आओ। लक्ष्मण शिव के पास गये। वहाँ क्या देखते हैं कि शिव एक बालक का रूप धरे एक हाथ से लिंग और एक हाथ से जीभ पकड़े हुए हैं और हँस रहे हैं। लक्ष्मण खड़े हैं। पूछ रहे हैं। और शिव वैसे ही रूप में हँस रहे हैं। लक्ष्मण थोड़ी देर तक तो यह देखते रहे। शिव वैसे ही हँसते रहे। लक्ष्मण क्रोधी स्वभाव के थे ही। वहाँ से तमतमाये चल दिये। राम ने पूछा कि क्या हुआ? लक्ष्मण ने कहा कि मुझसे मत पूछिए। वह तो अजीब बौड़म हैं। मैं पूछता रहा और वह बाल रूप धर एक हाथ से लिंग एक हाथ से जीभ पकड़ हँसते रहे सो हँसते ही रहे। मैं अब वहाँ नहीं जाऊँगा। राम ने कहा कि भगवान शिव ने तो बता दिया। लक्ष्मण को आश्चर्य हुआ कि क्या बताया? राम ने कहा कि भगवान शंकर का कहना है कि लिंग और जीभ को वश में रखो तो चित्रकूट क्या कहीं भी निर्द्वंद्व विहरो। तो उनकी इजाजत भी मिल गयी और सिखवन भी। अब यहाँ कहीं डेरा-डंडा जमाओ।

++ ++ ++

सीता और लक्ष्मण सहित राम चित्रकूट में रम रहे। मुझे ऐसा लगता है कि उन्होंने शिव की यह सीख सर्वं सर्वत्र सर्वदा नहीं मानी। फिर, लिंग को अपने वश में करने का मतलब सिर्फ जननेन्द्रिय को वश में करना नहीं। सामान्य और विशेष रूप से काम को अपने वश रखने का है। यह सब सिर्फ एक इन्द्रिय को वश में रखने से नहीं सध सकता। आँखें रूप को टकटकी लगा कर देखती रहें, त्वचा स्पर्श करती रहे, नाक काम गंध लेती रहे, कान चित्त में क्षोभ पैदा करने वाले शब्द सुनता रहे, जीभ कामोत्तेजक रस लेती रहे और मन भोग में अटका रहे तो फिर एक जननेंद्रिय पर ही रोक कठिन है। इसमें भी जीभ पर रोक जरूरी है। अगर यह स्वाद लेती रहेगी तो फिर और इन्द्रियों सहित मन को वश में रखना कठिन हो जाता है। इन्द्रियों को इन्द्रियार्थों से—इन्द्रिय के विषयों से—अलग रखना जरूरी है। तो ही इन्द्रिय संयम सध सकता है। इन्द्रियों से भी ज्यादा कठिन मन को काबू में रखना है। काम तो अन्त में मन के संकल्प से पैदा होता है, बढ़ता है, या नष्ट होता है। मन इन्द्रियों को चलाता है। इन्द्रियाँ भी मन को उकसाती हैं। आहार से जैसे देह बनती है, वैसे ही मन भी बनता है। इसलिए जिह्वा के स्वाद पर संयम सब संयम का द्वार है।

यह कठिन है। लेकिन वनवास कब आसान है? वह भी राम का। प्रिया का संग है। आग-तृण संग संग है। उनकी अग्नि शांत नहीं है। संन्यास नहीं लिया है। राजगद्दी पर बैठने वाले थे। सहसा वनवास हुआ। विराग नहीं उपजा। राग-रक्त प्रबल है। अयोध्या में नहीं हैं, चित्रकूट में हैं। मन्दाकिनी के नित्य विक्षोभित जल में राम सीता का अवगाहन करते हैं। संग नहाते हैं। भूख लगती है। क्षत्रिय ठहरे। मांस खाने वाले हैं। चित्रकूट में भी काले हिरण का मांस लक्ष्मण पकाते हैं। वह स्वादु मांस राम सीता को खिलाते हैं। खुद खाते हैं। जीभ स्वाद लेती है। तो इन्द्रियों सहित मन कैसे वश में रहता होगा?

मैंने सुना है कि रामभक्ति की एक रसिक शाखा है। इस शाखा के ग्रन्थ हैं। इनमें आता है कि चित्रकूट में राम ने सीता के साथ एक हजार बार विहार किया। इनमें से सिर्फ एक स्फटिक शिला वाला प्रगट है। शेष ९९९ गुप्त हैं। इसे गोपन रखना ही उन्हें इष्ट है। क्योंकि लोक इनके दिव्य राग-भोग को न बूझ कर काम-वासना के चक्कर में पड़ सकता है। इसलिए रसिक सम्प्रदाय के वे ग्रन्थ प्रकाश में नहीं हैं। इन पर एक खोज पोथी मैंने पढ़ी है। बहुत खोज भी जरूरी नहीं है।

वाल्मीकि, भवभूति, यहाँ तक कि गोस्वामी तुलसीदास में चित्रकूट के 'रघुवर विहार थलु' होने के संकेत मिलते हैं। भवभूति रामभद्र से कहलाते हैं कि यह वन और पर्वत मेरे और मेरी प्रिया के प्रशस्त विहार के साक्षी हैं। वाल्मीकि तो आदिकवि ठहरे। और काम मन का प्रथम रेत है। इसका ज्यादा खुला बखान वाल्मीकि में है।

चित्रकूट के जो विहार गोपन हैं उन्हें गोपन ही रहने दें। जो एक प्रगट है उसे देखें। गोस्वामी जी के राम फूल चुन चुन कर फटिक शिला पर सीता का श्रृंगार करते हैं। राम का श्रृंगार निरामिष है। कौआ भी मर्यादित है। सीता के पैर में चोंच मारता है। सिर्फ राम का बाण ही असीम है। सब दूर पीछा करता है।

++ ++ ++

सुना था कि वाल्मीकि में यह प्रसंग इतना निरामिष नहीं, सामिष है। कौआ पैर में नहीं स्तन में चोंच मारता है। यह क्या मामला है? खाने में तो मैं निरामिष हूँ। लेकिन सोचने में और सपने में कभी-कभी सामिष दृश्य आते हैं। इस चक्कर में वाल्मीकि रामायण का अयोध्या कांड पलट गया। वहाँ चित्रकूट के सारे प्रसंग में कहीं स्फटिक शिला पर विहार ही नहीं हुआ। तो कहाँ हुआ?

'इंडेक्स' से पता चला कि वाल्मीकि रामायण में यह प्रसंग अयोध्या कांड में नहीं, सुन्दर कांड में आया है। समुद्र लाँघ कर हनुमान सीता के पास पहुँचे हैं। सीता को मुद्रिका दी है। सीता उत्सुक हैं कि राम कब उद्धार करेंगे? हनुमान उन्हें साथ चलने के लिए कहते हैं। सीता को यह स्वीकार नहीं है। तो हनुमान कहते हैं कि कोई अपना अभिज्ञान-पहचान ही दे दीजिए जिससे राघव यह तो जान लें कि मैं आपसे ही मिला हूँ। इस पर सीता ने अपने प्रिय को यह श्रेष्ठ अभिज्ञान बतलाने के लिए यह प्रसंग बताया।

चित्रकूट पर्वत के पूर्वोत्तर पद पर, मन्दाकिनी नदी के समीप, जल विहार कर राम भीगे हुए आये और सीता की गोद में बैठ गये। तब एक मांसलोलुप कौआ आ कर सीता को चोंच मारने लगा। उन्होंने ढेला मार कर उसे उड़ाने की कोशिश की। किन्तु बार-बार चोंच मार कर वह कौआ वहीं कहीं छिप जाता था। उस बलिभक्षी कौए की मांस खाने की इच्छा थी, शायद लाड़-प्यार की तबीयत थी। इसलिए वह सीता का मांस नोचने से बाज नहीं आता था।

सीता उस पक्षी पर बहुत क्रुद्ध थीं। अतः अपने लहंगे को दृढ़तापूर्वक कसने के लिए नाड़े को खींचने लगीं। उस समय उनका वस्त्र कुछ नीचे खिसक गया। उसी अवस्था में राम ने उन्हें देख लिया। देख कर वह हँसे। इससे पहले तो सीता क्रुद्ध हुईं फिर लजा गयीं। इतने में ही उस लोलुप कौए ने फिर चोंच मार कर उन्हें क्षत विक्षत कर दिया। वह उनके पास आयीं। राम वहाँ बैठे हुए थे। सीता उस कौए की हरकत से तंग आ गयी थीं। अतः थक कर राम की गोद में आ बैठीं। उस समय वह क्रुद्ध थीं। राम ने हँस कर उन्हें सांत्वना दी।

कौए ने उन्हें कुपित कर दिया था। उनके मुख पर आँसुओं की धारा बह रही थी। वह धीरे-धीरे आँख पोंछ रही थीं। राम ने उनकी उस अवस्था को देखा। सीता थक जाने के कारण बहुत देर तक राघव की गोद में सोयी रहीं। फिर उनकी बारी आयी। भरत के बड़े भाई उनकी गोद में सो रहे।

इसी समय वह कौआ फिर वहाँ आया। सीता सो कर जगने के बाद राघव की गोद से उठ कर बैठी ही थीं कि उस कौए ने सहसा झपट कर उनकी छाती में चोंच मार दी।

उसने बारंबार उड़ कर सीता को घायल कर दिया। उनके शरीर से रक्त की बूँदें झरने लगीं। इससे राम की नींद खुल गयी और वे उठ बैठे।

फिर राम कुपित हुए। कुश को ब्रह्मास्त्र से अभिमन्त्रित किया। वह काल अग्नि के समान प्रज्वलित हो उठा। उसे कौए की ओर छोड़ा। वह आकाश में उसका पीछा करने लगा।

++ ++ ++

कौए की हरकत को कभी कोई माफ नहीं करेगा। लेकिन सारा कसूर इस कौए का ही नहीं है। कौआ भी काम का सताया है। चित्रकूट और मंदाकिनी की तरह राघव और उनकी प्रिया के विहार को देखता रहा होगा। कौआ ही ठहरा। राजा रानी कब किसके मित्र होते हैं? सर्प कहाँ शान्त होता है? स्त्री-पुरुष के राग कहाँ उपशांत होते हैं? कौआ कहाँ शुद्ध होता है? झपट कर स्तनांतरे चोंच मार दी। बुरा किया।

मैं सोचता हूँ कि चित्रकूट में राम ने शिव की सीख के अक्षर का पालन भले किया हो, भाव को भुला दिया। वन का थोड़ा मेरा भी अनुभव है। ये

बिलकुल निर्जन नहीं होते। चित्रकूट में तो ऋषि-मुनियों के आश्रम हैं। कोल किरात किशोर-किशोरियाँ हैं। राम सीता को उन किन्नरों की सेज बताते हैं जो पत्तों की हैं, जिनके किनारे कमल की पंखुड़ियाँ मसली हुई हैं। फिर वन देवी है। देवता हैं। राक्षस हैं। पशु-पक्षी हैं। इनमें राग-द्वेष है। इनके बीच नित्य अप्रमादी होकर रहने में ही कुशल है, प्रमाद तो मृत्यु है। राम और इनकी प्रिया में सामिष राग पैदा हुआ। इसके चलते प्रमाद हुआ। ऐसा प्रतीत होता है। उसके कारण कौए में भी राग उपजा। दुस्साहस हुआ कि वह राघव के अंक में सोयी उनकी प्रिया के स्तन मध्ये चोंच मारे।

++ ++ ++

पंचवटी में सीता का सोने के मृग को देख उसकी चाह करना भी ऐसा ही प्रमाद है। इन्द्रिय सुख के लिए, जीभ के स्वाद के लिए राम को प्रेरित किया। राम तो सीता की इच्छा के लिए क्या कुछ नहीं करते रहे हैं? शिव का धनुष तोड़ा। वनवास में साथ लिया। यह तो एक हिरण की बात थी। इतना ही नहीं सीता ने लक्ष्मण को मर्म वचन कहा। तब जा कर लक्ष्मण उन्हें छोड़ कर गये। जीभ को सीता ने बेलगाम छोड़ दिया। दुःख पाया।

++ ++ ++

राम ने सूर्पणखा से झूठ कहा कि लक्ष्मण कुँआरे हैं। उनके पास जाओ। वह सुंदरी तो प्रणय निवेदन करने आयी थी। उसे बहुत सम्हाल कर दूर किया जा सकता था। हास-परिहास में भी राम को झूठ नहीं बोलना था। जीभ को वश में रखना अच्छा था। जीभ से जो झूठ निकला तो सूर्पणखा में प्रणय-कोप जागा। ऊपर से उसकी नाक काट ली। फिर तो उसके महाप्रतापी भाई रावण को क्रोध आये तो समझा जा सकता है। इससे रावण का सीता को हर ले जाना नहीं माफ किया जा सकता। फिर भी।

राम और सीता के काम और स्वाद और वचन विषयक स्खलन और खोजे जा सकते हैं। वैसे यह सब असहज नहीं है। लेकिन स्खलन है। यह भी कोई नहीं कह सकता कि अगर यह न होता तो क्या होता?

++ ++ ++

असल में उनका जो हुआ सो हुआ। राम कथा हम राम के लिए नहीं कहते हैं। अपने लिए कहते हैं। राम तो सबके रखवारे हैं। हम उनकी रखवारी क्या खा कर करेंगे? अपनी करें तो बस है। उन्हें तो जो भुगतना था वह भुगत लिया। शिव की सीख तो उनके लिए है जिन्हें वनवास भुगतना है। और हर किसी के जीवन में वनवास आता है। 'जा पर विपदा पड़त है सो आवत एहि देश।' इस न्याय से मैं बारंबार चित्रकूट आता हूँ। राम के पहले भी आया हूँ। राम के बाद भी आया हूँ।

शिव से पूछता हूँ। वे बाल रूप धर एक हाथ से लिंग एक हाथ से जीभ पकड़ कर हँसते हैं। मैं पूछता रहता हूँ। शिव हँसते रहते हैं।

चुनार

एक चुनार उत्तर प्रदेश के मिर्जापुर जिले की तहसील है। उसी नाम का एक कस्बा है। जहाँ विंध्य पहाड़ी है, गंगा बहती है, किला है, दुर्गा खोह है। एक चुनार मेरे मन में है। मन का चुनार बाहर के चुनार और मेरे मन के टकराने से उपजा है। मैं उसे महसूस कर सकता हूँ। उसे काटकर दिखा नहीं सकता। मेरे अन्दर जैसे वह पृथ्वी तत्व है लेकिन न उसकी लम्बाई है, न चौड़ाई, न मुटाई, न वह चौथा आयाम है। न वह आयाम है और न वह नहीं हैं। तो वह क्या है? मैं कई दिनों से उसे पका रहा हूँ। लिख नहीं पा रहा हूँ। क्योंकि लिखने में मेरे अन्दर का चुनार उगता नहीं था। और बाहर के चुनार पर लिखना क्या? वह तो बनारस-मिर्जापुर के रास्ते में कोई भी देख सकता है। अब जो अन्दर-बाहर चुनार है उसे जहाँ तक बन पड़ता है, शब्दों में बाँध रहा हूँ।

चुनार विंध्य की पहाड़ी में स्थित है। पहाड़ी पर ही किला है। इससे टकरा कर गंगा बहती है। प्रयाग से आती है। बनारस जाती है। बरसात में गंगा चढ़ी हुई थी। पहाड़ से और किले से टकरा रही थी। आकाश बादलों से घिरा था। आकाश की छाया जल में टूट रही थी। रह रह कर बिजली चमकती थी। इससे गंगा जल और दूसरा किनारा चमक जाता था। फिर ऊदा ऊदा सा रंग अन्दर-बाहर छा जाता था। मैं चुनार किले के डाक बंगले के एक कोने से खड़ा देख रहा था। नदी को सुन रहा था। नदी और पहाड़ और आकाश की टकराहट को महसूस कर रहा था। और चुनार मेरे मन में उतर रहा था।

++ ++ ++

चुनार पुराण काल में चरणाद्रि है। चरण पहाड़ है। विष्णु का चरण यहाँ पड़ा है। कहते हैं विष्णु यहीं से पाताल गये। या क्या जाने आकाश गये। किले के छोर पर पहाड़ पैर जैसा है। अगर आप इस पहाड़ पर होते हुए इससे ऊपर उठ सकें तो देख सकते हैं कि जैसे पैर की एड़ी इस छोर पर है। यह पाद पर्वत जैसे गति में है। सीधा सपाट नहीं है। त्रिभंग है। चरणाद्रि है। विष्णु के चरण वाला पहाड़ है। इस पर किला है। चरणाद्रि दुर्ग। इससे होकर गंगा के मैदानों से विंध्य का प्राचीन मार्ग है।

इस मार्ग पर एक बार गौतम बुद्ध के चरण पड़े। इस दुर्ग का राजकुमार बुद्ध का मानने वाला था। उसने तथागत को न्योता। बुद्ध के नंगे पैरों में कंकड़-पत्थर न चुभें इसलिए पूरा रास्ता लाल कपड़े से ढँक दिया। बुद्ध इस पट्टी के छोर पर आ कर ठिठक गये। राजकुमार कहता ही रहा लेकिन तभी बढ़े जब कि वह कपड़ा हटाया गया।

यह किला पहले पहल विक्रमादित्य ने बनवाया। एक शिलालेख पर विक्रम से लेकर अंग्रेजी राज तक किन-किन राजों के हाथ में यह किला रहा यह खुदा हुआ है। लोक श्रुति है कि विक्रम के राज्य ग्रहण करने के पहले का यह किला है। राजा विक्रमादित्य के भाई भर्तृहरि को वैराग्य हो गया। किस्सा यों है कि एक गरीब ब्राह्मण को ऐसा फल मिला जिसे खाकर कोई अमर हो जाता। उसकी स्त्री ने कहा कि एक तो हम वैसे ही गरीब, कहीं अमर हो गये तो नाश ही हो जाएगा। इस फल को राजा को दे दो। बदले जो कुछ धन मिले ले लो। उससे यह दरिद्रता कुछ कटे। ब्राह्मण ने ऐसा ही किया। वह फल राजा भरथरी को दिया। राजा ने वह फल अपनी प्रियतमा रानी को दिया कि यह फल खाकर तुम अमर हो जाओ। सदा जवान रहो। रानी ने वह फल अपने जार कोतवाल को दिया। उसने अपनी प्रिय वेश्या को दिया। वेश्या ने सोचा कि यह श्रेष्ठफल राजा को ही दे दूँ। मेरी वृत्ति और अमरता! यह तो मृत्यु है। राजा अमर हो तो ही अच्छा। वह फल फिर राजा के पास पहुँचा। राजा ने रानी से पूछा। रानी भौचक्का। राजा को क्षोभ हुआ। कहते हैं कि इस पर भर्तृहरि ने नीतिशतक का श्लोक रचा : जिसकी मैं निरंतर चिंता करता हूँ सो मुझसे विरक्त हो कर अन्य आदमी की इच्छा करती है और वह आदमी अन्य स्त्री पर आसक्त है और वह स्त्री हमसे प्रसन्न है। इसलिए उस मेरी प्रिया को, उस अन्य को और कामदेव को और उस स्त्री को और मुझे धिक्कार है।

इस तरह धिक्कारते हुए राजा भरथरी विरक्त हो गये। राज-पाट छोड़, साधु-संग करते हुए चुनार की पहाड़ी और वन में आ कर रम रहे। राजा विक्रमादित्य को जब पता चला तो वे ढूँढ़ते हुए यहाँ आये। बहुत मनाया। जब राजा भरथरी न माने तो उनके लिए यहीं बाहर की चहारदीवारी खिंचवा दी और किला बना दिया।

यह विक्रम के राज्यारोहण के पहले का किस्सा है। इस समय विक्रम संवत 2032 है। तो यह किला पहले पहल शायद 2000-2100 बरस पहले बना। इतिहास यहाँ तक जाता है लेकिन बुद्ध के समय का इतिहास भी ज्ञात है। उस समय यहाँ कौन राजा था? किसका यह क़िला था?

जो कुछ हो, भर्तृहरि यहाँ रहे। शायद यहाँ रह कर उन्होंने शतकत्रयम् रचे। नीति, शृंगार और वैराग्य के तीन शतक—तीनों एक से एक हैं। किले में भर्तृहरि का स्थान है। किले के सामने गंगा पार बनारस में वे देवी की पूजा करने जाते थे। वहाँ आज भी बताते हैं कि राजा भरथरी का घोड़ा गंगा के किनारे लगा रहता था। वह नित्य गंगा पार करते थे, घोड़े पर सवार होते और देवी का दर्शन करते। इसका कोई शिलालेख नहीं है। पत्थर का घोड़ा है। लोकश्रुति है। पुरातत्व वेत्ता के लिए यह घटना विश्वसनीय नहीं है। मुझे तो शिलालेख से ज्यादा विश्वसनीय लगती है। इसलिए कभी-कभी मन होता है कि चुनार के उस पार जा कर इस लोक परम्परा की खोज करूँ।

भर्तृहरि के तीनों शतक मेरे पास हैं। मैं कभी एक, कभी दूसरे, कभी तीसरे कभी तीनों शतकों को अलग-अलग और साथ-साथ पढ़ता रहा हूँ। यह भर्तृहरि के अनुभवों का बखान करते हैं। ''दिशा और काल जिसकी मूर्ति का संकोच नहीं कर सकते और जो अंतरहित और चेतनरूप है और जो अपने अनुभव से जाना जा सकता है ऐसे शांत और तेजो रूप'' को नमन करता रहता हूँ। और अपने ही अनुभव से उसे जानने की कोशिश करता रहा। कहीं बैठ कर ध्यान नहीं करता। चलता रहा और ध्यान करता रहा।

एक बार वैरागी भी शृंगार शतक से कुछ श्लोक पढ़े तो जैसे सोया हुआ साँप जाग उठेगा। फन काढ़ कर खड़ा हो जाएगा। मैं अब अनुभव को पार कर आया। इसलिए उसे दुहराऊँगा नहीं। न स्त्री प्रशंसा करूँगा, न संभोग वर्णनम्, न कामिनीगर्हणम्, न सुविरक्त दुर्विरक्तवर्णनम्, न ऋतु वर्णनम्। इनके लिए तो कोई *शृंगारशतकम्* पढ़े

स्वयं अनुभव करे। जिस कामदेव ने शिव और ब्रह्मा और विष्णु को भी स्त्रियों के कार्य करने के लिए दास बना रखा है और जो वाणी से अगोचर है और विचित्र चरित्र वाला है उस कामदेव को मैं अब नमस्कार नहीं कर सकता। जो करे सो करे। और फल चखे।

यह कहना जितना आसान है उतना आसान मदन मार्ग से छूटना नहीं है। भर्तृहरि ने कहा है कि हे संसार! तुझसे पार होना कुछ दुस्तर न था यदि मदिर आँखों वाली रास्ते में बाधक न होतीं। अगर कोई स्त्री होती तो शायद वह कहती : हे संसार! तुझे पार करना कुछ दुस्तर न था यदि मदिर आँखों वाले रास्ते में बाधक न होते।

जो हो, संसार से पार न हुआ। संसार बीच चलता रहा। पल-पहर, दिन, रात, मास, ऋतु, वर्ष बीतते रहे। शिव की तरह कामशलभ को मैंने जलाया नहीं, खुद जलता रहा। इसमें काम भी झुलसता रहा। भर्तृहरि के साथ यह अनुभव करता रहा कि भोग हमने न भोगे, भोगों ने हमें ही भोगा। हमने तप न किया बल्कि तप ही ने हमें तपा डाला। काल नहीं बीता, हमीं बीत गये। तृष्णा जीर्ण न हुई हमीं जीर्ण हो गये।

भर्तृहरि के स्थान के किनारे खड़ा रहा। नीति के किनारे, शृंगार के किनारे, वैराग्य के किनारे खड़ा रहा और देखता रहा। किनारे खड़े रहने से सब नहीं सूझता। वह तो जो नदी में कूदे तो ही तिरता या डूबता है। मैं न डूबा, न तिरा। बस किनारे खड़ा देखता रहा और चलता रहा।

++ ++ ++

भर्तृहरि के स्थान से लगा हुआ एक मण्डप है। यह सोनवां का मण्डप कहा जाता है। यह आल्हा खण्ड का नैनागढ़ है यहाँ सोनवां और आल्हा का ब्याह हुआ था। गंगा पार आल्हा की बारात ठहरी थी। नैनागढ़ की लड़ाई यहाँ हुई थी और यहीं सोनवां का माँड़ो गड़ा था और यहीं से सोनवां की विदाई हुई थी।

चुनार चरणाद्रि हो, या चरणाद्रि चुनार हो यह तो समझ में आता हैं लेकिन चुनार नैनागढ़ कैसे हो सकता है?

राजा भरथरी के आने के पहले यह नैना जोगिनी का स्थान था। जब भरथरी यहाँ आये और तपस्या करने लगे तो नैना उन्हें दिक करने लगी। तरह-बेतरह विघ्न

डालती। राजा भरथरी का ध्यान न लग पाता। तो वे अपने गुरु गोरखनाथ की शरण गये। गोरखनाथ यहाँ आये। उन्होंने ध्यान लगाया। मंत्र मारा। नैना जोगिनी प्रगट भयी। गोरखनाथ ने उसकी चोटी पकड़ कर कहा कि तू राजा भरथरी को क्यों तंग करती है? यह स्थान छोड़ दे। नैना जोगिनी की गुरु गोरखनाथ के आगे एक न चली। वह हार कर राजी हो गयी। उसने अरज की कि यह मेरा स्थान रहा है। यहाँ मेरी कोई निशानी रहे। गोरखनाथ ने कहा कि जा यह तेरे नाम पर नैनागढ़ कहलाएगा। सो यह नैना जोगिनी का स्थान नैनागढ़ है।

आल्हा खण्ड में नैनागढ़ की लड़ाई अर्थात् आल्हा का विवाह यहाँ हुआ है। कथा प्रसंग इस प्रकार है।

नैनागढ़ का राजा इन्द्र का वरदानी था। नाम नैपाली था। उनके घर कन्या पैदा हुई। सब विधि रूप शील गुण की खान थी, जादू की विद्या पढ़ कर वह जवान हुई। सोनवां उसका नाम था। सखियों के संग खेलती-खेलती वह फुलबगिया में गयी। जहाँ नाना प्रकार के पेड़ थे। और दोपहर के फूल फूले हुए थे। केवड़ा की सुगंध उठ रही थी। उस बगिया में सोनवां सखियों का हाथ धरे खेल रही थी। सखियां सोनवां से बोलीं कि तुम नित्य हमारे साथ खेलती हो। तुम्हारे पैरों में महावर नहीं लगी। माथे पर टिकुली नहीं। क्या तुम्हारे घर पैसा नहीं कि राजा तुम्हारा ब्याह नहीं करता? इतना कह कर सब सखियों ने ताली बजा दी। दुपहरी का समय था। खेल बंद हो गया। सब आल्हा की कीर्ति गाती थीं। उसका लहुरा भाई उदयसिंह है। ऐसी बातें करतीं सखियाँ अपने घर पहुँची। उसी क्षण सोनवां ने अपने मन में यह ठान लिया कि या तो आल्हा के संग ब्याही जाऊँगी या जहर खा कर मर जाऊँगी। उसके चेहरे पर उदासी छा गयी। माता बार-बार पूछती कि तुम्हें क्या रोग हो गया है? देह सब पीली हो गयी है। और तन काँप-काँपकर रह जाता है? बेटी बताओ! क्या बात है? माँ के समान कौन हितकारी है?

सोनवां ने माँ को सब बता दिया। माँ ने कन्या की सब बात सुन कर समय देख राजा से कहा। कन्या को ब्याह लायक जान कर राजा ने नाई बारी बुला महोबे टीका भेजा। नाई बारी तुरत चल कर महोबे पहुँचे। नैनागढ़ का राजा जालिम है। यह विचार कर राजा ने टीका न लिया। नाई बारी नैनागढ़ लौट आये। अब सोनवां का हाल सुनिए। आल्हा के शब्दों में : *औ सुनवां को सुनो हवाल :*

हीरामणि सुग्गे को ले ले कर सोनवां रोवासिन भई। उस सुग्गे को चूमा। चाटा। और कहा कि भलै पिंजड़ा में मेवा खाया। अब गाढ़े में सहाय हो। पाती लेकर महोबे जाओ। जा कर उदयसिंह को दो। सोनवां ने बार-बार समझा कर सब हकीकत आल्हा को लिखा। तुम महोबे के नामी ठाकुर हो। आ कर मुझे ब्याहो। नहीं तो मैं जहर खा कर मर जाऊँगी। लिख कर पाती सुवना के गले में लटका दी। सुग्गा महोबे चला। चन्दन बगिया पहुँचा। उस पर उदयसिंह की नजर पड़ी। पुचकार कर उदयसिंह ने बुलाया। अपना नाम बताया। सुग्गा उनके हाथ पर बैठा। पाती उन्होंने छोड़ ली। बाँच कर उदयसिंह ने सय्यद को सुनाया। सय्यद ने आल्हा को बतलाया। आल्हा ने मलखान को। राजा ने मना किया। अभी गढ़ माड़ो की लड़ाई हुई ही थी कि यह दूसरी व्याधि आ गयी। नैनागढ़ का टीका फेर दो। वहाँ का राजा नैपाली बड़ा जालिम है। उसके घर अमर ढोल है। वहाँ कौन ब्याहने जाए?

मलखान के ऊपर शान चढ़ी। वीरों को कीर्ति ही प्रिय है, जान नहीं। उसने तुरंत डंका बजा दिया। उदयसिंह ने उत्तर लिखकर सुवना के गले लटका दिया।

फिर तो नैनागढ़ कूच हुआ। जब आठ कोस नैनागढ़ रह गया तो वहाँ आल्हा का तम्बू गड़ गया। पहले तो दरबारन ने ललकारा। तो इधर रूपन बोला कि हम महोबे के सरदार हैं। आल्हा। ब्याह करने आये हैं। नैपाली को खबर सुनाओ। एक लड़ाई तो वहीं होती है। रक्त की धार बह चली। लाल रंग से ऐसे भीजे जैसे फागुन में टेसू के अनुराग से अनुरक्त हों। बड़ा घमासान हुआ। बड़े लड़ैया रण में रह गये। कायर हथियार छोड़ भाग गये। अमर ढोल बजी। तो नैनागढ़ के लड़ैता जवान जो गिर पड़े थे वह उठ गये। यह तमाशा देख ऊदल मलखान से बोले कि ये नैनागढ़ वाले मर मर के जी रहे हैं। ऐसा मैंने कभी नहीं देखा। तब तक साँझ हो गयी। लड़ाई बन्द हो गयी।

उदयसिंह मालिन के घर गये। उसे मोहर दी कि जा कर भौजी को खबर सुनावो कि उदयसिंह मिलने आये हैं। सोनवां महल से चल कर वहाँ आयी जहाँ लहुरा भाई था। ऊदल ने मुसका कर कहा कि इसी कारण चिट्ठी भेजी। कोई महोबा नहीं जाएगा। डर है कि वंश का नाश हो जाएगा। भौजी! मरे सिपाही क्यों जी जाते हैं? यह हाल बतलाओ। सोनवां बोली कि मेरे बाप ने बारह बरस तक कठिन तपस्या की। तब इन्द्र बोले कि वर माँग। बाप सिर नवा कर बोले कि

हमको अमर ढोल दीजिए। इन्द्र बोले, एवमस्तु। जब क्षत्री खेत में गिरते हैं तो राजा अमर ढोल बजवा देते हैं। कान में भनक पड़ते ही क्षत्री जी उठते हैं। सोनवां ने कहा कि लड़कर मेरे बाप से नहीं जीतोगे। तुमको यह भेद की बात बतलाती हूँ। कल मैं देवी पूजन को जाऊँगी। वहाँ अमर ढोल मँगवा लूँगी। तुम माली बनकर आना और अमर ढोल चुरा ले जाना।

भोर भुरहरे मुर्गा बोला। उदयसिंह माली बन कर वहाँ पहुँचा, जहाँ सोनवां ने बताया था। वहाँ बेंदुला घोड़ा ले जाकर बाँध दिया। उधर सोनवां महल में जागी। उसने माँ से कहा कि मैंने सपना देखा कि सखियों के संग देवी पूजन जाऊँ। वहाँ अमर ढोल बजे। माँ ने अमर ढोल मँगवा लिया। सोनवां भवानी पूजने चली। वहाँ अक्षत चन्दन से पूजन किया। शीश नवाया। हार चढ़ाया। भोग लगाया। अधिक सेवा की। फिर ऊदल को इशारा किया। तुरंत ढोल उठाकर बेंदुला पर चढ़ वह अपने लश्कर में पहुँच गया। यह खबर जब नैपाली को लगी तो वह सुनते ही सनाका खा गया।

फिर मड़वे में चन्दन का खम्भा गड़ा। सखियाँ मंगलाचार गाने लगीं। सोनवां का चढ़उवा चढ़ा। फाटक बंद करवा लिया। जो क्षत्री लड़ने आये उन्हें कोठे पर छिपा रखा। आल्हा से गाँठ जोड़ी। महली भाँवर से लेकर सातवीं भाँवर पड़ने तक वार पर वार होते रहे। आल्हा पक्ष अपनी ढाल तलवार पर वार झेलता रहा। भाँवर पड़ती रही। फिर राजा ने जादू चला दिया। सबकी जबान बंद हो गयी। नजर बंद हो गयी। सोनवाँ ने सोचा कि हमारा बाप ही हमारा बैरी हो गया। तो उसने भी जादू मारा। तब जादुओं की लड़ाई हुई। सातों भाँवर पूरी हुई। आल्हा ने तुरंत सोनवां को पालकी में बैठा लिया।

मड़वे की लड़ाई के बाद विदाई की लड़ाई हुई। उसमें नदी में रक्त की धारा बह चली। आगे सोनवां का डोला है। पीछे भड़ाभड़ मार हो रही है। कूच हुआ। नैनागढ़ पार कर प्रयागराज पहुँचे। वहाँ त्रिवेणी स्नान हुआ। अक्षय वट पूजन हुआ। भारद्वाज स्थान गये। गंगातट पर बैठ कर हवन हुआ। फिर खुशी-खुशी अपने घर गये। जब महोबे पहुँचे बड़ी खुशहाली हुई। नर नारी सब दौड़े आये।

इस तरह नैनागढ़ में आल्हा का ब्याह हुआ। या सोनवां का ब्याह हुआ? इसमें आल्हा ऊदल लड़े जरूर। लेकिन इच्छा की सोनवां ने। सोनवां ने ही पाती भेजी।

अमर ढोल का भेद बताया। जादू लड़ाया। सोनवां का जादू चला। और आल्हा का ब्याह हुआ। वैसे तो दोनों का ही हुआ। असल तो सोनवां का ब्याह है। उसी सोनवां का यह मण्डप है। गंगाजी से किले के बीच दुर्गा का मंदिर भी दीखता है। सोनवां वहाँ पूजा कर रही है। अमर ढोल अरराय रहा है।

++ ++ ++

मैं किले से एक कोने से देखता हूँ। किले की चौहद्दी दीखती है, पहाड़ की कटान दीखती है, गंगा नदी दीखती है, उस पार की रेती दीखती है और गाँव का झुरमुट दीखता है। उसके आगे क्षितिज दीखता है। उसके पार—। अन्दर देखता हूँ। तो एक चुनार अंदर दीखता है। इस समय बाहर का चुनार तो अपनी जगह है। यह अन्दर का चुनार ही मेरे पास है। मैं इसे देख रहा हूँ। मैं नहीं जानता कि इस चुनार में कौन छाया हुआ है? राजा भरथरी या सोनवां। भर्तृहरि के शतकत्रयम्? या सोनवां का जादू? मुझे लगता है कि मन के चुनार के ये दोनों स्तर अलग हैं। एक स्तर पर भर्तृहरि हैं। एक पर सोनवां। एक पर—।

++ ++ ++

श्री वेंकट राव रायसायम् भर्तृहरि के शतकों में डूबे हुए हैं। जेल के दिनों में उसे बाँचते रहे हैं। मथते रहे हैं। नीति, वैराग्य शतक पर टीका छपवा चुके हैं। शृंगारशतक छपवा रहे हैं। चुनार में भर्तृहरि का स्मारक बनवाना चाहते हैं। बनारस से मुझे साथ चलने का आग्रह करते हैं। चुनार तो मेरे मन में बसा है। मैं बारंबार यहाँ आता हूँ। वेंकटराव जी के साथ भी खुशी-खुशी आता हूँ। भर्तृहरि का स्थान देखता हूँ। स्थान इसलिए कहता हूँ कि मुझे सूचना मिलती है कि भर्तृहरि की समाधि शायद कहीं उज्जैन के पास जंगल में है। यहाँ जो साधु हैं वह तो कहते हैं कि यही भर्तृहरि की समाधि है। इसकी भभूत लगाते हैं। कोई शाही फरमान दिखाते हैं। मुसलमान बादशाहों ने फरमान जारी कर इस स्थान के लिए कुछ बाँध दिया था, अब वह आय नहीं। सिर्फ चमत्कार का किस्सा है। कहते हैं कि समाधि में एक छेद है जो पाताल तक चला गया है। एक बार मुसलमान बादशाह ने इसकी जाँच के लिए उस छेद में घी भरवाया। कितना घी समा गया। छेद न भरा। फिर उसमें से भँवरे निकले। वे

डसने लगे। तो सिपाही भाग खड़े हुए। और बादशाह ने इस स्थान के लिए फरमान जारी किया। अब भी कुछ न कुछ चढ़ावा चढ़ जाता है। यात्री आते हैं। फिर चुनार किले में सशस्त्र पुलिस की टुकड़ी रहती है। वे भी साधु-महात्मा को कुछ न कुछ खिला पिला देते होंगे।

भर्तृहरि का स्थान उपेक्षित है। यहाँ भर्तृहरि के शतकत्रयम् की कोई पोथी भी नहीं है। सिर्फ स्थान है। यहाँ भर्तृहरि का स्मारक हो। नीति, शृंगार, वैराग्य का अध्ययन-अनुसंधान हो। संत साधकों की परम्परा के मुताबिक साधना हो। सत्संग हो। यह सब तो है नहीं। किला सशस्त्र पुलिस के कब्जे में है। भर्तृहरि के आँगन में वे बैठे धूप खा रहे हैं। सोनवां के मंडप में उनके लंगोट सूख रहे हैं। न यहाँ भर्तृहरि के शतक का कोई लेश मात्र बचा है, न सोनवा के जादू का। सिर्फ नाम रह गया है।

इस यात्रा में हम लोग चुनार के इतिहास-पुराण की भी खोज करते हैं। इतिहास प्रेमी एक अंग्रेज कलक्टर ने विक्रमादित्य के राज्य से लेकर अंग्रेजी राज्य तक के राज्यों का नाम और काल संगमरमर पर खुदवा दिया है। लेकिन क्या यही इतिहास है? चुनार में क्या यही हुआ? जैसे इस संगमरमर पर न तो भर्तृहरि हैं, न सोनवां, न आल्हा-ऊदल। यह सब शायद इतिहास के विषय नहीं। अगर इतिहास को भर्तृहरि में, सोनवां में, रुचि नहीं तो मुझे भी उस इतिहास में रुचि नहीं। इसलिए चुनार के किस्से की खोज करता हूँ। इस खोज का कुछ ब्योरा तो लिख चुका। अब जोशी जी का हवाल सुनिए।

जोशी परिवार लगभग दो सौ बरस पहले मराठों की हार के बाद महाराष्ट्र से चुनार आया। यहाँ बस गया। यहाँ का पुराना रईस परिवार है। चुनार के जिंदा इतिहास की खोज में हम इनसे टकराये। बहुत-बहुत बातें हुईं। उन सबका कहाँ तक ब्योरा लिखूँ। और अभी तो कुछ बात हुई ही नहीं। जोशी जी का न्योता है कि आ कर चुनार रहूँ। भंग-बूटी छनै। तो फिर सुचित्त से बात हो। जोशी जी का ब्योरा आजकल का इतिहास नहीं है उसमें तथ्य कितना है? कल्पना कितनी है? कहना कठिन है। फिर भी उनमें चुनार का इतिहास-पुराण जिंदा है।

जोशी जी महाराज से मिल कर याद आया कि अश्वत्थामा अमर है। तो कहीं न कहीं होगा? वे बताते हैं कि बचपन में उन्होंने अश्वत्थामा को चुनार में देखा था।

तब से उनकी खोज में हैं। फिर नहीं दीखे। किस्सा यों है कि जब जोशी जी बच्चे थे तो उनका परिवार अपने बगीचे में सैर को गया हुआ था। चुनार शहर से कुछ दूर बगीचा था। वहाँ तरह-तरह का पकवान बन रहा था। जब खाने का वक्त हुआ तो एक बहुत लम्बा-चौड़ा स्वर्ण वर्ण ब्राह्मण आया। दादी ने उन्हें पहचाना। पैर छुआ। आसन दिया। एक परात में पूड़ी रखी। ढेर सी सब्जी और मालपुआ वगैरह। सब उन्होंने प्राप्त किया। और फिर पहाड़ों पर चढ़ने लगे। कुछ दूर तक इन जोशी महाशय ने उनका पीछा किया। पहले तो उस ब्राह्मण के पैर विंध्य के पहाड़ों की खुरदुरी मिट्टी पर पड़ते रहे फिर ऊपर-ऊपर चलने लगे फिर अदृश्य हो गये। तो जोशी लौट आये। अपनी दादी से पूछा कि यह माजरा क्या है? दादी ने बताया कि ये अश्वत्थामा हैं। कभी-कभी आ जाते हैं। फिर लोप हो जाते हैं। बहुत दिनों बाद इधर आये। तब से जोशी जी अश्वत्थामा को फिर देखना चाहते हैं। देख नहीं पाते। बच्चे से बूढ़े हो गये। अश्वत्थामा तो अमर हैं। शायद कभी भूखे-प्यासे आएँ न आएँ। अश्वत्थामा याने प्रतिहिंसा। अश्वत्थामा अगर अमर है तो खाता क्या है? शायद खुद अपने को खाता हो? या कभी-कभी चुनार आता हो। मैं जोशी जी का साक्ष्य न तो सकार पाता हूँ, न इनकार पाता हूँ।

अश्वत्थामा के होने, न होने के बारे में मुझे संशय है। शायद संशय भी नहीं है। सिर्फ कुतूहल है। अमर होते हैं? तो कौन अमर है? ये अमर करते क्या हैं? खाते-पीते क्या हैं? और क्या महसूस करते हैं? जब देखते हैं कि लोग मरते हैं और वे अमर हैं। तो क्या महसूस करते हैं? सुख? दुःख? न सुख, न दुःख? या क्या? मैं जानना चाहता हूँ। इसको जानने का कोई मार्ग नहीं है। मैं जोशी जी की तरह अश्वत्थामा का इंतजार नहीं कर सकता। न इनकार कर सकता हूँ। तो बात चलाता हूँ।

बातों में एक बात यह निकलती है, कि चुनार का किला कई बार बना है। कई सतहों पर बसा है। जो इधर की सतह है उसे तो मैं चारों ओर देख आया हूँ। लेकिन जोशी जी से पता चलता है कि जो सतह पर है वही किला नहीं है। इसके अन्दर कई परतें और हैं। वे बताते हैं कि एक बार जब यहाँ बाल अपराधियों की सुधार जेल थी तो उसमें से एक हिम्मती लड़के को इस सतह से नीचे उतारा गया था। वह नीचे नीचे काफी दूर फिरा था। फिर सुपरिंटेंडेंट डाक्टर हेकड़वाल ने उसे

वापस बुला लिया था। इस सतह के नीचे तहखाने जैसा है। वह तो मैं अपनी आँखों से देख आया हूँ। कुछ सीढ़ियाँ उसकी सोनवां के मण्डप के बगल से उतरा भी। फिर वहाँ न सूरज था, न कोई और प्रकाश और एक अजब सी जीर्ण गंध थी। भय लगा। लौट आया। वह एक अँधेरी सतह है। गंगा जी की ओर से एक और सतह दीखती है जिसमें भवानी का मंदिर है। पता नहीं और कितनी सतहें हैं?

मैं चुनार के किले के कोने से देखता हूँ। इतनी सतहें बाहर की दीखती हैं। कितनी सतहें अंदर की दीखती हैं? उनमें से कुछ का बखान किया। इनके दोनों ओर अँधेरा दीखता है। या कुछ नहीं दीखता। फिर भी मैं देखता रहता हूँ। और चलता रहता हूँ।

जिन्दगी का एक हादसा या...?*

डॉ. ओंकारनाथ श्रीवास्तव	:	आपसे मिलिए, आपका नाम है : श्री कृष्णनाथ, हिन्दी के सुप्रसिद्ध विचारक और अनुसंधानकर्ता। आपने अपना कार्य जीवन एक समाजवादी चिन्तक और लेखक के रूप में शुरू किया था लेकिन बाद में बौद्ध धर्म और बौद्ध समुदाय के अतीत और वर्तमान की खोज और शोध में जुट गये। आपकी इसी वैचारिक यात्रा के बारे में हम आज बातचीत करने जा रहे हैं। 'स्टूडियो' में आपका बहुत-बहुत स्वागत है भाई कृष्णनाथ जी, नमस्कार।
कृष्णनाथ	:	नमस्कार।
ओंकारनाथ	:	जैसा कि मैंने अभी कहा कि आप समाजवादी चिन्तक के रूप में उभरे थे हिन्दी साहित्य के मंच पर। और आज तो कहना चाहिए कि विश्व के मंच पर उभरते आ रहे हैं क्योंकि आप, क्या है, चौथी अंतर्राष्ट्रीय बौद्ध संगीति?
कृष्णनाथ	:	बौद्ध विद्या सम्मेलन।
ओंकारनाथ	:	जो विस्कांसिन यूनिवर्सिटी में हो रहा है, वहाँ आप जा रहे हैं।
कृष्णनाथ	:	जी, हाँ।
ओंकारनाथ	:	कब आप भारत से रवाना हुए?
कृष्णनाथ	:	मैं 25 जुलाई को दिल्ली से चला।
ओंकारनाथ	:	कहाँ-कहाँ होते हुए आये।
कृष्णनाथ	:	रोम, फ्रांकफुर्ट, बर्लिन और पारी (पेरिस) में जो खोज हो रही है

* कृष्णनाथ की वैचारिक यात्रा : एक इंटरव्यू ।

उनको देखता हुए कल लन्दन पहुँचा।

ओंकारनाथ : अच्छा तो जिन जगहों पर आप गये उनका भी इसी दृष्टि से चुनाव किया कि वहाँ आपको बौद्ध धर्म के बारे में सामग्री मिलेगी?

कृष्णनाथ : जी हाँ, वहाँ जो बौद्ध विद्या सम्बन्धी काम चल रहा है उनका एक सर्वेक्षण कर लेना भी इस यात्रा का एक उद्देश्य है।

ओंकारनाथ : और अमरीका में तो आप जा कर 'पेपर' पढ़ेंगे। भारत में आपने किन-किन केन्द्रों में अध्ययन किया है?

कृष्णनाथ : विशेषकर तो जो धर्मचक्र प्रवर्तन का स्थान है, सारनाथ। मैं तो उसके निकट हूँ।

ओंकारनाथ : जी हाँ, आप बनारस के रहने वाले हैं।

कृष्णनाथ : वह तो स्वाभाविक रूप से मेरे लिए एक घर की सी चीज है। लेकिन मैंने विशेषकर हिमालय को अपनी खोज का क्षेत्र चुना और इस सिलसिले में लदाख से लेकर अरुणाचल प्रदेश तक लगभग दो हजार मील की यात्रा की है हिमालय में।

ओंकारनाथ : यह तो उस वैचारिक यात्रा से जरा हटकर है। यह बताइए कि यह यात्रा आपने कैसे की? पैदल?

कृष्णनाथ : अक्सर तो पैदल। फिर जहाँ कुछ सवारी की सुविधा है मैंने उसको लिया। लेकिन हिमालय के मर्म तक पहुँचने के लिए तो अभी भी अपने पाँवों का ही सहारा लेना होता है। जहाँ एक बार सड़क और उसके साथ जीप और सवारियाँ पहुँचीं तो हिमालय का जो अपना रूप है वह रूप फिर रह नहीं जाता। तो मैंने बहुत करके तो पैदल उन जगहों में पहुँचने की और वहाँ की जो मूल संस्कृति है, जो लोगों की अपनी खास प्रकृति है और जो उनकी आशाएँ हैं और जो उसमें उनको दिक्कतें आ रही हैं, उनको मैंने खुद अपनी काया से, अपनी देह से, अपनी आँख से देखने की और महसूस करने की कोशिश की।

ओंकारनाथ : अच्छा यह जो हिमालय का मन आपने देखा और बताया, वह क्या बौद्ध मत से कुछ मिलता-जुलता है?

कृष्णनाथ : हिमालय को हिन्दू या बौद्ध या शैव और वैष्णव की कोटि में नहीं बाँट सकते।

ओंकारनाथ : जी।

कृष्णनाथ : हिमालय की तो अपनी ऊँचाई है और उसकी जो एक नीलिमा है उसका जो सबुज-नील है, वह घेरे में नहीं बँट सकता। कोई बौद्ध हिमालय है या कोई शैव हिमालय है, ऐसी बात तो मुझको हिमालय में देखने को नहीं मिली। हिमालय तो हिमालय है।

ओंकारनाथ : लेकिन आपने अपनी यात्रा इसी बौद्ध अध्ययन के सिलसिले में की न?

कृष्णनाथ : जी हाँ, लेकिन बौद्ध मत की एक विशेषता मुझे जरूर देखने को मिली कि स्थानीय परम्पराओं से, और रंगों से, और भाषा से, और रीति-रविाज से, और तौर-तरीकों से कुछ इस कदर उसको मिला लिया कि वह उसमें समरस हो गया। कोई बाहरी चीज उसमें आरोपित कर दी गयी हो या उसमें घुसेड़ दी गयी हो, ऐसा न होकर वह उसी रंग का, उसी शान्ति, उसी सुन्दरता का एक हिस्सा बन कर वह वहाँ है।

ओंकारनाथ : जो सवाल सबसे पहले आपसे पूछना चाहता था, अब पूछने का लोभ संवरण नहीं कर पा रहा हूँ कि समाजवादी चिंतक के रूप में आपने शुरुआत की और आप बौद्ध धर्म की ओर मुड़े तो क्या गुण के कारण जो आपने अभी बयान दिया? या कोई, और।

कृष्णनाथ : ओंकार जी, एक लम्बी यात्रा है और आपने उसको यहाँ उधेड़ने के लिए एक तरह से मुझको कैद कर लिया है।

ओंकारनाथ : मैं समझता हूँ कि अगर एक समाजवादी चिन्तक बौद्ध धर्म की ओर मुड़े तो यह बड़ी शुभ बात है। और इसलिए उसको आप विस्तार से बताएँगे तो सुनने वालों को अच्छा लगेगा।

कृष्णनाथ : मैंने अपने युवा दिनों में अपने समय और शक्ति का बड़ा हिस्सा समाज को बदलने में, और उसमें राजनीति भी शामिल है, उसको बदलने में लगाया। लेकिन मुझे धीरे-धीरे यह अनुभव होने लगा कि

जो आदमी की मूल ज़रूरतें हैं उनको पूरा करने के लिए सिर्फ बाह्य परिवर्तन, राजनीतिक, आर्थिक परिवर्तन काफी नहीं होते। वे ज़रूरी हैं। उनको खारिज नहीं किया जा सकता लेकिन वह मनुष्य की कुल जरूरतों को पूरा नहीं करते। कुछ ज़रूरतें ऐसी हैं जो मनुष्य की अपनी, अन्दरूनी ज़रूरतें हैं, आंतरिक आध्यात्मिक ज़रूरतें हैं और वे ज़रूरतें ऐसी नहीं हैं कि सिर्फ व्यवस्था को बदल के, या एक व्यवस्था की जगह पर दूसरी व्यवस्था ला कर आप पूरा कर सकते हैं। तो भरसक कोशिश करने के बाद, उनकी सीमाओं पर, हदों पर पहुँचने पर मुझे लगा कि कुछ इसमें कमी है। और वह कमी फिर कैसे पूरी हो? इसके लिए मैंने खुद अपने अन्दर खोज की। और सिर्फ अन्दर नहीं। ऐसा नहीं कि सिर्फ अन्दर कोई जी सकता है। या सिर्फ बाहर। अन्दर-बाहर आना-जाना है। लेकिन सामाजिक परिवर्तन या समाजवादी ढंग के परिवर्तन से जो कुछ हम बाह्य को बदलते हैं उसकी आखिर कहीं न कहीं तान जो टूटती है, जो टेक है उसकी, जहाँ से वह चीज निकलती है, वह तो अन्दर की शान्ति है। सुख है। सहज आनन्द है। और वह जो सहज आनन्द है, वह सब इन बाह्य परिवर्तनों का भी लक्ष्य होना चाहिए। यह मुझे लगा कि सिर्फ आर्थिक, सामाजिक, राजनीतिक परिवर्तनों से जो खुद की अपनी तलाश है, जो उसकी एक सहज आकांक्षा है, वह पूरी नहीं होती। तो उसकी पूर्ति के लिए मैं इस दिशा में मुड़ा हूँ। मैं नहीं जानता कि यह मेरी जिन्दगी का एक हादसा है, या एक तलाश है, एक खोज है।

ओंकारनाथ : यह बात आपने जो कही उससे जो आधुनिक चिन्तन है उसकी एकांगिकता तो स्पष्ट हो गयी। लेकिन वह 'पॉजिटिव' गुण कौन था बौद्ध धर्म का जिसने कि आपको अपनी ओर खींच लिया? आप इस्लाम की ओर भी तो जा सकते थे। आप क्रिश्चियानिटी की ओर भी तो जा सकते थे। या किसी और दिशा में भी जा सकते थे। आप बौद्ध धर्म में डूबने की ओर, मेरा खयाल है कि आपने अभी

तक कोई दीक्षा ग्रहण नहीं की, आप भिक्षु तो नहीं बन गये हैं, लेकिन इस ओर आप एक आस्था ले करके मुड़े तो इसने आपको खींचा होगा। मैं वह जानना चाहता हूँ।

कृष्णनाथ : मैं सोचता हूँ कि जिस चीज़ ने मुझे पहले पकड़ा वह इनकी विपश्यना की अपनी साधना है। बड़ा भारी भरकम शब्द न इस्तेमाल करें तो यह चीजों को जस-का-तस देखने की यथावत, यथाभूत, तद्वत, तद्रूप, जो जैसी है चीज उसको वैसी ही देखने की पद्धति है। और यह खुद अपनी साँसों से और अपनी देह से शुरू करके फिर अपने चित्त की सारी जो कुछ गतिविधि है जो आना-जाना है, सारी दुनिया है, उन सबके बारे में बिना कुछ लाग-लपेट के, बिना उसमें कुछ जोड़े या उसमें कुछ घटाये, या अपनी ओर से उसमें कोई चश्मा लगाये या आरोपित किये हुए उसको जस-का-तस देखने की पद्धति है। तो इसने मुझे पहली बार आकृष्ट किया। लेकिन यह तो मेरा अपना एक निज का आकृष्ट हो सकता है।

एक चीज मुझे और इस सिलसिले में खींचती है, वह यह है कि इसे जो निर्वाण का, या एक पारलौकिक दृष्टिकोण समझने की जो एक प्रथा सी है उसके बजाय मुझे ऐसा लगा कि इसमें संसार और निर्वाण को एक स्तर पर रखा गया है। और संसार को ठीक देख लेना, अपनी जो असलियत है उसको जानना और दुनिया की जो असलियत है उसको ठीक-ठीक जान लेना ही उससे छुटकारा पाना है। निर्वाण कोई पारलौकिक सत्ता नहीं है। कहीं किसी जगह पर नहीं है जहाँ पहुँचना है। चीज़ों को उनकी असली शकल में देख लेना, उनको पहचान लेना, यही उनसे छुट्टी या उनसे मुक्ति या निर्वाण का रास्ता है।

ओंकारनाथ : यह बताइए कि यह जो द्वंद्वात्मकता है, क्या वह इसी का एक उपाय नहीं है?

कृष्णनाथ : द्वंद्व तो है जीवन में।

ओंकारनाथ : नहीं, जो यह 'डायलिक्टिकल मेटिरियलिज्म' जिस पर समाजवादी चिन्तन का भवन खड़ा हुआ है, उनका भी, उनकी कोशिश यही जान पड़ती है कि एक 'थीसिस' बनती है उसकी 'ऐन्टी-थीसिस' होती है और उनसे मिलकर एक 'सिन्थेसिस' बनती है। फिर वह एक 'थीसिस' का रूप ले लेती है। उसकी भी 'ऐन्टी थीसिस' बनती है। इस तरह से एक द्वंद्वात्मकता चलती रहती है। जिससे जस-का-तस वाला जो भाव है उस तक पहुँचने की कोशिश चलती रहती है। तो क्या ऐसा तो नहीं कि यह चीज आपके मन में पहले से ही तैयार थी, और लेकिन इसमें आपने देखा कि यह एक और भी कुछ आस्था तक के स्तर पर देखने को मिल रही है तो आप उधर बढ़ गये। यानी कि आप एक बदले हुए समाजवादी ही हैं जो कि बौद्ध चिन्तन तक पहुँच गये हैं? ऐसा कह सकते हैं?

कृष्णनाथ : आप बहुत गहरी बात की ओर संकेत कर रहे हैं। मुझे लगता है कि द्वंद्वात्मकता इस विश्लेषण में भी है। लेकिन यह द्वंद्वात्मकता के परे भी जाता है। दो हैं, बाहर-भीतर, जड़-चेतन, अर्थ और चित्त, ये दो हैं लेकिन एक स्थिति ऐसी आती है जब यह दो नहीं रह जाते, एक तरह का अद्वय बन जाता है। इस अद्वय के लिए समाजवादी चिन्तन में बहुत गुंजाइश नहीं है। वह जाकर अन्तिम लक्ष्य पर पहुँच कर जो मार्क्स और एंगेल्स की कल्पना का छोर है उस पर पहुँच कर एक प्रकार का अद्वय वहाँ भी है। लेकिन सामान्यतया दैनंदिन राजनीतिक-आर्थिक व्यवस्थाओं में तो एक द्वैत ही चलता जाता है और अद्वय एक वायवी, एक बाहरी-सी चीज बनती है। यहाँ हर क्षण यह दो भी है लेकिन फिर भी एक-दूसरे से जुड़ा हुआ भी है। जैसे कि कोई स्त्री-पुरुष बहुत, जब बहुत अपने प्रगाढ़ आलिंगन के क्षणों में निकट होते हैं, वैसे यह संसार और निर्वाण है। वैसे यह प्रज्ञा और उपाय है। वैसे यह जो चित्त है और जो बाहर की दुनिया है यह बाहर से दो दीखने पर अन्दरूनी तौर पर एक इकाई बन जाते हैं। उसको हर क्षण महसूस करना।

शायद इसके लिए इस मेरे पुराने चिन्तन के क्रम में स्थान नहीं था। वहाँ तो बाह्य को, व्यवस्था को बदलने में, ऊपरी ढाँचे को न बदल कर बुनियादों को बदलने से सब कुछ बदल जाता है, ऐसा मानने का एक आग्रह है। जबकि यहाँ दो भी है, लेकिन यह कुछ ऐसा जुड़ा हुआ है कि एक ही के दो पहलू जैसा हो जाता है।

ओंकारनाथ : कृष्णनाथ जी, यह बातें बड़ी गूढ़ हैं। हैं न? इतना तो आप मानेंगे।

कृष्णनाथ : जी हाँ।

ओंकारनाथ : सामान्य जन को आप कैसे आकृष्ट कर सकेंगे? इस सबकी ओर। या आप सामान्य जन की परवाह नहीं करते?

कृष्णनाथ : नहीं, मनुष्य से बढ़ कर तो कोई श्रेष्ठ नहीं है। और सब सच से बड़ा मनुष्य का सच है। और यह कोई पोथी से नहीं, किसी किताब से नहीं, मुझको अपनी जिन्दगी से इसका अनुभव है। और पश्चिम में आ कर यह अनुभव और मजबूत होता है, कोई हल्का नहीं पड़ता। तो मनुष्य तो एक बड़ा भारी सच है। और अगर मेरी बात मनुष्य तक नहीं पहुँचती तो वह कोई सातवें आसमान की कोई चीज होगी। उसमें मेरी कोई रुचि नहीं है। और आप यकीन मानिए कि दुनिया को ठीक-ठीक जान लेना ही दुनिया को बदलना है। और आप कुछ अपनी ओर से बहुत ज्यादा उसमें आरोपण नहीं कर सकते। उसको ठीक-ठीक अगर आप देख लेते हैं तो उस देखने से भी एक अन्दर से कुछ बदलने लगता है। कभी अगर आप इसको अनुभव करें। एक चीज है जो आपको परेशान कर रही है, उसकी जड़ तक आप पहुँच गये। उसकी तह को आपने जान लिया तो यह जान लेना ही आपको उससे छुट्टी दिलाता है। इस अर्थ में मैं इन चीजों का, संसार और निर्वाण का, इस दो और एक का प्रयोग कर रहा हूँ, किसी पारलौकिक अर्थ में नहीं।

ओंकारनाथ : जी हाँ।

++ ++ ++

बौद्ध धर्म के जो विचार हैं वह आजकल खासतौर से बुद्धिजीवियों

में पश्चिम के बुद्धिजीवियों में अक्सर उनकी चर्चा सुनने को आती है। उनका आकर्षण बढ़ रहा है। इसकी चर्चा अभी मैं आपसे चाहूँगा कि आप करें। लेकिन एक सवाल बौद्ध धर्म के बारे में हमेशा पूछा जाता है, और पूछा जाएगा कि भारत जैसी जगह से जहाँ इस धर्म ने जन्म लिया और इतना फैला और इतना प्रभाव उसमें डाला सहसा इतना लुप्त कैसे हो गया? इसके बारे में तरह-तरह के उत्तर दिये जा चुके हैं। आपका क्या उत्तर है?

कृष्णनाथ : लगता है कि एक संगठित धर्म के तौर पर तो भारत के मैदानों में कई शताब्दियों तक यह धर्म प्रायः नहीं रहा है। हालाँकि मेरी खोज से यह बात निकलती है कि यह कहना ऐतिहासिक दृष्टि से ठीक नहीं है कि भारत से बौद्ध धर्म लुप्त हो गया। क्योंकि अगर हिमालय, जिसे आप कविता में भारत का भाल, मुकुट और सब कुछ कहते हैं। और अगर हिमालय भारत का अंग है, और सचमुच अंग है, वहाँ का गौरव है, संसार का गौरव है, उसमें तो यह धर्म परम्परागत रूप में, मैं खुद देखकर आया हूँ। मैंने आपसे उसकी चर्चा की है।

ओंकारनाथ : जी।

कृष्णनाथ : तो वहाँ तो था। लेकिन यह सही है कि गंगा-जमुना के मैदान से पिछली शताब्दियों में इस धर्म का प्रायः एक तरह से लोप हो गया। अब इसके ऐतिहासिक कारणों में अगर जाना हो तो यह तफसील की बात होगी। लेकिन ऐसा लगता है कि जैसे हर संस्था की, हर विचारधारा की, हर आन्दोलन की जैसे अपनी आयु होती है, जैसे आदमी की, हर चीज़ की। तो इसने अपना काम उस इलाके में भी किया है जिस इलाके में आप पिछली शताब्दियों में नहीं देखते। हालाँकि अब तो इसके मानने वाले अनुयायी जीवित रूप में इस इलाके में भी हैं, गंगा-जमुना के मैदानों में भी हैं। लेकिन जब यह बहुत प्रचलित नहीं भी था तो इसने बहुत सी चीजें भारतीय संस्कृति को दीं खासतौर से करुणा, मैत्री और अहिंसा का आप आज जो

बल देखते हैं उसके पीछे श्रमण परम्परा का बहुत भारी हाथ है। और मैं समझता हूँ कि भारतीय संस्कृति को एक तो ब्राह्मण परम्परा ने उसको व्यवस्था दी है और दूसरे श्रमण परम्परा ने उसको बार-बार नया बनाया है। और इन श्रमणों में मैं बौद्धों को, जैन मतावलम्बियों को अन्य सिद्धों को, नाथों को, सन्तों को, और भक्तों को भी शामिल करता हूँ। तो यह श्रमण और ब्राह्मण दो परम्पराएँ मिल कर संस्कृति को बनाती हैं। श्रमण परम्परा के प्रतिनिधि के तौर पर भारतीय जिन्दगी को उनकी देन तब भी थी जब इनके मठ वगैरह और विहार वगैरह नहीं रह गये।

ओंकारनाथ : तो यह कहना अधिक उचित होगा कि बौद्ध धर्म का लोप नहीं हुआ बल्कि बौद्ध धर्म जैसे कि जज्ब हो गया।

कृष्णनाथ : गंगा-जमुना के मैदानों में तो आप कह सकते हैं। लेकिन एक बौद्ध विश्व है। आप जानते ही हैं। और उस बौद्ध विश्व का एक बड़ा हिस्सा हिमालय के उन लोगों का है।

ओंकारनाथ : वहाँ तो यह अपने शुद्ध रूप में अभी भी मिलता है।

कृष्णनाथ : और यह ज़रूर है कि इस सम्बन्ध में इतिहास को फिर से परखने की ज़रूरत मालूम पड़ती है।

ओंकारनाथ : यह थे इतिहास के मर्मज्ञ और बौद्ध धर्म के साधक श्री कृष्णनाथ। यह बातचीत हमने कुछ समय पहले रेकार्ड की थी। 'आप से मिलिए' कार्यक्रम के ओंकारनाथ श्रीवास्तव को आज्ञा दीजिए। नमस्कार।

बी.बी.सी., लन्दन के 'गेस्ट आव द वीक' कार्यक्रम के अन्तर्गत लन्दन में 2 अगस्त, 1981 को रिकार्ड की गयी बातचीत।

श्रीलंका यात्रा

प्रायः दो-ढाई महीने की हिमालय यात्रा से लौटा था। शरीर स्वस्थ न हुआ था। श्वास-प्रश्वास सम न था। तभी संदेश मिला कि श्रीलंका की यात्रा करना है। महाबोधि सोसायटी ऑव इंडिया और अशोक मिशन, नयी दिल्ली के संयुक्त तत्वावधान में एक भारतीय सांस्कृतिक शिष्ट मण्डल जुलाई-अगस्त 1988 में श्रीलंका जा रहा है। उसके सदस्य के रूप में शरीक होने का निमंत्रण मिला। शिष्ट मण्डल के नेता श्रद्धेय लामा लोबजंग का आग्रह था। मेरा दीर्घ हिमालय प्रवास के कारण सम्पर्क न हुआ। फिर भी उन्होंने मेरी स्वीकृति मान ली है। तदनुसार व्यवस्था हो गयी है। चलना ही है। अब इस विश्वास को कौन तोड़ सकता है? विश्वास जीवन है, विश्वास का टूटना मृत्यु। हर किसी ने बरजा। यह श्रीलंका जाने का समय है। वहाँ आग लगी हुई है। यहाँ तक कि एक सयाने भिक्षु ने भी निमंत्रण अस्वीकार कर दिया। उन्होंने साफ ही कहा कि मुझे डर लगता है। तो मुझे लगा कि यही श्रीलंका यात्रा का समय है।

जो हो, 26 जुलाई से 2 अगस्त, 1988 तक श्रीलंका यात्रा हुई। इस यात्रा की पृष्ठभूमि, प्रयोजन और चर्चा, संक्षेप में, इस प्रकार है :

'महाबोधि सोसायटी ऑव इंडिया' और अशोक मिशन, नयी दिल्ली के निमंत्रण पर श्रीलंका का एक उच्चस्तरीय शिष्ट मण्डल 22 मार्च से 4 अप्रैल, 1988 तक भारत आया। इस शिष्ट मण्डल में श्रीलंका के प्रमुख निकायों के महानायक, वरिष्ठ भिक्षु, ऑल सिलान बुद्धिस्ट कांग्रेस के अध्यक्ष, शिक्षाविद्, पत्रकार आदि सम्मिलित थे। इस शिष्ट मण्डल ने भारत के प्रमुख बौद्ध तीर्थों—सारनाथ, बोधगया, कुशीनगर, श्रावस्ती की तीर्थयात्रा की। राष्ट्रपति और प्रधानमंत्री से भेंट की। भारत-श्रीलंका के दीर्घकालीन और गहन सांस्कृतिक-धार्मिक सम्बन्धों के चलते भारत में इस शिष्ट मण्डल का सर्वत्र हार्दिक

स्वागत हुआ। इसके उत्तर में, श्रीलंका की महाबोधि सोसायटी ने भारत के एक बौद्ध शिष्ट मण्डल को श्रीलंका की यात्रा के लिए आमंत्रित किया। इसका नेतृत्व अशोक मिशन, नयी दिल्ली के अध्यक्ष श्रद्धेय लामा लोबजंग ने किया। इस शिष्ट मण्डल में महायान और थेरवाद दोनों ही बौद्ध परम्पराओं के भिक्षु, विद्वान्, उपासक-उपासिकाएँ सम्मिलित थे। इसकी एक विशेषता यह थी कि इसमें प्रायः पूरे भारत का बौद्ध जगत शरीक था। हिमालयी बौद्ध-लदाख, किन्नौर (हिमाचल प्रदेश), दार्जिलिंग (पश्चिमी बंगाल), सिक्किम और अरुणाचल की तवांग गोनपा से आये थे; और वाराणसी, कुशीनगर, महाराष्ट्र और दिल्ली से भी प्रतिनिधि थे।

भारतीय शिष्ट मण्डल की श्रीलंका यात्रा का प्रयोजन दोनों देशों के बीच शताब्दियों पुराने धार्मिक-सांस्कृतिक सम्बन्धों को पुनर्नवा करना था। राजनीतिक वातावरण जैसा भी हो, किन्तु श्रीलंका-भारत की परम्परागत मैत्री और बंधुता पर आँच न आने और यह कायम रहे, यह हमारी प्रधान चिन्ता का विषय था।

मद्रास से वायु मार्ग से प्रस्थान की पूर्व संध्या को कोलम्बो से संदेश मिला कि श्रीलंका के जनाधिपति (=राष्ट्रपति) महामहिम श्री जे. आर. जयवर्धने की इच्छा है कि शिष्ट मण्डल हवाई अड्डे से सीधे राष्ट्रपति भवन आ कर पहले उनसे भेंट करे। कहते हैं कि यह किसी आगत शिष्ट मण्डल के विशेष सम्मान का सूचक है। हमने यह निमंत्रण कृतज्ञतापूर्वक स्वीकार किया।

26 जुलाई को मद्रास-कोलम्बो की हवाई यात्रा इंडियन एयरलाइंस की उड़ान 573 से प्रायः 1 घंटे 10 मिनट में सकुशल पूरी कर, हम प्रातः 8.40 पर कोलम्बो हवाई अड्डे पर उतरे। हवाई अड्डे पर हमारे आतिथेय भिक्षु मोपलगाय विपुलसार और अन्य प्रमुख महास्थविरों, भिक्षुओं और नागरिकों और सरकारी अधिकारियों ने शिष्ट मण्डल का स्वागत किया। श्रीलंका की विशिष्ट चाय पी कर सीधे मिलने गये।

प्रायः 83 वर्ष की अवस्था में भी, जनाधिपति श्री जयवर्धने अत्यंत सजग और सावचेत दीखे। प्रारम्भिक परिचय आदि की औपचारिकता पूरी कर उन्होंने जानना चाहा कि वे हमारी यात्रा के लिए क्या कर सकते हैं? श्रीलंका सरकार क्या कर सकती है? हमारे आतिथेय विपुलसार भंते द्वारा आश्वस्त किये जाने पर उन्होंने जानना चाहा कि हम कहाँ-कहाँ जा रहे हैं? मुझे शिष्ट मण्डल की ओर से महामहिम जनाधिपति से बातचीत का दायित्व सौंपा गया था। सो मैंने अपने सहयात्रियों की ओर से और अपनी ओर से

भी राष्ट्रपति के सम्मुख, अन्य बातों के अलावा, निम्नलिखित प्रस्ताव रखे :

(1) बौद्ध विद्वानों, विद्यार्थियों और साहित्य का बड़े पैमाने पर, दोनों देशों के बीच, आदान-प्रदान हो;

(2) थेरवाद और महायान बौद्ध परम्पराओं के बीच संवाद हो और दोनों में परस्पर समझ और एकता लाने की पहल की जाए;

(3) श्रीलंका से भारत की, बड़ी संख्या में, तीर्थयात्रा फिर जारी हो।

राष्ट्रपति श्री जयवर्धने ने तीनों प्रस्तावों पर अपनी सहमति प्रगट की। यह सुझाव दिया कि महाबोधि सोसायटी इस बारे में पहल और प्रस्ताव करे। वित्तीय और अन्य सरकारी सहायता का उन्होंने आश्वासन दिया।

श्रीलंका की जो 'रूपवाहिनी' ('टेलीविजन' का सिंहली रूपांतर) ने इस भेंट को ''भारत से सांस्कृतिक शिष्ट मण्डल की यात्रा' शीर्षक से समाचारों में प्रथम स्थान दिया और फिर उसे दुहराया। इस प्रकार हमारी यात्रा का प्रथम परिचय श्रीलंका को हो गया। (किसी शुभचिंतक ने धीरे से यह शंका भी प्रगट की कि इस तरह हम आतंकवादियों के लिए निशाना भी बन गये होंगे। स्नेह और शुभ में पापशंका होती है, फिर भी...)

फिर तो श्रीलंका की अथक यात्रा का चक्र चला। लामा लोबजंग और विपुलसार भन्ते दोनों ही नेपोलियन के कद के, बिना विश्राम किये, बिना थके सूर्योदय के पूर्व से सूर्यास्त के पश्चात् दौड़ने-फिरने के आदी हैं। और औरों को भी साथ ले चलने के। इस पूरी यात्रा का बखान करना न तो यहाँ सम्भव है, न शायद जरूरी ही। यह यात्रा की आधिकारिक रिपोर्ट नहीं इस बखान में मालवत्ते, असगिरि और अमरपुर निकायों के महानायकों, स्तूपों, विहारों, भितिचित्रों, कोलम्बो के नगराधिपति, महाबोधि सोसायटी और ऑल सिलोन बुद्धिस्ट कांग्रेस, श्रीलंका पालि बुद्धिस्ट यूनिवर्सिटी के कुलपति और अन्य विशिष्ट जनों से भेंट का ब्योरा भी नहीं दिया जा रहा है। कुछेक स्थलों को, जिन्होंने हमें गहरे से स्पर्श किया, उनको यहाँ छू भर लिया गया है :

मिहित्तले : शायद यह महेन्द्र स्थले का सिंहली भाषा में स्थल रूपान्तर है। इस स्थल पर महामति महेन्द्र सिंहल द्वीप में उतरे थे। सिंहल के प्रसिद्ध इतिहास ग्रन्थ *महावंस* के परिच्छेद 13 और 14 में महेन्द्र आगमन और नगर प्रवेश की कथा दी गयी है। ज्ञातव्य है कि सिंहली परम्परा के अनुसार तो भगवान् बुद्ध का स्वयं तीन बार लंका आगमन हुआ। किन्तु ऐतिहासिक दृष्टि से सिंहल का विजय अभिषेक लाक (लाट) देश

के विजय सिंह को सात सौ अनुयायियों के साथ लंका पहुँचने से माना जाता है। यह उसी काल में बताया जाता है जबकि भगवान् बुद्ध परिनिर्वाण शय्या पर लेटे हुए थे। फिर, सम्राट अशोक ने अपने पुत्र महेन्द्र को सिंहल धर्म प्रचार के लिए भेजा। अशोक के शिलालेखों में यह द्वीप ताम्रपर्णी कहा गया है। महेन्द्र सिंहल में धर्मदूत बन कर गये। महाबंस (अनुवादक : भदन्त आनन्द कौसल्यायन, हिन्दी साहित्य सम्मेलन, प्रयाग, संवत् 2014, पृ. 65) के अनुसार : "..... महा तेजस्वी स्थविर ...... आकाश द्वारा उड़ कर यहाँ (लंका में) रमणीय मिश्रक पर्वत के मनोहर अम्बस्थल में शीलकूट नामक शिखर पर आ कर उतरे।......राजा देवानांप्रियतिष्य नगरवासियों को जल क्रीड़ा में लगाकर स्वयं शिकार खेलने के लिए गये। चालीस हजार आदमियों के साथ राजा मिश्रक पर्वत पर आये। राजा को स्थविरों को दिखा देने की इच्छा से देव (इन्द्र) मृग का रूप धारण करके पर्वत पर चरने लगा। राजा ने मृग को देखा और बिना सजग किये मारना अनुचित समझा, धनुष की टंकार की। मृग पर्वत की ओर भागा। राजा भी पीछे दौड़ा। मृग दौड़ता-दौड़ता स्थविर के पास पहुँचा, और जब राजा ने स्थविर को देख लिया तो स्वयं अन्तर्धान हो गया। राजा बहुतों को देखकर शंकित होगा इसलिए स्थविर (महेन्द्र) केवल अपने ही सामने हुए। राजा उन्हें देख सशंक खड़ा हो गया। स्थविर ने कहा, "तिष्य आओ।" राजा ने सोचा होगा, इस द्वीप में मुझे तिष्य नाम लेकर पुकारने वाला कोई नहीं है, यह फटे-पुराने मलिन काषाय पहने मुझे नाम लेकर पुकारता है। तो यह कौन है : मनुष्य? या अमनुष्य? स्थविर ने कहा– "महाराज, हम बुद्ध के अनुयायी भिक्षु हैं और आप पर ही अनुग्रह करने के लिए यहाँ आये हैं।" इसे सुनकर राजा की शंका मिटी......।

...... स्थविर (महेन्द्र) ने उस महामति राजा को चूलहत्थिपदोपम सुत्त (मज्झिम निकाय, 937) का उपदेश दिया। उपदेश के अन्त में चालीस हजार पुरुषों सहित राजा बुद्ध, धर्म और संघ की शरण आया।

इन सब स्मृतियों को जगाता है : मिहित्तले। अनुराधपुर के निकट है, प्रायः 10 किलोमीटर दूर।

बोधिवृक्ष (अनुराधपुर)

यह बोध गया के बोधि वृक्ष की शाखा है जो अशोक की पुत्री संघ मित्रा लायी थीं। इस 'बोधि आगमन' की कथा भी महावंस (परिच्छेद 19) में दी गयी है। संक्षेप में यह इस प्रकार है :

जब राजा त्रिशरण में प्रतिष्ठित हुआ तो ''उस समय अनुला देवी ने राजा से प्रव्रजित होने की इच्छा प्रगट की। राजा ने उसकी बात सुन कर स्थविर (महेन्द्र) से प्रार्थना की–

'महाराज, हमें स्त्रियों को प्रव्रज्या देना विहित नहीं है। पाटिलपुत्र में मेरी भगिनी संघ मित्रा थेरी है, उसे बुलवाओ।..... महाराज! ऐसा पत्र भेजो, जिसमें संघ मित्रा बोधि (=बोध गया के पीपल की शाखा) भी लेती आये।...'

''गंगा में नाव पर रखकर.... विन्ध्याटवी को पार कर महाबोधि सात दिन में ताम्रलिप्त पहुँची।.... मार्गशीर्ष मास के प्रथम प्रतिपद् के दिन अशोक धर्मराजा ने महाबोधि को उठा गले तक पानी में जा कर नाव पर रख संघ मित्रा थेरी को भी अनुचरों सहित नाव पर चढ़ाया.....। (रास्ते में) सात दिन नागराजों ने पूजा कर फिर नाव में रख दिया। उसी दिन नाव जम्बुकोल पट्टन पर पहुँच गयी। चौथे दिन महाबोधि को ले कर..... अनुराधपुर गये......। अनुला देवी (राज भगिनी) पाँच सौ कन्याओं और पाँच सौ अन्तःपुर की स्त्रियों के साथ संघ मित्रा थेरी के पास प्रव्रजित हुई। ....'' (उद्धृत : राहुल सांकृत्यायन, बौद्ध संस्कृति, पृष्ठ 38)

इस तरह बोधि का आगमन और ग्रहण हुआ। किन्तु यह एक-तरफा यात्रा नहीं है। कालक्रम में जम्बूदीप (भारत) में बौद्ध धर्म का प्रायः लोप हो गया। हिमालय के प्रत्यन्त देशों को छोड़ कर मध्य देश में यह प्रायः नष्ट हो गया।

तब आधुनिक काल में, बीसवीं सदी के प्रारम्भ में श्रीलंका के अनागारिक धम्मपाल ने महाबोधि सोसायटी ऑव इंडिया की स्थापना कर इन बौद्ध तीर्थों का पुनरुद्धार किया। वाराणसी के ऋषिपत्तन मृगदाय में मूलगंध कुटी की स्थापना की। और साथ ही, अनुराधपुर से बोधिवृक्ष की शाखा लाकर लगायी। यह बोधिवृक्ष संस्कृतियों के लेन-देन का, सम्यक् सम्बुद्ध की अनुत्तर बोधि का, सम्यक ज्ञान का प्रतीक सदा सींचता है। श्रीलंका में बोधि आगमन और उसकी शाखाओं का ग्रहण और प्रतिष्ठा अत्यंत श्रद्धा के साथ आज भी जीवित-जाग्रत है। अनुराधपुर में शाम में, बल्कि रात के पहले पहर में बोधि के नीचे ध्यान-भावना कर जैसे चित्त उस अपूर्व अनुत्तर बोधि की प्रभास्वर शून्यता में लय हो गया। जैसा पहले कभी नहीं हुआ।

दन्त धातु का दर्शन : कैंडी में भगवान् बुद्ध के पवित्र दन्त धातु के दुर्लभ दर्शन का सुयोग हुआ। दन्त धातु मंदिर के कस्टोडियन श्री निरंजन विजयरत्न और महास्थविरों

की विशाल कृपा से अनेक पवित्र सुरक्षा के सुवर्ण आवरणों के भीतर सुरक्षित दन्त धातु का दर्शन भारत से आये शिष्ट मण्डल को कराया गया। यह सामान्य नहीं, विशेष है। रात में इस दन्त धातु के 'मॉडल' को, असल को नहीं, हाथी के हौदे पर सजा कर विशाल जुलूस निकलता है। और परेरा (उत्सव) होता है। यह उत्सव 28 जुलाई 1988 को कैण्डी में सम्पन्न होना था। (इसलिए भी हमारा गायन इस 'ऋतु' में हुआ।)

'श्रीलंका बन्द'

कैंडी प्रवास में ही 'श्रीलंका बंद' हुआ। 29 जुलाई को भारत-श्रीलंका समझौते का एक वर्ष पूरा हुआ। विरोध स्वरूप 29-30 जुलाई को सम्पूर्ण श्रीलंका बंद का आवाहन हुआ। जैसा सब दूर होता है, युवकों ने ही इसका नेतृत्व किया। स्कूल कालेजों में चिट्ठियाँ पहुँचा दी गयीं कि कोई सड़क पर नहीं दीखेगा, खिड़की दरवाजे नहीं खोलेगा, रोशनी नहीं जलाएगा।....और सचमुच ऐसा हुआ। 29-30 जुलाई को प्रायः सब कार्यक्रम स्थगित कर हमने इस '6न्' का अनुभव किया। यह हमारा मूल प्रयोजन नहीं था। लेकिन राजनीति तो जैसे हाथी का पाँव है। इसमें और सबके पाँव समा जाते हैं। सो 'बन्द' की राजनीति से हमारा वास्ता हो न हो, यह सब दूर है। श्रीलंका में भारत-श्रीलंका समझौते के समय और भारत की सेना के आगमन को प्रायः सर्वत्र नापसंद किया जा रहा है। तमिल 'लेट्टे' तो लड़ ही रहे हैं, सिंहलियों को भी यह दिल से पसंद नहीं है। यह उन्हें भारत की दादागिरी जैसा लगता है। उन्हें यह भी भय है कि भारत जैसी शक्ति यहाँ आ गयी तो वह जल्दी जाने वाली नहीं। उन्हें अपनी सरकार से नाराजगी है कि उसने श्रीलंका को 'इंडिया' के हाथ बेच दिया। भारत की शांति सेना के बने रहने पर भी उनको शंका है। किन्हीं को तो यह भी लगता है कि इसमें भी दिल्ली का कोई 'अदृश्य हाथ' काम कर रहा है। वरना भारत जैसी बड़ी सेना के लिए 'लेट्टे' को नेस्तनाबूत करना कौन सा मुश्किल है? यहाँ सवाल यह नहीं है कि सच क्या है? स्थितियाँ और सरकारों की मजबूरी क्या है? सवाल यह है कि सिंहलियों की भावना क्या है और ऐसा लगता है कि प्रायः एक स्वर से उन्हें यह समझौता और सेना और सबकुछ पसंद नहीं है। और नहीं है तो नहीं है। यह तर्क का विषय नहीं। कम से कम हमारे जैसे यात्रियों के लिए तो हरगिज नहीं। इसलिए हमने इस पर किसी से एक शब्द कहा नहीं। सिर्फ 'बंद' की आहट और दस्तक सुनते रहे। अपने कार्यक्रम स्थगित कर 29-30 जुलाई कैंडी में ही

प्रायः पड़े रहे। हाँ, इस बीच भी, असगिरि विहार में महानायक ने हमें सिंहली नाश्ता कराया। और विशेष पूजा हुई। सुत्त पाठ के बाद धम्मचक्कप्पवत्तनसुत्तं (धर्मचक्र प्रवर्तन सूत्र या तथागत के प्रथम उपदेश) का पालि भाषा और सिंहली लिपि में ताड़पत्र पर हस्तलिखित प्रति भेंट की। विशेषकर पंडित रामशंकर त्रिपाठी (अध्यक्ष, बौद्ध दर्शन विभाग, सम्पूर्णानन्द संस्कृत विश्वविद्यालय, वाराणसी) और मुझे यह सुत्त दिया। क्योंकि यह धर्मचक्र प्रवर्तन ऋषिपत्तन मृगदाय सारनाथ, वाराणसी में हुआ था। सुत्त में कहा गया है : एवं मे सुतं—एकं समयं भगवा, वाराणसियं विहरति इसिपत्तने मिगदाये....—"ऐसा मैंने सुना—एक समय भगवान् वाराणसी के ऋषिपत्तन मृगदाय में विहार करते थे। वहाँ भगवान् ने पञ्चवर्गीय भिक्षुओं को सम्बोधित किया—भिक्षुओ! इन दो अन्तों को प्रव्रजितों को नहीं सेवन करना चाहिए—(1) जो यह हीन, ग्राम्य, पृथक् जनों के योग्य, अनार्य, अनर्थों से युक्त कामवासनाओं में काम सुख लिप्त होना है और (2) जो यह दुःखमय अनार्य, अनर्थों से युक्त आत्मपीड़न (काय क्लेश) में लगना है। भिक्षुओ इन दोनों अन्तों में न जा कर तथागत ने मध्यम मार्ग को जाना है (जो कि) आँख देने वाला, ज्ञान कराने वाला, शान्ति के लिए, अभिज्ञा के लिए, सम्बोधि के लिए, निर्वाण के लिए है....."

आलोक विहार : कैंडी–अनुराधपुर के रास्ते में आलु विहार (आलोक विहार) है। परम्परा के अनुसार यहाँ सिंहल में प्रथम बार त्रिपिटक लिपिबद्ध हुआ। इस विहार की एक गुहा में आचार्य बुद्ध घोष कुछ शिष्यों को प्रवचन करते हुए दिखाये गये हैं। बुद्ध घोष का स्मरण किये बिना यह वृत्तान्त अधूरा ही रहेगा। इन आचार्य ने त्रिपिटक की अट्ठकथाओं को सिंहली भाषा से पालि में अनूदित कर थेरवाद की परम्परा को जीवित रखा। विसुद्धिमग्ग ग्रंथरत्न भी इन्होंने पालि में इसी द्वीप में रह कर लिखा। इसकी भी एक कथा है। बुद्ध घोष के आचार्य रेवत स्थविर ने कहा—"यहाँ केवल पालि (=मूल त्रिपिटक) मात्र है। यहाँ अट्ठकथाएँ नहीं हैं। ऐसे ही परम्परागत आचार्य-मत भी यहाँ विद्यमान नहीं हैं। किन्तु, सिंहली भाषा में महा महेन्द्र स्थविर लिखी गयी अट्ठकथाएँ, जो तीनों संगीतियों में विद्यमान थीं, शुद्ध रूप में लंका में हैं, तुम वहाँ जा कर, उन्हें सुन कर मागधी (=पालि) भाषा में उनका अनुवाद कर डालो, यह सारे संसार के लिए कल्याणकारी होंगी।" इस प्रकार अपने आचार्य रेवत स्थविर से आज्ञा पा कर बुद्ध घोष लंका गये। उस समय लंका में महानाय का शासन काल था। अनुराधपुर के महाविहार में जा कर उन्होंने महाप्रधान नायक भवन में संघपाल स्थविर द्वारा सम्पूर्ण सिंहली

अट्ठकथा-ग्रन्थ तथा स्थविरवाद का श्रवण किया। जब बुद्ध घोष को निश्चय हो गया कि भगवान् बुद्ध का यही आशय है तब उन्होंने सम्पूर्ण भिक्षुसंघ को एकत्र कर प्रार्थना की— "भन्ते! तीनों पिटकों की अट्ठकथाएँ मागधी में लिखना चाहता हूँ। कृपापूर्वक मुझे सब ग्रन्थ प्रदान किये जाएँ।" भिक्षु संघ ने बुद्ध के ज्ञान की परीक्षा हेतु—"तुम अपना सामर्थ्य दिखलाओ, तदुपरान्त तुम्हें सम्पूर्ण ग्रन्थ दिये जाएँगे।" कहते हुए... दो गाथाओं को दिया–......"

....

बुद्ध घोष ने इन दोनों गाथाओं की व्याख्या करते हुए विसुद्धिमग्ग (विशुद्धिमार्ग) =ग्रन्थ की रचना की। (आचार्य बुद्ध घोष के परिचय और इन गाथाओं और इनके अर्थ के लिए देखिए : आचार्य बुद्धघोष-कृत विशुद्धि मार्ग, अनुवादक : भिक्षु धर्मरक्षित, महाबोधि सभा, सारनाथ, वाराणसी, 1956, भाग 1, 1, 2)

दूसरी गाथा इस प्रकार है :

अन्तो जटा बहि जटा,
जटाय जटिता पजा।
तं तं गोतम पुच्छामि,
को इमं विजटये जटं।।

(भीतर जटा है, बाहर जटा है, जटा से प्रजा जकड़ी हुई है, इसलिए हे गौतम! मैं आपसे पूछता हूँ कि कौन इस जटा को काट सकता है?)

इस पर गौतम बुद्ध ने उत्तर दिया है। सो पहली गाथा है यह प्रश्न सिर्फ इतिहास-पुराण का नहीं, आज भी है। भीतर जटा है, बाहर जटा है, इससे प्रजा या आज की भाषा में जनता जकड़ी हुई है, कौन इस जटा को काट सकता है?

यह प्रश्न श्रीलंका की यात्रा के अन्त में प्रकारान्तर से उठा। यात्रा की प्रायः समाप्ति पर, हम लोगों को कोलम्बो में 9 अगस्त को अपराह्न 3 बजे श्रीलंका में भारत के हाई कमिश्नर महामहिम श्री जे.एन. दीक्षित ने चाय के लिए आमंत्रित किया। श्री दीक्षित ने हमें श्रीलंका की परिस्थिति से अवगत कराया। उन्होंने सुझाया कि क्यों न हम लोग अपनी यात्रा के अनुभव प्रेस को बताएँ। 'रूपवाहिनी' भी इसे 'रिकार्ड' करे। तो दूसरे दिन 2 अगस्त '88 को एक प्रेस कान्फरेंस आयोजित हुई। वहाँ एक पत्रकार ने हमारी प्रथम श्रीलंका यात्रा के अनुभव जानना चाहा। लामा लोबजंग तो पहले भी श्रीलंका

आ चुके हैं। इसलिए इस प्रश्न का उत्तर मुझसे माँगा गया। तो मैंने कहा :

"श्रीलंका एक सुन्दर द्वीप है, यहाँ किसिम-किसिम का सबुज हरा है : हल्का से लेकर गाढ़ा हरा, नीला, फिर, यहाँ उमस है। और महासागर की ताजी हवा है।" इस पर एक युवा पत्रकार ने जैसे गुस्से में आकर कहा : "श्रीलंका जल रहा है। और आप सागर की ताजी हवा देख रहे हैं।....."

उत्तर में, मैंने नम्रतापूर्वक यही कहा कि हम तो प्रार्थना और कामना ही कर सकते हैं कि इस सुन्दर द्वीप में शांति और सहज सुख लौटे। किन्तु अचेतन में वही प्रश्न फिर उपस्थित हुआ : अन्तो जटा बहि जटा..... अन्तर जटा है, बाहर जटा है..... कौन इस जटा को काट सकता है? कोई बताए।

अथ हिमालय आख्यानम् या मानसरोवर माहात्म्य

हिमालय की कोख बागेश्वर में दत्तात्रेय की मूर्ति और जूना अखाड़ा देख कर सुखद आश्चर्य हुआ। जवानी के दिनों से दत्त दिगम्बर के लिए मेरे मन में आकर्षण रहा है। मराठी में उनका चरित्र सुना तभी से लगा कि "दत्त दिगम्बर माझे गुरु" (दत्त दिगम्बर मेरे गुरु हैं)। जिस बात ने उन दिनों मुझे छुआ वह दत्त की घुमक्कड़ी थी। मराठी मूल मुझे स्मरण नहीं, किन्तु आशय यह था कि शायद नासिक में गोदावरी में स्नान करते हैं, कोल्हापुर में भिक्षा माँगते हैं, और चारिका करते हैं, और माहुरगढ़ी में सोते हैं। किन्तु मेरे ध्यान, स्मरण में दत्तात्रेय का स्थान सह्यादि्र गिरि है। वहाँ से हिमादि्र तो देश-काल में दूर है। यहाँ दत्त दिगम्बर का क्या काम?

जिज्ञासा हुई। सो मुझे मथती रही। शान्ति मिली जब *स्कन्दपुराण* के अन्तर्गत *मानसखण्ड* में दत्त कथा पढ़ी। प्रसंग यह है कि जनमेजय ने सूत से हिमादि्र चरित सुनने की इच्छा की। सूत ने कहा की ऋषियों ने भी वेदव्यास से हिमालय का आख्यान सुनना चाहा था।

व्यास ने कहा कि यह कथा पहले दत्तात्रेय ने काशिराज को सुनायी थी। सो ही कथा आप सुनें :

दत्तात्रेय सह्यादि्र को छोड़ कर हिमसेवित हिमादि्र गये। हिमालय ने उठ कर उनका स्वागत किया, फिर आने का कारण पूछा।

दत्तात्रेय बोले : विन्ध्य आदि अन्य पर्वत शुभ लक्षण होते हुए भी आपके समान नहीं। यद्यपि वे भी नदियों से परिपूर्ण और देवताओं से पूजित हैं, फिर भी, जिस हिमालय पर शिव का वास है उससे अधिक श्रेष्ठ कौन हो सकता है? हे गिरि-श्रेष्ठ! लिङ्ग पतन और गिरिजा विवाह की वार्ता सुन कर मैं यहाँ तुरत आ गया हूँ। आपके समस्त वैभव,

तीर्थ, आकर, शिवलिंग आदि का दर्शन करने आया हूँ। आप अपने तीर्थों तथा शिवलिंग सहित हिमसीकर सेवित अपने शरीर का दर्शन कराएँ।

तो हिमालय ने ब्रह्मा निर्मित मानस नामक सरोवर दिखाया। यह मानसरोवर अनेक ऋषियों के आश्रमों तथा बहुत-सी गुहाओं से युक्त था। उसके मध्य में देवों के देव (शिव) का स्वर्णमय लिंग राजहंस के रूप में था। इस प्रकार शंकर को देख दत्तात्रेय ने मानस की परिक्रमा की, तीर्थों और नदियों में स्नान किया। गिरिजा और गणों से सेवित, ब्रह्मा, विष्णु से रचित, गंगा-जल से युक्त, अप्सराओं से सेवित उस मानसरोवर को हिमालय ने दत्तात्रेय को दिखाया। मानसरोवर की परिक्रमा कर हिमालय द्वारा दिखाये हुए कैलास पर्वत की ओर दत्तात्रेय आगे बढ़े। वहाँ दत्तात्रेय ने भगवान् शंकर को देखा। अर्चना की। बहुत प्रकार के योग, स्तुति, गीत, वाद्य आदि से शिव को प्रसन्न किया।

दत्तात्रेय की स्तुति सुन कर शिव ने कहा, हे दत्त! मुझ से वर माँगो। तब दत्त ने वर माँगा कि पृथ्वी मेरे लिए अगम्य न रहे : *अगम्या माऽस्तु मे मही*।

फिर, दत्त ने कहा : सब पर्वतों में कौन से पर्वत पुण्यवान हैं? लोक में आपका वास कहाँ है? मेरे इस संशय को आप दूर करने की कृपा करें।

महेश बोले : मैं यहाँ और विन्ध्य पर्वत में रहता हूँ। हिमालय बड़ा पुण्य स्थल है। मैंने त्रिकाल में भी उसे कभी नहीं छोड़ा। हिमालय के सदृश भुवन में कोई पर्वत नहीं। मैं वहीं स्थित हूँ और वहीं सोता हूँ। हिमालय अनेक शिव लिंगों से युक्त और नदियों से अलंकृत है। अन्य पर्वत हिमालय के सदृश नहीं। हे योगिन्! आप स्वयं जाएँ और देखें। आपका कल्याण हो।

शिव के कहने से हिमालय के दर्शाये मार्ग पर दत्तात्रेय ने पुण्य सरोवर देखा। फिर केदार मण्डल की ओर चले। वह केदार मण्डल नर-नारायण पर्वतों से शोभित एवं विष्णु के चरणों के पवित्र और मन्दाकिनी के जल से सिंचित है। दत्तात्रेय ने भगवान् बदरीश की पूजा की। पुनः पुनः केदार की पूजा कर हिमालय के घर गये। तब हिमालय ने सोने की खानों सहित, लोहे तथा गेरू की खानों से शोभित बहुत-सी खानें दिखायीं। पृथ्वी तथा पाताल के सभी तीर्थों को देखा। तदनन्तर दत्तात्रेय काशी लौट आये।

काशिराज के पुत्र ने तीर्थों का दर्शन कर लौटे तपस्वी दत्तात्रेय का स्वागत किया। जिन तीर्थों को उन्होंने देखा उनके बारे में जिज्ञासा की। दत्तात्रेय ने कहा कि उनके बारे में आप क्यों पूछते हैं? काशी के बराबर कोई तीर्थ नहीं है। काशी को

प्राप्त कर दूसरे और तीर्थों का क्या प्रयोजन है? वहाँ जाना सिर्फ काया को कष्ट देना है। इस पर धन्वन्तरि ने कहा कि यह तो ठीक है कि काशी के समान अन्य कोई तीर्थ नहीं है। फिर भी जानना चाहता हूँ कि काशी के समान या उससे अधिक कोई दूसरा तीर्थ है?

दत्त बोले कि हिमालय के समान पवित्र स्थान भुवन में कहीं नहीं है। दस हजार योजन दूर से भी 'हिम' शब्द का उच्चारण करने से प्राणी सब पापों से मुक्त हो जाता है। मरने के समय हिम का स्मरण करना चाहिए। जहाँ हिम नहीं है वहाँ भी प्राणत्याग के समय कण्ठगत प्राणों से हिम का स्मरण करे। हिम के दर्शन-स्मरण-ध्यान से प्राणी मुक्त होता है। मैं हिमालय के दर्शन से उत्पन्न पुण्य का वर्णन देवताओं के सौ वर्षों में भी नहीं कर सकता। एक और गुह्य बात बताता हूँ। यह रहस्य मुझे हिमालय ने स्वयं मानस नामक सरोवर के रूप में दर्शाया है। वहाँ राजहंस के रूप में भगवान् शंकर स्वयं विराजमान हैं। यह मानसरोवर ब्रह्मा की मानसी सृष्टि है। तीनों लोकों में उससे श्रेष्ठ कोई स्थान नहीं है। गंगा, सरयू आदि महा-नदियाँ वहाँ से निकली हैं। आप उस मानसरोवर को महातीर्थ मानें।

धन्वन्तरि ने जिज्ञासा की कि ब्रह्मा ने मानसरोवर की मनसा सृष्टि कैसे की? दत्तात्रेय ने उत्तर दिया कि मरीच आदि ब्रह्मा के मानस पुत्रों ने हिमालय का स्मरण कर कैलास पर्वत की अधित्यका में तपश्चर्या आरम्भ की। वहाँ पर उन्होंने पाषदों से सेवित पार्वती सहित शंकर का दर्शन किया। ऋषियों ने वैदिक और तांत्रिक विधि से उनकी पूजा की। गुहाओं में कठिन तप किया। मन्दाकिनी नदी में स्नान कर तप करते बारह वर्ष बीत गये। हेमन्त ऋतु के आने पर पर्वतों पर हिमपात होने से तपस्वियों के मुँह कुम्हला गये। वे मन्दाकिनी तक जाने में असमर्थ हो गये। उस स्थान को निर्जल देख कर वे खिन्न हुए। ब्रह्मलोक गये। ब्रह्मा की स्तुति की। ब्रह्मा ने पूछा कि आप लोग जिस अशेष खेद के कारण यहाँ आये हैं, वह बताएँ। ऋषियों ने कहा कि कैलास की उपत्यका में हम सभी मन्दाकिनी में स्नान कर तपश्चर्या में लगे रहते हैं। किन्तु हेमन्त ऋतु में बर्फ के जम जाने से वह स्थान निर्जल हो गया। गंगा दूर हैं। हम बड़े दुःखी हो गये हैं। कुलहीन स्त्रियों की तरह आचारहीन हो गये हैं। रात-दिन खिन्न रहते हैं। अतः आप कोई उपाय कीजिए।

ब्रह्मा ने मनसा मानस क्षेत्र की सृष्टि की : *मनसा मानसं क्षेत्रं ससर्ज...*। उसके मध्य स्वर्ण हंस के रूप में शिवलिंग विराजमान है। गौरी पर्वत एवं कैलास के मध्य स्थान

को गंगा से और अन्य प्रवाहों से भर दिया। तब ब्रह्मा ने मरीचि आदि ऋषियों को अपने आश्रम में जाने को कहा और उनके सुख की कामना की। वे ऋषि अपने आश्रम लौटे। उन्होंने पवित्र मानसरोवर का दर्शन किया।

यह परम पवित्र रहस्य जो सुनते हैं, वे किन्नरियों से सेवित ब्रह्म पद को प्राप्त होते हैं।

यह मानस माहात्म्य और परम रहस्य दत्तात्रेय ने काशिराज को कहा। सो ही व्यास ने ऋषियों को कहा। और वही कथा मैं संक्षेप में आपको कह रहा हूँ।*

25-5-94

मानसरोवर की उत्पत्ति सुन कर काशिराज धन्वन्तरि ने उनसे पुनः पूछा : सभी मुनि हिमालय को अगम्य बताते हैं। आप यह बताएँ कि उस पर्वतनायक को पार कर उसके स्वरूप को किसने इस मर्त्यलोक में प्रकट किया?

दत्तात्रेय बोले—वैवस्वत मनु के वंश में मान्धाता नाम का राजा हुआ। वह मतिमान्, प्रजा-पोषण में तत्पर, धर्मात्मा, सत्यवादी, संयमी, धार्मिक था। वह कभी योग-याग से विरत हो गया। तो पृथ्वी स्त्री रूप धर कर उस राजा के पास आयी। मनु गोत्र उस राजा को उस स्त्री ने वरण करना चाहा। वह रात में आ कर कहने लगी : हे कामोपम नृप! मैं तुम्हारी कामना करती हूँ। तुम्हें देख कर काम-तप्त हूँ।

मान्धाता ने कहा कि तुम देव, दानव, राक्षस, असुर किसकी कामिनी हो? तक्षक आदि नागों, मनुष्यों, गंधर्वों में किसकी प्रिया हो?

पृथ्वी बोली—मैं देव, दैत्यों में किसी की भी नायिका नहीं हूँ। न मनुष्यों, गन्धर्वों में से किसी की हूँ। अगर मेरी बात मानें तो मैं आप की हूँ। स्त्री रूप धारिणी मैं धरा हूँ। आपको कामसदृश देख कर आप के साथ रमण के लिए आयी हूँ। अन्य राजा मेरे भोग करने के लायक नहीं। शक्ति सम्पन्न होने के कारण आप ही इसके लिए समर्थ हैं।

राजा ने कहा कि मैं एक पत्नीव्रती हूँ। मैं वह व्रत नहीं तोड़ सकता। तुम भोग करने योग्य अन्य राजाओं के पास जाओ।

पृथ्वी ने कहा कि आप कालकूट जैसे वचन न बोलें। मैं आप के अलावा किसी और राजा को नहीं चाहती। आप ही बताएँ कि आप अपने धर्म को कैसे छोड़ेंगे? जो काम-याचना

* स्कन्द पुराणान्तर्गत : *मानसखण्डः*—परिष्कर्ता आचार्य गोपालदत्त पाण्डेय, वाराणसी, 1989, अध्याय 7-9, पृ० 49-77 का संक्षिप्त।

करती हुई स्त्री को तजता है वह घोर नरक में पड़ा रहता है।

राजा ने कहा कि मेरी बात मानो। योग्य पतियों को तज कर यहाँ क्यों खड़ी हो?

पृथ्वी ने उत्तर दिया कि वे राजा मुझे जीर्ण न कर सके। अनेक राजा मुझे भोग कर स्वर्ग चले गये। मेरी देह अभी भी जीर्ण नहीं हुई। इसलिए मैंने उन्हें त्याग दिया। हे राजा! आप मेरा भोग करें। मैं आपको छोड़ूँगी नहीं।

राजा ने कहा : शुभे! यदि तुमने मन, वचन, कर्म से यह सत्य कहा है तो तुम शपथ लो। हम मनुष्य पृथ्वी पर मृत्यु के वश में हैं। स्त्रियाँ भी हमारी सहचरी हैं। तुम अजर-अमर ठहरीं। तुम्हारा मनुष्यों के साथ भोग मुझे नहीं जँचता। अपने सत्य को प्रमाणित करने के लिए शंकर के चरणों की कसम खाओ।

पृथ्वी बोली : यदि आप मुझे भोग कर जीर्ण कर सकें तो मैं आपके साथ चली जाऊँगी। मैं आपकी सहचरी रहूँगी। शंकर के चरणों की शपथ लेकर कहती हूँ कि मैं आपके अलावा अन्य को नहीं देखूँगी।

दत्तात्रेय ने कहा कि यह सब सुन कर राजा ने उसका पाणिग्रहण किया। फिर वह राजा बगीचों में, वनों में उसके साथ रमण करने लगा। कभी घर में, कभी वन में, कभी जल में, कभी मित्रों के साथ, कभी अकेले राजा पृथ्वी के साथ रमण करता। कालक्रम में, मान्धाता ने राजसूय यज्ञ कर पृथ्वी को बुलाया।

मान्धाता ने कहा कि उठ वन चलो। वहाँ चल कर कठिन तपस्या करेंगे। वृद्धावस्था में वन जाना चाहिए।

दत्तात्रेय ने कहा कि यह सुन कर वह सुहासिनी पृथ्वी अट्टहास करने लगी। बोली कि मैं अभी जीर्ण नहीं हूँ। मेरी देह बुढ़ायी नहीं। मैं युवती तुम्हारे साथ कैसे जाऊँगी। अब आप बुढ़ाय गये हैं तो मुझे भी क्यों नहीं चुका देते? मुझ शोभन और सुहासिनी को जरा-जीर्ण कर, यथेच्छ भोग भोग कर ऋषियों का पूजन कर साथ स्वर्ग चलेंगे।

पृथ्वी की यह बात सुनकर क्रुद्ध हो कर राजा ने उसे मारने के लिए अपनी तलवार निकाल ली। कोप से भरे राजा ने कहा दुराचारिणी! पापिनी! मिथ्याभाषिणी! तुमने सत्य सुकृत को छोड़ दिया। मैं निश्चय ही तुम्हारा वध करूँगा।

उसका यह वचन सुन कर और तलवार खींचे देख कर पृथ्वी त्रस्त हो कर स्त्री रूप धर कर भागी। तलवार सहित राजा ने उसका पीछा किया। मान्धाता ने हिमाचल के भवन में कुण्डलों से अलंकृत पृथ्वी को देखा। वह स्वयं तलवार लिए वहाँ पहुँचा।

ब्राह्मणों, क्षत्रियों ने राजा की बड़ी स्तुति की। राजा को देख भय से पृथ्वी वहाँ से निकल कर ब्रह्मा द्वारा सृजित मानस क्षेत्र में पहुँची। उसका पीछा करते हुए राजा वहाँ भी पहुँचा। राजा ने वसुधा के सिर पर प्रहार किया। अजर-अमर पृथ्वी चोट खा कर मानस क्षेत्र में पहुँची। तत्काल उसी मार्ग से हिमालय के घर पहुँच कर पृथ्वी ने वसुधातल धारण किया। तब से पृथ्वी राजाओं और मनुष्यों को देखने लगी। तब राजा ने उसे गुप्त हुई जान कर उस क्षेत्र को खोदना शुरू किया। अपने धनुष से खोदने पर भी वह रत्नगर्भा वसुंधरा को न पा सका। हाँ, स्वर्ण-हंस रूपी शिव लिंग को देखा। राजा ने उसकी विधिवत पूजा की। पूर्व की ओर योगीश्वर शिव को देख कर उनकी ध्यान-पूजा करने बैठ गया। उसकी खोदी भूमि नदी बन गयी। राजा ने ब्रह्मा की मानस सृष्टि मानसरोवर का दर्शन-पूजन किया। उस मानस क्षेत्र को अन्य सागर के समान सौ योजन के आयाम वाला साठ योजन चौड़ा और दस योजन गहरा बना दिया। धनुष की चोटों से निकली गंगा की धाराओं से उस क्षेत्र को जल से परिपूरित किया। फिर शिवलिंग पर पुष्प सहित जल-अंजलि चढ़ायी। तो देवगणों ने राजा का सम्मान किया।

इस प्रकार वैवस्वत मनु के कुल में उत्पन्न मान्धाता नामक राजा ने विशेष कारण से इसे खोदा और नदियों से युक्त इस मानसरोवर को लोक में प्रकाशित किया। (स्कन्दपुराणान्तर्गत *मानस खण्ड* में मान्धाताचरित नामक दसवें अध्याय का संक्षेप। सम्पादक—आचार्य गोपालदत्त पाण्डेय, वाराणसी, 1989, पृ0 67-74)

कैलास-मानसरोवर यात्रा मार्ग

कैलास-मानसरोवर हिमालय के अगम्य क्षेत्र में है। इन तीर्थों की यात्रा का मार्ग क्या है?

हिमालय के इन पवित्र तीर्थों में आना-जाना 1962 के चीनी आक्रमण के बाद बंद था। 1981 के बाद भारत सरकार के विदेश मंत्रालय और चीन सरकार की सहमति से कैलास-मानसरोवर का रास्ता यत्किंचित् खुला। कुमाऊँ मण्डल विकास निगम प्रतिवर्ष लिपुलेख होकर कैलास-मानसरोवर की यात्रा का आयोजन करता है। किन्तु यात्रा पूर्ववत् मुक्त नहीं है, प्रतिबन्धित है। फिर यह तिब्बत का क्षेत्र है। इसमें चीन सरकार के प्रतिबंध का क्या है। भारत-तिब्बत के परम्परागत सम्बंध फिर से न जगें, इसलिए भी अनधिकृत रूप से कब्जा किये गये तिब्बत क्षेत्र में कैलास-मानसरोवर की तीर्थयात्रा प्रतिबंधित है। विदेशी मुद्रा की कमाई का भी यह एक नाजायज स्रोत चीन सरकार का है। इसके अलावा, सुरक्षा के नाम पर भी तरह-तरह का नियंत्रण है। सो तीर्थयात्रा की पवित्रता और दिव्यता के भाव में विघ्न है। इसलिए जब भी मित्र पूछते हैं कि आपने कैलास-मनसरोवर की यात्रा की? तो खेद के साथ यही जवाब देता हूँ कि पहले जब यात्रा खुली थी तो मैं गया नहीं। अब तो यात्रा प्रतिबंधित है। तिब्बत चीन सरकार के नाजायज कब्जे में है, इसलिए कैलास-मानसरोवर यात्रा की मेरी इच्छा नहीं है। यह कब्जा हटे, तिब्बत स्वाधीन हो, कैलास-मानसरोवर का हिमालयी तीर्थ मुक्त हो तो इन तीर्थों में जाने की बड़ी उत्कट अभिलाषा है। पता नहीं, इस शरीर से यात्रा हो सकेगी या नहीं। किन्तु इस यात्रा को मैंने सपने में सँजो रखा है।

जो हो, कैलास-मानसरोवर यात्रा का आज-कल क्या मार्ग है? और परम्परागत क्या मार्ग रहा है?

कुमाऊँ मंडल विकास निगम के हाल-हाल के सुन्दर सचित्र प्रकाशन *पिथौरागढ़*

(1994) के अनुसार कैलास-मानसरोवर यात्रा का मार्ग और दिल्ली से दूरी इस प्रकार है :

कैलास-मानसरोवर यात्रा

दिल्ली से दूरी 865 किलोमीटर

कहाँ से		**कहाँ**	**दूरी**
नयी दिल्ली	-	कौसानी	458 किलोमीटर (बस से)
कौसानी	-	धारचूला	160 किलोमीटर (बस से)
धारचूला	-	तवाघाट	19 किलोमीटर (बस से)
तवाघाट	-	पांगु	6 किलोमीटर (पैदल)
पांगु	-	सिरखा	10 किलोमीटर (पैदल)
सिरखा	-	गाला	12 किलोमीटर (पैदल)
गाला	-	गिप्ती	2 किलोमीटर
	-	मालपा	9 किलोमीटर
मालपा	-	बुंदी	9 किलोमीटर
बुंदी	-	गुंजी	16.5 किलोमीटर
गुंजी	-	कालापानी	9 किलोमीटर
कालापानी	-	नवीढांग	
नवीढांग	-	लिपुलेख दर्रा	5,334 मीटर
		पुरंग	
पुरंग	-	गुरला दर्रा	
		राक्षसताल	
	-	गुरला पर्वत	
		कैलास पर्वत	(ऊँचाई 6,675 मीटर)

जाहिर है, यह रास्ता, नक्शा, दूरी और ऊँचाई कैलास-मानसरोवर नहीं है। न इसमें इन हिमाद्रि तीर्थों के माहात्म्य का बखान है। कैलास-मानसरोवर तीन धर्मों का पवित्रतम तीर्थ है। तिब्बत के मूल बोन धर्म का, महायान बौद्ध धर्म का और सनातन हिन्दू धर्म का समान

रूप से इतना पवित्र और दिव्य तीर्थ है कि देवताओं के भी सैकड़ों वर्षों में इसका बखान नहीं किया जा सकता। इसलिए भी यह जिज्ञासा है कि इसका परम्परागत मार्ग क्या है?

वैसे हिमालय के भिन्न-भिन्न क्षेत्रों से कैलास-मानसरोवर जाने का भिन्न-भिन्न मार्ग है। लदाख से एक है, नेपाल से है, किन्नौर-लाहुल-स्पीति, गढ़वाल से है। किन्तु यहाँ *स्कन्दपुराण* के अन्तर्गत कैलास-मानसरोवर के लिए विशेष *मानसखण्ड* के अनुसार मानसरोवर यात्रा के गमन-निर्गमन के पौराणिक मार्ग का संक्षेप में वर्णन किया जा रहा है।

प्रसंग यह है कि ऋषि दत्तात्रेय हिमालय के तीर्थों की यात्रा कर काशी आये हैं। काशिराज धन्वन्तरि उनसे हिमालय का आख्यान पूछते हैं, मानसरोवर की उत्पत्ति और माहात्म्य की जिज्ञासा करते हैं। किसने इस अलंघ्य हिमाद्रि क्षेत्र के तीर्थ का लोक में प्रकाश किया? उन राजा मान्धाता का चरित्र सुनते हैं। फिर, दत्तात्रेय से पूछते हैं, मैंने यह सुना है कि गिरिराज हिमालय तो सदा हिमपात होने के कारण अगम्य है। उस गिरिराज को लाँघ कर मानसरोवर तक कैसे पहुँचा जा सकता है? उसके गमन-निर्गमन का मार्ग क्या है?

धन्वन्तरि का प्रश्न सुन कर चिरकाल तक ध्यान कर मुनि ने कहा : हिमगिरि के अगम्य होने की जो बात आपने कही सो ठीक है। वैसे तो सभी पर्वत, किन्तु हिमाद्रि तो स्वभाव से दुर्लंघ्य है। फिर भी उसका मार्ग मैं आप को बताता हूँ।

हे राजन्! उत्तरापथ में पर्वतों में उत्तम हिमालय है। उसके पादतल पर कूर्मांचल नामक पर्वत श्रेणी है। यह अनेक तीर्थों और मृग-पक्षियों से युक्त है। यात्री कूर्मांचल गिरि से यात्रा प्रारम्भ करें। वहाँ गण्डकी और लोहवती नदियों में स्नान कर महेश्वर तथा अन्य देवताओं का दर्शन कर यात्री सरयूतीरे शुभ कूर्मशिला को पूजते हुए हंसतीर्थ के जल में स्नान करें। वहाँ पाताल भुवनेश्वर का विधिवत पूजन कर वह तीन दिन उपवास करें। तत्पश्चात् वह रामगंगा में स्नान कर बालीश तथा शिव के गणों का पूजन कर पावन गिरि की ओर जाएँ। फिर वहाँ पावनदेव का पूजन कर पताका गिरि की ओर जाएँ। वहाँ पताकेश का पूजन कर धौली और काली (सित-असिता संगे) के संगम पर कालीश की विधिवत पूजा करें। उसके बाद चतुर्द्रंष्ट (चौंदास) पर्वत की ओर जाएँ। उस पर्वत की पवित्र हिमालय के निकले हुए दाँत के रूप में भावना कर पूजा करें। तत्पश्चात् धर्माश्रय एवं धर्मादि लोकपालों का दर्शन कर धर्मद्वार से निकल कर व्यासाश्रम (व्यास) पहुँचें।

वहाँ विधिपूर्वक कृष्णद्वैपायन व्यास की पूजा करें। वहाँ श्यामा (काली) नदी के मूल में स्थित तपश्चर्या में लीन गुरु व्यास की पूजा करें। वहाँ के लोग आचार-हीन हैं, फिर भी उन्हें व्यास सदृश समझें। व्यासाश्रम तक ही आचार-विचार नियमों के पालन का विधान वसिष्ठ आदि ऋषियों ने किया है। व्यास आश्रम से आगे विशेष नियमों को छोड़ दें। मैं देवसदृश हूँ, ऐसी भावना करें। महाराज! वहाँ से करैल गिरि पर देवी का पूजन कर पुलोमान् गिरि जाएँ। पुलोम सर के मध्य में स्थित पुलोमेश का पूजन कर तारक गिरि की ओर चलें। वहाँ तारिणी और शारदा के संगम में स्नान कर तारकेश महेश्वर की पूजा करें। अनेक सिद्धों की गुफाओं को देखते हुए उन सिद्धों, देवगणों का दर्शन कर सीमा की ओर प्रवेश करें। वहाँ प्रयत्नपूर्वक मुण्डन, उपवास तथा महामनाओं का दर्शन कर गौरी गिरि की ओर जाएँ। वहाँ गौरी की गुहा का दर्शन कर पार्वती का पूजन करें। गौरी पर्वत पर आये हुए व्यक्ति को देख कर पितर यह कहते हैं कि यदि हमारे कुल का कोई व्यक्ति मानसरोवर में स्नान करता है तो हम विमान में बैठ कर बैकुण्ठ जाएँगे। पुण्य गौरी गुहा में सभी पितरों तथा अन्य सम्बन्धियों बांधवों का तर्पण कर गौरी गिरि पार कर राजहंसों से सेवित मानसरोवर की ओर जाएँ।

मानसरोवर में विधिवत स्नान कर तीन दिन उपवास कर हंसरूपी शंकर का दर्शन करें। अपने पितरों और पुत्ररहित गोत्रजों का तर्पण करें। मानस के जल में तर्पण करने से ब्रह्मलोक से भुवनलोक तक के देवर्षि, पितर, मनुष्य सब तृप्त हो जाते हैं। जिस किसी के नाम से मानसरोवर में जल दिया जाए वह ब्रह्मलोक को प्राप्त होता है। इस प्रकार पितृ-तर्पण और शंकर का पूजन कर मानसरोवर की परिक्रमा करें। गंगा की धाराओं में स्नान कर विष्णुपाद से अंकित भूमि और जनेश्वर का पूजन करें। देव प्रयाग जा कर शंकर की पूजा करें। मानस क्षेत्र को छोड़ ऋषियों का पूजन करें। इस प्रकार यह मानसरोवर के प्रवेश का मार्ग कहा गया।

अब हम निर्गम का मार्ग कहते हैं। यात्री लंकसर की ओर जाएँ। वहाँ स्नान कर लंकेश रावण द्वारा स्थापित शिव का दर्शन-पूजा कर निष्क्रमण करें। वहाँ से शारदा के मूल में स्नान कर शंकर की पूजा कर आगे बढ़ें। आगे खेचर नामक तीर्थ है। वहाँ सभी खेचर देवनायकों का पूजन कर मुण्डन, उपवास कर महेश्वर की पूजा करें। वहाँ से ब्रह्मकपाल जा कर निष्क्रमण करें। वहाँ से छायाक्षेत्र जा कर छायाक्षेत्रेश्वर पूजन करें। फिर रामसरोवर ऋणमोचन और ब्रह्मसर में स्नान कर बाहर निकलें। नन्दगिरि में स्थित शुभ

नन्दासरोवर में स्नान कर देव-पितृ तर्पण कर वैद्यनाथ तथा वरदायिनी मालिका देवी की ओर जाएँ। वहाँ वृद्ध गंगा के पुण्य जल में स्नान कर मालिका और वैद्यनाथ का पूजन कर प्रस्थान करें। वहाँ से वह्निज्वाला तीर्थ पहुँच रुद्रावती के जल में स्नान करें। वहाँ से पद्मावती में स्नान कर आगे बढ़ें। यह निर्गमन का मार्ग कहा गया।

इस प्रकार स्कन्दपुराणान्तर्गत *मानसखण्ड* में मानस यात्रा प्रवेश तथा निर्गमन नामक ग्यारहवाँ अध्याय समाप्त होता है।

अब इस प्रवेश-निर्गमन मार्ग में आये पर्वतों, नदियों, सरोवरों, तीर्थों के पौराणिक नामों की पहचान का प्रश्न है। कई तीर्थ कालग्रास हो गये हैं। अनेकों के संस्कृत नाम के बजाय कुमाऊँनी प्रचलित हैं। नदियों की जगह उन्हें गाड, गदेरा कहते हैं। सर या सरोवर ताल कहे जाते हैं। उनके नाम-माहात्म्य लोग भूल गये हैं। या *मानसखण्ड* में जो उनको संस्कृत किया है, वैसे वह मूल रूप में शायद कभी थे ही नहीं। कुछेक तो परिचित हैं। जैसे आचार्य गोपालदत्त पाण्डेय द्वारा सम्पादित *मानसखण्ड* के नक्शे में पाताल भुवनेश्वर, काली नदी, चतुर्द्रंष्ट पर्वत, खेचराद्रि आदि लिखे हुए हैं। फिर वैद्यनाथ तो बैजनाथ हैं, इत्यादि। इनकी पहचान कर मानसरोवर यात्रा के प्रवेश-निर्गमन का नक्शा भी बनाया जा सकता है। लेकिन नक्शा वह पुण्य मानस क्षेत्र नहीं है। उस मानसखण्ड में तो स्वयं प्रवेश कर ही उसे प्राप्त किया जा सकता है, अन्यथा नहीं।

मुक्त कैलास-मानसरोवर यात्रा क्यों?

कैलास-मानसरोवर यात्रा आखिरी तीर्थ यात्रा है। आखिरी इस अर्थ में कि कैलास-मानसरोवर हिमालय के तीर्थों का तीर्थ है। और इसलिए भी कि कैलास-मानसरोवर जा कर कोई आता है? यह तीर्थ हमारे जातीय स्मृति और संस्कार में रचे-बसे हैं। कई मित्र पूछते हैं कि वहाँ जाने में क्या दिक्कत है? क्या कैलास-मानसरोवर भारत वर्ष में नहीं है?

कैलास-मानसरोवर तिब्बत में है। प्रायः 1950 से तिब्बत चीन के कब्जे में है। इसलिए कैलास-मानसरोवर चीन के कब्जे में है, मुक्त नहीं है। जब तिब्बत का अंग था तो परम्परागत रूप से भारतीय साधु, गृहस्थ, व्यापारी, विद्यार्थी, कभी राहदनी ले कर, कभी बिना राहदनी लिये कैलास-मानसरोवर यात्रा करते थे। तिब्बत से लामा, उपासक-उपासिका, व्यापारी भारत के बौद्ध तीर्थ बोधगया, सारनाथ, कुशीनगर वगैरह की यात्रा करते थे। तिब्बती इतिहास-पुराण में, कैलास-मानसरोवर बौद्ध धर्म के वहाँ पहुँचने के पूर्व बोन धर्म का तीर्थ था। यह तिब्बत का आदिम धर्म था। कहते हैं बौद्ध योगी और कवि मिलारेपा ने बोन पुजारी को परास्त किया। और तब से यह बौद्ध तीर्थ बना। भारतीय इतिहास-पुराण में कैलास शिव का स्थान है। शिव कैलास के वासी हैं। पर्वतों में जो भी श्रेष्ठ हैं उन्हें कैलास कहते हैं। कुमाऊँ में भी कैलास है, किनौर में किन्नर कैलास है, भरमौर के पार भी कैलास है। हंसा मानसरोवर में विराजता है, और जब उसे मानसरोवर मिल जाता है तो वह ताल-तलय्या नहीं डोलता! मानसरोवर को गंगा, सिंधु, ब्रह्मपुत्र आदि पवित्र नदियों का उद्‌गम भी माना जाता है। ऐसा नहीं कि मानसरोवर झील से ये नदियाँ निकलती हैं। जिन स्रोतों से मानसरोवर का जल आता है, उन स्रोतों से ही इन नदियों का जल। इसलिए दोनों का उद्‌गम एक है। मानसरोवर जल में अष्ट गुण

बताते हैं। मीठा है, शीतल है, तृप्तिदायक है, इत्यादि।

मानसरोवर की उत्पत्ति की कथा *स्कन्दपुराण* के *मानसखण्ड* में दी गयी है। यह ब्रह्मा की मानसी सृष्टि है। इस कथा का संक्षेप मैंने भाषा में 'अथ कैलास-मानसरोवर माहात्म्य' में किया है। तिब्बती में कैलास-मानसरोवर का माहात्म्य प्रसिद्ध है।

पता नहीं, चीनी भाषा में, पुराण में इसका कोई वर्णन है? या नहीं? मुझे तो चीनी भाषा के मुखपृष्ठ के साथ एक पुस्तिका मिली। वह कवर पेज को छोड़ कर सम्पूर्ण रूप से तिब्बती भाषा और लिपि में है।

कैलास-मानसरोवर यात्रा मुक्त नहीं है। तिब्बत पर चीन के कब्जे के बाद भी यह परम्परागत यात्रा जारी थी। मुझे स्मरण आता है कि जब हमने हिमालय यात्रा शुरू की तो एक स्वामी जी नैनीताल से अपने साथ तीर्थ-यात्रियों को कैलास-मानसरोवर यात्रा में ले जाते थे। शायद 1961 में भी ऐसी यात्रा हुई। 1962 के चीन आक्रमण के बाद यह यात्रा बन्द हो गयी।

1981 में जब यह फिर शुरू हुई तो भी बहुत बंधन में है। मुक्त नहीं है। भारत सरकार के परराष्ट्र मंत्रालय के उत्तर-पूर्व डिवीजन ने *कैलास-मानसरोवर यात्रा, 1995* का विज्ञापन किया है। इसके अनुसार सामान्यतः यात्रा जून से प्रारम्भ हो कर सितम्बर तक चलती है। यात्रा सभी भारतीय नागरिकों के लिए खुली है। प्रायः 25-30 तीर्थयात्रियों की चौदह टोलियाँ भेजी जाएँगी। पहली टोली नयी दिल्ली से जून के प्रारम्भ में निकलने की आशा है। उसके बाद हर छः-एक दिन बाद टोलियाँ रवाना होंगी। यात्रा की अवधि 32 दिन है। इसमें 20 दिन पैदल या घोड़े पर चलना है। यात्रा बहुत कठिन है और विषम स्थितियों में 19,000 फीट की ऊँचाई तक की चढ़ाई पार करना है। यात्रियों का स्वास्थ्य अच्छा होना जरूरी है। वे रक्तचाप, मधुमेह, दमा, हृदय रोग, मिरगी आदि के रोगी न हों। आवेदन-पत्र के साथ डाक्टर का मेडिकल सर्टिफिकेट संलग्न होना चाहिए कि वह ऊँचाइयों की यात्रा के लिए 'फिट' है। आवेदन-पत्र परराष्ट्र मंत्रालय के अंडर सेक्रेटरी (चीन), साउथ ब्लाक, नयी दिल्ली को एक निर्धारित प्रपत्र के अनुसार भेजना है। यात्रा की अनुमानित लागत 32,000 रु. है, इत्यादि।

इस विज्ञापन से कई प्रश्न उठते हैं। पहले तो तीर्थ यात्रा में सरकार का सीधा नियंत्रण क्यों? अनुमति पत्र 'वीसा' आदि तक तो समझ में आता है लेकिन जब उद्योग-व्यापार तक में उदारीकरण और निजीकरण की नीति अपनायी जा रही है तो कैलास-

मानसरोवर यात्रा भारत-चीन सरकारों के बीच क्यों फँसी हुई है? वैसे भी कैलास-मानसरोवर से कम्युनिस्ट चीन का क्या सरोकार? यह तो भारत-तिब्बत के परम्परागत सम्बन्ध का विषय है। चीन स्वयं तिब्बत को 'स्वायत्तशासी क्षेत्र' मानता है। तो इस यात्रा की व्यवस्था उसे इस क्षेत्र को सौंपनी चाहिए, न कि इसे डालर की कमाई का जरिया बनाना चाहिए। ऐसी कमाई का एक उदाहरण यह है कि नेपाल-तिब्बत यात्रा के विशेषज्ञ 'विष्णु इंटरनेशनल टूर्स एण्ड ट्रैवेल्स' 17 दिनों में कैलास-मानसरोवर की विशेष यात्रा की व्यवस्था करता है। इसमें सिर्फ प्रारम्भिक तीन दिन काठमांडो, पशुपतिनाथ, बोधनाथ वगैरह में रहना है। फिर, कोच से तिब्बत और जीप से शेष यात्रा। इसकी प्रति व्यक्ति लागत 46,666 रु. प्रति यात्री है। जाहिर है इसका 4/5 से अधिक भाग तिब्बत के नाम पर चीन को मिलने वाला है। ऐसे ही, एक विज्ञापन मेरे देखने में आस्ट्रेलिया का आया है। पर्यटन, बीमा, संचार, परिवहन आदि विदेशी मुद्रा की कमाई के 'अदृश्य' स्रोत हैं। इन स्रोतों से कमाई के जरिये और भी हैं। कहते हैं कि एक घर तो डाइन भी बख्शती है। तो क्या कैलास-मानसरोवर यात्रा को सरकार नहीं बख्श सकती?

इस पर से यह कहा जा सकता है कि अगर चीन सरकार कैलास-मानसरोवर को खुला छोड़े तो भारत को भी लदाख, किन्नौर, लाहुल, सिक्किम, अरुणाचल प्रदेश, आदि हिमालयी सीमांत को खोलना होगा। सो तो खुल ही चुका है। पहले हम जैसे भारतीय हिमालय प्रेमियों को भी इन प्रदेशों में यात्रा के लिए 'परमिट' लेना पड़ता था। अब तो इन इलाकों में विदेशी 'टूरिस्ट' भरा पड़ा है। हाँ, पासपोर्ट 'वीसा' परमिट आदि के बन्धन के अलावा और कोई प्रतिबन्ध नहीं है। बल्कि सांस्कृतिक दृष्टि से हिमालय इस भोग की अपसंस्कृति के लिए ज्यादा ही खुला कर दिया गया है। एक भूटान छोड़ कर हिमालय में सब दूर विलासिता के पर्यटन की छूट ही नहीं, खुला न्योता है। इस पर्यटन से हिमालय की पवित्रता का, दिव्यता का, देवतात्मा का भाव छीज रहा है।

जो हो, कैलास-मानसरोवर यात्रा को मुक्त करने का तत्काल अर्थ यह नहीं है कि राज्यों के बीच की जो औपचारिकताएँ, 'पासपोर्ट', 'वीसा' आदि हैं और वह न रहें। हालाँकि जब यूरोप जो आधुनिक राष्ट्रीयता का मूल स्थान है, ऐसे प्रतिबन्ध हटा रहा है और पश्चिम यूरोपीय राष्ट्रों के नागरिकों के लिए एक देश से दूसरे देश में जाने में रोक-टोक नहीं है तो जम्बूद्वीप के भारत खण्ड में ही यह रोक-टोक क्यों हो? वैसे भी कैलास-मानसरोवर बृहत्तर भारत का, सांस्कृतिक भारत का अंग है। राजनीतिक दृष्टि से

तिब्बत का है। चीन का वहाँ क्या काम? इसलिए अनुमति लेना हो तो कायदे से भारत के राष्ट्रपति या उनकी सरकार और तिब्बत के परम पावन दलाई लामा या उनकी प्रवासी सरकार से अनुमति और आशीर्वाद लेकर यात्रा की जानी चाहिए। मेरी सूचना है कि प्रवासी तिब्बती असेम्बली ऑफ डिपुटीज (प्रवासी तिब्बती संसद) स्वतंत्र तिब्बत में कैलास-मानसरोवर को मुक्त तीर्थ मानने के प्रस्ताव पर विचार कर रही है। यह तो दीर्घकाल में होना ही होना है। तत्काल क्या हो?

तत्काल अगर भारत और चीन सरकारों में कैलास-मानसरोवर यात्रा को मुक्त करने पर बातचीत शुरू हो। इस बाबत 1962 के पूर्व की स्थिति वापस लौटे। जैसे मन के, वैसे ही मानसरोवर के अनेक रास्ते हैं। लदाख के चाङ थङ से तो कुछ घंटों का रास्ता है। किन्नौर से शिपकी ला होकर है। उत्तराखण्ड से बदरीनाथ होकर है, कुमाऊँ से पिथौरागढ़-धारचूला-लिपुलेख दर्रा हो कर तो यात्रा हो ही रही है। फिर, नेपाल, सिक्किम सब दूर से रास्ता है। यह रास्ता खुलना चाहिए। जैसे व्यापार का दो रास्ता खुला है, वैसे ही तीर्थयात्रा का भी खुलना चाहिए। यह तीर्थ यात्रा और व्यापार और विद्या का बँटवारा तो हाल-हाल का है। परम्परागत रूप से तो यह सब साथ-साथ चलता रहा है।

हाँ, अगर भारत सरकार में बिलकुल खुला छोड़ने की शक्ति-युक्ति न हो तो वैसा खुला रखें जैसा कि व्यापार में कर रहे हैं। मुक्ति नहीं तो कम-से-कम उदारीकरण, 'लिबरेशन' नहीं तो 'लिबरलाइजेशन' तो हो। यह तो भारत सरकार की आर्थिक नीति का तीर्थ यात्रा के क्षेत्र में विस्तार-मात्र है। ठोस अर्थ में, जैसे हवाई यात्रा में, वैसे इस तीर्थ यात्रा में निजी ट्रैवल कम्पनियों को छूट दें, जैसे कि अभी नेपाल में है। हाँ, इस पर वैसी रोक भी रखें जो पर्यावरण, संस्कृति और सुरक्षा के लिए वाजिब हो।

तो कैलास-मानसरोवर यात्रा की मुक्ति का तात्कालिक अर्थ है सरकारी एकाधिकार से मुक्ति। यह मामला एकाधिकार बनाम प्रतिस्पर्धा का है। जैसे अर्थव्यवस्था में प्रतिस्पर्धा का लाभ बताया जाता है, हवाई यात्रा आदि में दीखता है, वैसा ही कैलास-मानसरोवर यात्रा में क्यों नहीं हो सकता? सिर्फ इतना नहीं, यह प्रश्न दो सभ्यताओं और संस्कृतियों के बीच संघर्ष का है। एक आध्यात्मिक जो देह, मन और तीर्थ को पवित्र मानती है और तीर्थ यात्रा को पुण्य; दूसरी भौतिक जो देह, मन और तीर्थ को सिर्फ भोग और कमाई का जरिया मानती है और इन्द्रिय-सुख को ही अथ और इति मानती है। यह दो जीवन-दृष्टियों का प्रश्न है।

मेरी कल्पना में तो अपनी-अपनी गठरी-मोटरी लेकर परम्परागत ढंग के तीर्थयात्रा की छूट हो। उसमें डाक्टरी जाँच का भी क्या काम? कौन जीने का पट्टा लिख सकता है? और जो जिन्दा है वही कौन सी जिन्दगी जी रहा है? इसलिए अगर कोई इस आखिरी यात्रा से न भी लौटे तो यह स्वतंत्रता या मुक्ति भी उसका जन्मसिद्ध अधिकार बल्कि कर्त्तव्य है।

अन्त में, मैं नहीं जानता कि कैलास-मानसरोवर यात्रा के पीछे मेरी क्या कामना है। यह तिब्बत मुक्ति साधना का अंग है? या मेरी मृत्यु कामना है? या दोनों है? या दोनों नहीं है? और यात्रा है।

कैलास-मानसरोवर के रास्ते से

I

17-18 जून, 1995 को शिमला सम्मेलन के बाद रिकांग-पीओ (जिला किन्नौर, हिमाचल प्रदेश) में एक गोष्ठी की योजना थी। यह निमित्त-मात्र था। लक्ष्य था कैलास-मानसरोवर की मुक्त यात्रा। किन्तु लामा जोतपा का तार मिला कि ''शिमला सम्मेलन सितम्बर के लिए स्थगित''। यात्रा का मन बन चुका था। मन ही तो है। यह गोरखे की खुखड़ी की तरह है। अगर म्यान से निकल गयी तो किसी न किसी का खून पीती है। अगर दूसरे का नहीं तो अपना ही। अब तो बैठ नहीं सकता। इसलिए दिल्ली आया। दिल्ली से गति के चक्र में पड़कर शिमला।

ग्रह ही वाम है। शिमला में न तो संयोजक मिले, न अन्य किन्नर मित्र। हिमाचल भाषा और संस्कृति अकादमी के सचिव श्री सुदर्शन वशिष्ठ ने 'संस्कृति सदन' में 19-21 का आरक्षण करा दिया था। 19 जून की रात हिमाचल प्रदेश पी.डब्ल्यू.डी. रेस्ट हाउस में कटी। राजभवन के इलाके में स्थान प्रशस्त है। किन्तु कमरे का रख-रखाव शोचनीय। फिर, परमिट नहीं, कोई सूचना नहीं। दूरसंचार की हड़ताल के चलते फोन आता है, जाता नहीं। इसलिए शेष विश्व से कोई सम्पर्क नहीं। मैत्री भावना के बल पर वहाँ रैन बसेरा किया। वैसे तो दुनिया ही रैन बसेरा है। कौन घर मेरा, कौन तेरा? यह तेरा-मेरा क्या है?

हड़ताल में भी 'आशियाना' का निजी एस.टी.डी. बूथ काम करता है। उस पर से बात। 20 जून से संस्कृति सदन में ठहरने की सूचना मिली।

20 जून को एक बंदे की मदद से बोरिया-बिस्तर सहित 'रेस्ट हाउस' से नीचे

'संस्कृति सदन' आया। पहले यह ऊपर था, दफ्तर नीचे। अब दफ्तर ऊपर है, संस्कृति नीचे। सो ही सब दूर है। 'हिमलैण्ड' होटल के पास 'हिमरस' भवन है। उसमें यह स्थित है। इसकी भी वैसी ही स्थिति है, जैसे देश में लेखक की। किन्तु यहाँ एक हार्दिकता है। साथ में लाइब्रेरी है। लाइब्रेरियन श्री देवराज शर्मा बताते हैं कि मेरी *किन्नर धर्म लोक, स्पीति में बारिश, लदाख में राग-विराग* और *पृथ्वी परिक्रमा* उनके संग्रह में है और पढ़ी जाती है। यह जान कर सुखद आश्चर्य हुआ। क्योंकि देश के शायद ही किसी पुस्तकालय में मेरी ये रचनाएँ हों। वाशिंगटन डी.सी. लाइब्रेरी ऑव कांग्रेस में ये सब और इसके अलावा *इम्पैक्ट ऑव फॉरेन एड ऑन इंडियाज फॉरेन पालिसी, इकानामिक एंड पोलिटिकल डेवलपमेंट एंड कल्चरल चेंज* (हैदराबाद, 1971) और *जीवन दर्शन की सम्भावना* उपलब्ध है। कम्प्यूटर में इनका सारा विवरण लेखक, शीर्षक, प्रकाशक, विषय वस्तु आदि की सूचना कुछ सेकेंड में छप कर मिल जाती है। किन्तु देश में मेरी हिमालय कथा मेरे जीवन-काल में ही दुर्लभ हो गयी है। शायद मेरे मरने के बाद कभी यह पढ़ी जाए। न पढ़ी जाए। जो हो। लाइब्रेरियन का यह भी आग्रह है कि आपकी जो और भी रचना हो हमें भेज दीजिए। पता नहीं शायद शिष्टाचार-वश कहते हैं कि मैंने हिमाचल की संस्कृति की सेवा की है। मैंने तो कुछ किया नहीं। हिमालय का सिर्फ एक अकेला गुजरता हुआ यात्री हूँ। चाहता हूँ कि जैसे पंछी आकाश में उड़ जाता है और अपने पंखों की छाप नहीं छोड़ता, वैसे ही मैं भी गुजर जाऊँ। फिर भी, जब तक शरीर है, तब तक कुछ मोह भी है। और कोई मुझे पढ़ता है, या पहचानता है तो, सच कहूँ, अच्छा तो लगता है।

संस्कृति सदन में योग-क्षेम श्री प्रेम शर्मा और श्री रतिराम वहन करते हैं। अब जरूरतें सूक्ष्म रह गयी हैं। थोड़ी चाय की तलब और समय पर रोटी। और ढुलाई। करीब-करीब अपना पूरा संसार साथ लेकर चल रहा हूँ। इसलिए बोझ भारी है। एक गधे का बोध है। किन्तु उसे ढोने की अब सकत नहीं है। इसलिए दूसरे की तलाश रहती है। सो ऊपर की यात्रा के लिए आरक्षण आदि प्रेम प्रेम से करते हैं।

हिमाचल भाषा एवं संस्कृति अकादमी के सचिव श्री सुदर्शन वशिष्ठ सुरुचिपूर्ण और सुव्यवस्थित व्यक्ति हैं। हिमाचल के शिक्षा मंत्री प्रोफेसर नारायण चन्द पराशर पूर्व परिचित हैं। पिछली किन्नौर यात्रा में साथ रहे हैं। तब वे संसद सदस्य थे। किन्तु सिर्फ राजनीतिक जीव नहीं हैं। स्वयं *धम्मपद* का पहाड़ी भाषा में अनुवाद प्रकाशित कर चुके

हैं। इस यात्रा में इन दोनों से सहकार की अपेक्षा है। किन्तु ये मित्र भी दौरे पर निकलने वाले हैं। मित्र परदेश में हैं, या परदेश जा रहे हैं तो किस काम के हैं? इसलिए चलते-चलते सुदर्शन जी से भेंट होती है। यथा नाम तथा गुण, सचमुच सुदर्शन हैं। संक्षेप में, सूचित करते हैं कि *अलेक्जेंदर चोमा दे कोरोश की जीवनी, सोमसी* के अगले अंक में आ रही है।

'किन्नौर का मौखिक इतिहास' और अन्य सामग्री पहुँच गयी है। कुछ और सामग्री आनी है। उनसे एक संग्रह किन्नर संस्कृति पर तैयार हो रहा है। वर्ष 1996 में ताबो गोनपा के एक हजार साल पूरे हो रहे हैं। उस उपलक्ष्य में कुछ आयोजन होने वाले हैं। पराशर जी चाहते हैं कि हम लोग उसमें शरीक हों। इसके पहले राहुल जन्मशती के अवसर पर मेरी प्रतीक्षा थी। किन्तु उन्हीं तारीखों में नैनीताल में हिमालयी संस्कृति में हुए परिवर्तनों पर बोलने का वचन दे चुका था। इसलिए न आ सका। यह भी सूचना मिली कि 22 जून से मेरी किन्नौर यात्रा के लिए जिला लोक सम्पर्क अधिकारी को उन्होंने पत्र लिख दिया है। यदि तिथि बदलनी हो तो दुबारा भी लिखेंगे। इत्यादि।

शिमला में अभी तक किसी अन्य पूर्व परिचित से भेंट न हो सकी। न इंडियन इंस्टिट्यूट ऑव एडवांस्ड स्टडीज जा सका, न हिमाचल विश्वविद्यालय, न अपने प्रथम सुहृद डॉ. बंशीराम शर्मा से भेंट हुई। इसलिए इसकी आशंका है कि कल न निकल सकूँ। वैसी दशा में संस्कृति सदन तो अशरण शरण है। अन्यथा बंशीराम जी का घर है। इसलिए स्वस्ति है। यात्रा में भय है। उससे घर की सुरक्षा उजागर होती है। अन्यथा घर में पड़े-पड़े उससे ऊब होती है। जब बाहर निकलते हैं तो घर के छोटे-छोटे सुख की याद आती है।

1974 की प्रथम हिमाचल यात्रा हिमाचल प्रदेश के निर्माता मुख्य मंत्री डॉ. यशवंत सिंह परमार और श्रीमती लता ठाकुर, एम.एल.ए. के सौजन्य से 'स्टेट गेस्ट' के रूप में हुई। 1986 में मुख्यमंत्री राजा वीरभद्र सिंह के सौजन्य से और अपने प्रिय विद्यार्थी और हिमाचल प्रदेश, विधान सभा के युवा उपाध्यक्ष श्री देवराज नेगी के सहकार से फिर 'स्टेट गेस्ट' के रूप में दूसरी किन्नौर यात्रा हुई। पहली यात्रा (1976) पर *किन्नर धर्मलोक* छप छुकी है। प्रायः 10 वर्षों के अन्तराल में किन्नौर यात्रा हो रही है। 1976, 1986 और अब 1995। अब समय सिकुड़ रहा है। अगले दस वर्ष बाद शायद साँस चुक जाए और यात्रा हो, न हो। जो हो, सो हो।

हाँ, राजकीय सम्मान और सुविधा की स्मृति बाँधती है। अब राज्य से यह तो नहीं कहा जा सकता कि मुझे मेहमान मानिए। वह तो मन माने की प्रीत है। या नहीं है। फिर राजा साहब अस्वस्थ हैं। 'इंटेंसिव केयर यूनिट' से अभी-अभी निकले हैं। इस नाजुक क्षण में उनसे कौन कहे? इसके अलावा, ताबो उत्सव के सिलसिले में शायद इसी वर्ष राज्य कुछ करे। तो एक ही साल में एक से अधिक बार अतिथि बनना जँचता नहीं। फिर तो वह घरू हो जाता है। हिमाचली। और अपने घर में कौन अतिथि होता है?

और तो निभ जाए, मगर प्रायः 12 घंटे की शिमला, कल्पा बस यात्रा हो पाये, न हो पाये। 11 दिन जो 'इंटेंसिव केयर यूनिट' में बीते उसकी स्मृति से भय है। कोई कह सकता है कि यह वास्तविक नहीं, मनोवैज्ञानिक है। हो सकता है कि यह भय मन का है। लेकिन अब है तो है। मेरी तो जान साँसत में है, वे उसे वहम समझते हैं। फिर बस की जो स्थायी असुविधा है कि वह लघु और दीर्घ शंकाओं की निवृत्ति के लिए अपने समय से नहीं रुकती। उसकी अपनी गति है। और पड़ाव। किन्तु शंका तो शंका है। जब होती है तो उसके वेग को, मल-मूत्र के अधारणीय वेग को धारण करना रोग को न्योता देना है। लदाख के निर्जन चाङ थङ में इसका शिकार बन कर अब और भी सजगता है। किन्तु रास्ता क्या है?

यात्रा में शरीर सुख नहीं। कष्ट है। भय है। मेरी परीक्षा है। ऐसी भी श्रद्धा नहीं कि प्रार्थना कर सकूँ : हे प्रभु! पार उतारना। न ही यह वचन दे सकता हूँ कि इस बार पार उतार दो। फिर कभी ऐसी गलती न करूँगा!

जो हो, बस में सिर दर्द शुरू हुआ। नीचे गरम है, ऊपर ठंडा। गरम-ठंडा से है। या बस में वीडियो चालू है। उसमें नागिन नाग के वध का बदला लेने के लिए स्त्री का रूप धरती है। पहचान कर एक-एक कर पाँच युवकों को डसती है। उस नागिन का दंश है? या ऊँचाई का असर है? या बस यात्रा की थकान है? ऋणी और प्रवासी को सुख कहाँ?

यात्रा में प्रारम्भ से जैसे संशय है। कैलास-मानसरोवर अब चीन के कब्जे में है। इसलिए मुक्त यात्रा का मतलब चीन से मुक्ति है। चीन का नाम आते ही दिल्ली-शिमला में भय व्यापता है। इसलिए मित्र, शत्रु, उदासीन सभी इस यात्रा को लेकर उत्साहित नहीं हैं। कोई कुछ कहता नहीं। कैलास-मानसरोवर हिमालय के तीर्थों का तीर्थ है। आखिरी तीर्थयात्रा है। हमारे संस्कारों में बसा है। वह मुक्त हो, इससे कौन

इनकार कर सकता है? किन्तु उधर चीन का भय है। इसलिए दुविधा है। इसलिए इस बार जैसा ठंडा स्वागत कभी शिमला में हुआ नहीं। जैसे कुछ हो गया है। हमारे उनके बीच। पता नहीं।

II

एक रास्ता तो यह है कि शिमला में बैठा जाए। इंतजार किया जाए। कोई परिचित गाड़ीवान किन्नौर जाता हो तो उसके साथ हो लिया जाए। या किसी को किन्नौर का दौरा बनाने को प्रेरित किया जाए। यह मैं खुद अपने लिए नहीं कर सकता। प्रायः जीवन भर अन्य पर निर्भर रहने के कारण खुद कुछ करने की शक्ति-युक्ति खो चुका हूँ। एक प्याला चाय के लिए भी दूसरों का मुहताज हूँ। इसलिए दूसरा रास्ता है कि जैसे भी हो शिमला से चल पड़ा जाए। वैसे भी शिमला में बारिश आ गयी है। पहाड़ में जब बारिश होती है तो बारिश होती है। और कुछ नहीं होता। दफ्तर में काम-काज नहीं, क्योंकि बारिश लगी है। सैलानी वापस दिल्ली, बम्बई, कलकत्ता लौटते हैं, क्योंकि बारिश आ गयी है। तो क्या चल पड़ा जाए?

हिमाचल में तो चल पड़ते हैं। अंग्रेज को यह समझ में नहीं आएगा कि यह चल पड़ना क्या चीज है? चलना तो चलना है, और पड़ना पड़ जाना है। लेकिन चल पड़ना क्या है? यह द्वंद्व जो जीवन में है, वह भाषा में भी आ गया है।

द्वंद्व जैसे जीवन में, वैसे सपने में भी आया। सपना तो अचेतन मन का राजभागी है। सपने में दीखा कि यात्रा कर रहा हूँ। कई बन्धु-बांधव जो जीवन-यात्रा में छूट गये हैं, वे भी दीखे। तो लगा कि समय नहीं है। और यह यात्रा-काल है। तो चल पड़ने का मन बनाया।

डॉ. बंशीराम शर्मा हिमाचल यात्रा के मेरे प्रथम दिनों के साथी हैं। पहली किन्नौर यात्रा में, 1976 में उनकी *किन्नर लोक साहित्य* के साथ यात्रा की। फिर तो लाहुल-स्पीति, किन्नौर, कांगड़ा और शिमला में अनेक यात्राओं, गोष्ठियों के संयोजन में हिमाचल कला, भाषा एवं संस्कृति अकादमी के संस्थापक सचिव के नाते उनका प्रेम और सहकार मिला। इन दिनों इंडियन इंस्टिट्यूट ऑव एडवांस्ड स्टडीज में महासू क्षेत्र की लोक कथाओं में अनुस्यूत प्रेरक तत्त्व के अध्ययन के लिए 'फेलोशिप' प्राप्त कर कार्य कर

रहे हैं। महासू क्षेत्र में ऊपरी, मध्य और निचला हिमाचली संस्कृति क्षेत्र है। ऊपर तो किन्नौर, सिरमौर और निचला कालका क्षेत्र है। इसमें संस्कृति की अनेक परतें हैं। इनमें प्रचलित लोक कथाओं में मन की ऐसी परतें और गुत्थियाँ हैं जो आधुनिक कथा में पकड़ में नहीं आतीं। किन्तु मन के अचेतन स्तरों पर काम करती हैं।

एक कथा उन्हें किन्नौर में सुनने को मिली। फिर वैसी ही इटली के लोक साहित्य में पढ़ने को। कथा कुछ इस प्रकार है : सात बहनें हैं। वे पानी लेने जाती हैं। पानी के सोते पर एक कुत्ता बैठा हुआ है। उससे पानी का बहाव रुक गया है। बहनें उसे हट जाने को कहती हैं। वह कहता है कि मैं तब हटूँगा जब तुम मुझसे शादी करो। एक-एक कर 6 बहनें इनकार करती हैं। सबसे छोटी सकारती है। वह कुत्ता उसे ब्याह कर साथ ले जाता है। वह कुत्ता नहीं, राजकुमार है। अपने राज में पहुँचता है तो कुत्ते का रूप बदल कर सुंदर राजकुमार बन जाता है। छोटकी रानी बनती है और महल में रहती है। एक दिन वह सिंगार-पटार कर उसी सोते पर आती है। बड़ी बहन उसे देखकर जलती है। उसे अपना कपड़ा उतार कर खुद पहन कर देखने को कहती है। छोटी भोली है। अपना कपड़ा दे देती है, उसका पहन लेती है। बड़ी के मन में खोट है। वह छोटी को पहाड़ से ढकेल देती है। वह मर जाती है। उसका कपड़ा पहन कर वह महल को लौटती है। और राज करती है। इधर छोटी मर कर एक चिड़िया बनती है। और राजा को बताती है...इत्यादि।

यह कथा थोड़े से भेद के साथ इटली में भी प्रचलित है। तो क्या यह कथा यहाँ से वहाँ गयी? या वहाँ से यहाँ आयी? इसका तो कोई ऐतिहासिक साक्ष्य नहीं है, न सम्भावना है। तो क्या मानव मन एक है? और एक जैसी कल्पना करता है? और कथा-वार्ता करता है?

शर्मा जी के साथ अकादमी के दफ्तर जाते हैं। 'मॉल' पर टहलते हैं। 'काफी हाउस' में काफी पीते हैं। उनके काम पर और अपनी यात्रा पर चर्चा करते हैं।

कैलास-मानसरोवर यात्रा के लिए उनका सुझाव है कि इसका एक 'प्रॉजेक्ट' बनाना चाहिए। ऐसे तो यात्रा हो नहीं सकती। दो देशों के बीच का मामला तो है ही। वैसे भी दुर्गम क्षेत्र है। स्वास्थ्य और सुरक्षा के लिए किसी का साथ जरूरी है। शंका भी है। आपका उद्देश्य कितना भी पवित्र हो, यह शक होगा कि कहीं जासूसी तो नहीं कर रहे हैं? इत्यादि... फिर भी नमग्या तो जाना ही जाना है। वहाँ प्रायः 10 वर्ष पूर्व

पिछली यात्रा में हम लोग कैमरे का लेंस भूल आये थे। वहाँ के ग्राम प्रधान ने उसे जस-का-तस सुरक्षित लौटा दिया था। मैंने उन्हें इसके लिए पत्र भी लिखा था। ऐसा तो हिमालय में ही हो सकता है। फिर, यात्रा के लिए कुछ सुविधा और साधन जुटाने की चेष्टा करते हैं। किन्तु एक तो बारिश हो रही है। दूसरे, दूरसंचार की हड़ताल है। तीसरे, हिमाचल प्रदेश के अफसरों के तबादले हुए हैं। मित्र परदेश में हैं, इत्यादि विघ्न हैं। फिर भी, 22 जून को सुबह पहली शिमला-कल्पा बस से चल पड़ने का निश्चय होता है। और इसका जश्न साथ काफी पी कर मनाया जाता है।

मौसम खराब है। मन भारी है। कोई उछाल नहीं। फिर भी...

गंगोत्री-गोमुख : नोटबुक के पन्नों से

गंगोत्री : 26/9/84

पं. लच्छेराम सेमवाल (आयु प्रायः 90 वर्ष) से भेंट वार्ता से प्राप्त :

सेमवाल देशजाति है। आद्य गौड़ हैं। सेमवाल गंगोत्री में तीर्थ पुरोहित हैं। कब आये? बहुत दिन हुए। राजस्थान जयपुर में थे। मुगल काल में जब यज्ञोपवीत तोड़ा, धर्म तोड़ा तो यहाँ आये होंगे। प्रायः 125 घर होंगे। तीर्थ पुरोहित यहाँ के पुजारी भी रहे हैं, अधिकारी भी। यहाँ टिहरी राज रहा है।

गोमुख युग-युग से बदल रहा है। गोमुख अगाड़ी बढ़ रहा है। पहले गोमुख यहीं था। अभी जहाँ गोमुख है वहाँ से 12 पड़ाव ऊपर गये। वहाँ अन्धकार था। गंगा का उद्गम वहाँ है।

बदरीनाथ पहले थोलिङ् मठ के अन्तर्गत था। वहाँ से उसका व्यवहार चलता था। बाद में वहाँ कुछ गड़बड़ हुआ होगा। शंकराचार्य ने वहाँ सनातन धर्म का झंडा गाड़ा। शंकराचार्य गंगोत्री आये। यहाँ गंगा जबर्दस्त चीज़ है। उन्होंने स्वप्न दिया कि यहाँ नहीं। यहाँ न सनातन धर्म का झंडा गाड़ा, न बौद्ध धर्म का। सनातन तो है। थोलिङ् मठ का यहाँ कोई विहार, मूर्ति कभी नहीं बना। व्यवहार था। वहाँ से ऊन, नमक, सुहागा, भोटिया कपड़ा आता था। यहाँ से अनाज जाता था। हरसिल में भादों मास में मेला लगता था। बड़ा व्यापार होता था। बकरी पर माल लादता था। हरसिल गाँव में सोमेश्वर देवता था। वहाँ आदमी पर चढ़ता था। फिर वह आदमी तलवार पर चलता था। अब हरसिल में मेला नहीं लगता। देवता चलता है। गाँव में परम्परा से अभी भी चलता है। इसी मकरसंक्रान्ति को चला। देवता सब बताता है। मनोकामनाएं सब बताता है। बारिश होगी, नहीं होगी, सब बताता है। लामा, विद्वान् हार गये। देवता सब भाषा बोलता है। अंग्रेजी,

उर्दू, सब में जवाब देता है। विल्सन साहब ने इसकी परीक्षा की है। गंगा जी को अजमाया। इसको मानता था। हरसिल में गंगाजी का पानी और हरसिल का पानी दो कटोरी में लिया। दोनों में अशर्फी खौलाया। हरसिल के पानी में अशर्फी का वजन दो रत्ती कम हो गया। गंगा जी के पानी में उतना ही रहा। तब माना कि गंगा जी के पानी में ताकत है। सोने का हार चढ़ाया।

यहाँ का पुराना अन्न रामदाना, कोटु था। एक कोटु मीठा होता था, एक कड़ुआ, एक का भात खाते हैं। एक को औगल (कोटु), दूसरा फाफर, तीसरा चावरिया तीनों का संवाद अलग-अलग है। कोटु मीठा है, फाफर थोड़ा कड़ुवा है, चावरिया का पानी निकालना पड़ता है। फिर मीठा होता है। थोड़ा गरिष्ठ होता है। सब फलाहार है। अभी भी घरों में है। बाजार में गेहूँ, चावल आ गया। इसका भोग लगता है। आलू होता है। लोबिया होता है। अच्छी कीमत पर जाता है। इस साल घोर दुर्भिक्ष है। अकाल है। क्षेत्र में कोई चीज नहीं है।

मंडी देहरादून थी। ऋषिकेश नहीं। 5-7 दिन में आदमी पहुँच जाता था। बकरी की लाद एक महीना में। चुगाते-चुगाते जाते थे। ऋषिकेश में बहुत झाड़ी था। पहले-पहले बाबा काली कमली बैठा। उसने चारों धाम का रास्ता खोला। परिचय होता होता होता हुआ। पहले मार्ग नहीं था। 9-9 मील की चट्टी। धर्मशाला बना। मार्ग नहीं था। मार्ग काली कमली वाला ने खोला। राजा ने नहीं। पहले नीचे, ऊपर, पगडंडी से आता था। बहुत कष्ट था।

पहले केवल आश्रम था। तपोवन था। बहुत-बहुत थे। नाम याद नहीं। तपोवन महाराज थे। विष्णुदत्त स्वामी, कृष्णाश्रम, रामानन्द जी अवधूत इत्यादि थे। रामानन्द दो था, एक छोटा, एक बड़ा। विष्णुदत्त स्वामी जल में सूर्योपासना करते थे। मौनी थे। दक्षिण भारत के थे। इन्द्रियजित थे। बिड़ला का अन्न नहीं खाया। मौन रहते थे। या संस्कृत में बोलते थे। क्षेत्र में नहीं खाते थे। वज्रदान आता है। इसलिए वहाँ नहीं अन्न ग्रहण करते। गाँव में भिक्षा करते थे। जो यात्रा करने आते थे, वह क्षेत्र में खाते थे। जो यहाँ रहते थे, वह गाँव से माँगते थे।

अब वह बात नहीं। आसमान-जमीन का अन्तर है। वह जमाना नहीं रहा, तो भाव नहीं रहा। वह भाव नहीं रहा तो जमाना नहीं रहा। अब तो दुकानदारी है।

पहले ऋषिकेश से उत्तरकाशी 4-6-7 दिन। जैसे चलने वाला होता वैसे आते थे। उत्तरकाशी से गंगोत्री पहले 56 मील, गंगोत्री-टिहरी 100 मील, टिहरी-ऋषिकेश

50 मील। उत्तरकाशी से गंगोत्री 3-4 रोज का रास्ता था। देश का आदमी आता था तो 9-9 रोज लगता था।

चारों धाम का यात्रा में एक-एक महीना लगता था। पहले जमनोत्री, जमनोत्री से गंगोत्री। जमनोत्री कम जाते थे। ज्यादा कठिनाई थी। वहाँ इतना प्रबन्ध नहीं था। मामूली चलता था। गंगोत्री से केदारनाथ।

पहले बूढ़ा केदार, घूतू, भिलंग, पवाली चढ़ाई, त्रियुगीनारायण, केदारनाथ तुंगनाथ है। केदारनाथ से भी ज्यादा ऊँचा तुंगनाथ है। पैदल जाते थे। डंडी, कंडी थी। 'पवाली की चढ़ाई, जर्मनी की लड़ाई' मसल बनी हुई है। अभी भी वही चढ़ाई है।

केदारनाथ से बदरीनाथ हो कर जाते थे। बदरीनाथ से उतर कर श्रीनगर होकर देवप्रयाग-ऋषिकेश-हरिद्वार।

थोलिङ मठ में हमारी बड़ी मान्यता करते थे। ब्राह्मण को टामजी-पुजारी कहते थे। थोलिङ मठ का बड़ा लामा यहाँ आते थे। थोलिङ मठ और टिहरी राजा का केस था। तिब्बत वाले कहते थे कि यह हमारा राज है। जोङ साल डेढ़ साल में आते थे। जोङ लाबरंग के अन्तर्गत थे। वहाँ का बड़ा पुजारी था। वह दलाई लामा के मातहत थे। उनकी राजधानी ल्हासा।

यहाँ कभी मूर्ति नहीं बैठाया। हरसिल में जाड़ बहुत साल से है। पुराना रईस था। जाड़ निलङ, जादुङ में रहता था। तिब्बत के रास्ते में था। तिब्बत की तीन मंडियाँ थीं निलङ, जादुङ, हरसिल। तिब्बत में नाबरा मंडी, ज्ञानी मंडी—बड़ी मंडी ज्ञानी थी। ज्ञानी मंडी प्रधान—हिमांचल, लेह (लदाख) से आते थे। चारों नाके (तरफ) का आदमी आते थे। नीति से भी आते थे। धारचुला से आते थे। मानागाँव से आते थे। दो-दो महीने मंडी रहती थी। जब तक हिमपात न हो जाए। गंगोत्री से निलङ पास होकर पुलिङ से फिर थोलिङ-नाबरा ज्ञानी बहुत दूर था।

अभी तो बस में, गाड़ी में जा कर आ जाते हैं। वह महत्व नहीं रहा। श्रद्धा नहीं। भैरव घाटी का पुल बन गया। तो बेतहाशा आने लगेंगे। जैसे ऋषिकेश, हरिद्वार।—हरिः ओम्।

++ ++ ++

गंगोत्री स्नान। अवगाहन। ध्यान। (मध्याह्न) यहाँ तो वायुस्नान होता है। जैसी भूमि, वैसी

क्रिया। किन्तु जल अवगाहन का दूसरा ही अनुभव है। शिला पर प्रायः 1 घंटे। भागीरथी और मैं, मैं भागीरथी में, भागीरथी मुझ में। शेष कुछ नहीं, कोई नहीं। मंत्र भी, विपश्यना भी। मंत्र से ध्यान में मदद मिली और तीक्ष्णता भी। तीव्रता भी। कितने क्षण, पल, प्रहर? पता नहीं। गिनती नहीं। आँख खुली तो देखा एक कबूतर पास की शिला पर बैठा है। मुझे और निसर्ग को निहार रहा है। निर्निमेष, निस्तब्ध, निःशब्द।

++ ++ ++

घाट पर नाना प्रदेशों के बंगाल, हरियाणा, आन्ध्र के नर-नारी, प्रौढ़-प्रौढ़ा युवा-युवती। युवती तन भी अपूर्व। मुझे तो एक जैसे गोमुख की गंगा-स्वरूपा दीखी। विशेषकर अंग-विशेष का बाह्य रूप-रूपाकार। अन्तर का तो पता नहीं।

++ ++ ++

गंगोत्री के कुछ स्मृति चिन्ह, प्रसाद आदि लिया।

++ ++ ++

अपराह्न सीताराम दास जी मौनी महाराज के आश्रम। पूर्व शरीर गोरखपुर के पास का है। तिवारी, शांडिल्य गोत्र। 13 वर्ष की अवस्था में घर से निकले। तीर्थों में भटकते रहे। 43 वर्ष पूर्व गंगोत्री आये। तब से यहाँ हैं। चित्रकूट के श्री रणछोड़ दास जी के शिष्य हैं। मौन रहते हैं। एक टूटी हुई स्लेट पर लिख कर जवाब देते हैं। संकेत से भी। प्रायः 1 घंटे प्रश्नोत्तर रूप में सत्संग हुआ। प्रायः एकान्त। मध्य में थोड़ी देर के लिए एक इतालवी युवक आया। ठहरने के लिए। गोमुख जाते-आते। पहले भी दो साल हुए आ चुका है। उसे यहाँ शान्ति मिलती है। अच्छा लगता है। क्यों? पता नहीं।

पूरा प्रश्नोत्तर स्मृति में है। तुरन्त लिखना न तो संभव था और न अच्छा। लिखते ही आदमी सचेत हो जाता है। पूरा लिखने में समय लगेगा। शरीर थक रहा है। इसलिए कुछ बातें जो अभी-अभी ध्यान में आती हैं टीपता हूँ :

प्रश्न : गोमुख तो गोमुख नहीं है। क्या वह गंगा का उद्गम है? पर्वत की योनि-सरीखा है? या मुझे ही ऐसा दीखता है?

उत्तर : गोमुख तपोवन कोई चीज नहीं है। पंडों का प्रचार मात्र है। गंगा-गंगोत्री में है। इसके ऊपर पहाड़ी नदी है।

कारण, भागीरथी ने तप यहीं किया। गंगा का अवतरण यहीं हुआ। शंकराचार्य शंकर के अवतार थे। उन्होंने वेद-पुराण के अनुसार यहीं गंगा का उद्गम माना है।

मैंने (मौनी बाबा ने) गोमुख से बदरीनाथ की यात्रा की है। जहाँ आज गोमुख है उसके 5 मील ऊपर भी धारा है। कहीं गुप्त, कहीं प्रगट। और भी धारा है। गो का अर्थ है गउ, गाय; इंद्रिय। गाय का मुख तो टूट गया है। इंद्रिय की अर्थ—क्रिया है।

गंगा का उद्गम दिव्य चक्षुओं से ही दीख सकता है। इन आँखों से तो सिर्फ बाहर दीखता है। दूर-दूर या नजदीक।

पहाड़ टूटता-गिरता रहता है। गोमुख नहीं है।

तपोवन में वन नहीं। वहाँ तपोवन महाराज ने 45 वर्ष साधना की। एक माह वहाँ कैम्प लगा कर रहते थे। उन्होंने तपोवन नाम दिया। गोमुख, तपोवन यात्री जाते हैं कि कह सकें कि गोमुख, तपोवन गये थे।

प्रश्न : शिवलिंग नामक पर्वत शिखर है। ऐसे तो अनेक शिखर हैं। सारी सृष्टि में लिंग-योनि का आकार है। फिर वही शिवलिंग किस प्रकार है?

उत्तर : देह को भी तो लिंग कहा जाता है।

++ ++ ++

प्रश्न : अवधूत थे। एक चेलिन रखा। यह क्या?

उत्तर : पूर्व जन्म का संस्कार होगा।

प्रश्न : आग-तृण का यह साथ कैसा? इसका उन पर क्या असर होता होगा? (ब्रह्मचारिणी भगवत् स्वरूप की सूचना है – उनकी आत्म दृष्टि थी, देह दृष्टि नहीं।)

उत्तर : हम क्या कहें? वह जानें, राम जानें।
आज कल ज्यादातर महात्मा तो संसारी हैं।

प्रश्न : मौन का प्रभाव क्या है?

उत्तर : व्यर्थ के विवाद से बचत है। 2 का 4 कहने से व्यर्थ विवाद बढ़ता है। आज कल तो महात्मा गाली भी बकते हैं। व्यर्थ के विवाद में पड़ते हैं।

मौनी बाबा : गीता में भगवान कृष्ण ने कहा है कि जो मन को हठ से वश में करता है वह दम्भी है।

प्रश्न : तो जहाँ-जहाँ मन जाए वहाँ-वहाँ इन्द्रिय ले जाएँ?

उत्तर : नहीं।

प्रश्न : स्त्री प्रसंग न करने पर भी मन में स्त्री का स्मरण आता है। अंग से अंग लगाने की इच्छा नहीं होती, कभी कल्पना हो भी तो क्रिया नहीं। फिर भी ...।

उत्तर : यह तो स्वाभाविक है। इसमें कोई विशेष चिन्ता नहीं।

प्रश्न : अगर दूर रहें और वासना हो तो मन में गाँठ पड़ जाती है। वह गाँठ कैसे छूट सकती है?

उत्तर : गुरु कृपा और सत्संग से।

प्रश्न : सो तो ठीक है। लेकिन जीवन में स्त्री-पुरुष का साथ होता है। अपनी ओर से न हो तो उधर से जुटने की चेष्टा होती है। ऐसे में क्या करणीय है?

उत्तर : उपेक्षा। मौन। विरोध नहीं। विवाद नहीं। (ईश्वर कृपा)। सिर्फ ऊपर संकेत से कहते हैं।

प्रश्न : आप किशोरावस्था में निकले। युवावस्था आयी। तो क्या कभी विषय वासना नहीं जगी?

उत्तर : अवस्था का प्रभाव तो होता है।—ऋषि ने 50 हजार वर्ष तक तपस्या की। उसके बाद एक राजा की 50 लड़कियों से शादी की।

यह तो स्वाभाविक है। बड़े-बड़े ऋषि-मुनि इससे नहीं बचे। नारद को शादी करने की इच्छा हुई।

++ ++ ++

आश्रम का कोई लिखित इतिहास नहीं। गृहस्थ गीता एक पन्ने पर छपी है। अन्नदान माहात्म्य महाभारत अन्तर्गत, श्रीकृष्ण युधिष्ठिर संवाद प्रकाशित है। श्री सीताराम दास जी मौनी महाराज का विजिटिंग कार्ड है। सो मुझे देते हैं।

++ ++ ++

बाबा काली कमली वाला पंचायत क्षेत्र गंगोत्री मन्दिर के ठीक ऊपर है। यह मार्ग बाबा

का खोला है। प्रथम संन्यासी का नाम स्वामी विशुद्धानन्द जी है। एक काली कंबली ओढ़े रहते थे। इसलिए उनका नाम ही काली कम्बली वाला बाबा पड़ गया। क्षेत्र की शताब्दी 1981 में हो चुकी। स्वामी जी का सुन्दर शरीर था, गुरुदासपुर (पंजाब) का।

सम्प्रति पं. विद्याधर शर्मा, इंचार्ज हैं : बाबा काली कमली वाला क्षेत्र, गंगोत्री (उत्तरकाशी) पिन—224123 ।

++ ++ ++

यात्रा काल—

वैशाख शुक्ल तृतीया (अक्षय तृतीया) से यात्रा प्रारम्भ—गंगोत्री मन्दिर का कपाट खुलता है।

दीवाली के दूसरे दिन (अन्नकूट) को यात्रा समाप्त—प्रातः 10 बजे मन्दिर का कपाट बन्द हो जाता है।

++ ++ ++

पं. विद्यारण्य शर्मा की सूचना है कि मौनी बाबा विलक्षण हैं, नहीं भी।—कैसे? अपना नैमित्तिक कर्म निष्ठापूर्वक पालन करते हैं। किसी का छुआ नहीं खाते। फलाहार करते हैं। इस अर्थ में विलक्षण हैं। नहीं क्यों?...।

बाबा गंगादास फलाहारी पुराने महात्माओं में—तपोवन महाराज, स्वामी कृष्णाश्रम, विष्णुदास शास्त्री, रामानन्द अवधूत आदि की परम्परा में अन्तिम हैं। आज कल कुछ विक्षिप्त रहते हैं। आँख की रोशनी जा रही है। इस कारण। गोमुख के रास्ते में प्रायः दो किलोमीटर ऊपर अमृत घाट पर रहते हैं। जाने में 45 मिनट आने में 45 मिनट, प्रायः आधा घंटा सत्संग में। तो दो घंटा कम से कम चाहिए। सो नहीं है। इसलिए इस बार नहीं।

वेदान्ती विद्वान साधु हैं : हंस महाराज अच्युतानन्द महाराज। यह गंगादास जी के भी ऊपर यानी दूर रहते हैं। इनसे सत्संग के लिए भी अवकाश नहीं।

यात्रा में कुछ छोड़ देना ठीक है। वह फिर बुलाता है। बुलाए। न बुलाए।

++ ++ ++

गंगोत्री में शयन की आरती सायं 7 बजे। वाद्य, मंत्र, श्लोक पाठ, पूजा से, दिव्य गंध

से दिव्य वातावरण। मन्दिर के अहाते में है :

शंकर, शिव लिङ्ग, ब्रह्मा, पार्वती की मूर्तियों का एक छोटा मन्दिर। गणेश जी, हनुमान जी, भागीरथ का मन्दिर, तपस्या की कथित शिला।

++ ++ ++

रात्रि में भागीरथी का निर्जन, निःस्तब्ध, निनाद। स्पर्श आचमन। पुनरागमन।

++ ++ ++

डायरी में लिखा। ताकि सनद रहे। और वक्त पर काम आये। (न आये।)

++ ++ ++

विश्व शान्ति गृह
निर्माताः
रावल और आचार्य तीर्थ पुरोहित
लच्छेराम तदात्मज शान्तिप्रसाद राधेश्याम
गंगोत्री, उत्तरकाशी–224123

केदार खण्ड यात्रा

(यात्रा नोटबुक से)

हिमालये तु केदारं

द्वादश ज्योतिर्लिङ्ग प्रसिद्ध हैं। उनमें हिमालय में केदारनाथ (*हिमालये तु केदारं*) विशिष्ट है।

स्कन्द पुराण के केदार खण्ड में शिव ने पार्वती से कहा है कि यह उतना ही पुरातन है जितना कि मैं हूँ : *पुरातनो यथाहं वै*। मैंने इसी स्थान पर सृष्टि के लिए ब्रह्मा के रूप में परब्रह्म तत्व प्राप्त करके सृष्टि का शुभारम्भ किया। यह आदि स्थान देवों के लिए भी दुर्लभ है : *इदं स्थानं देवानामपिदुर्लभं*।

पुराणों में केदार की कथा इस प्रकार है :

"द्वापर युग में महाभारत युद्ध के बाद पाण्डव गोत्रहत्या के पाप से अत्यंत दुःखी हुए। वेदव्यास की आज्ञा से केदार क्षेत्र में भगवान शंकर के दर्शनार्थ आये। शिव 'गोत्रघाती' पांडवों को दर्शन देना नहीं चाहते थे। इसलिए वे मायामय महिष का रूप धारण कर केदार अंचल में विचरण करने लगे। पाण्डवों ने योगबल से जब जाना कि यही शिव हैं तो वे मायावी महिष रूप धारी शिव का पीछा करने लगे। महिषरूपी शिव भूमिगत होने लगे तो पाण्डवों ने उस महिष की पूँछ पकड़ ली। और भगवान शिव की स्तुति करने लगे। पाण्डवों की स्तुति से प्रसन्न होकर उसी महिष के पृष्ठ भाग में भगवान शंकर वहाँ स्थित हुए एवं भूमि में विलीन भगवान का श्रीमुख नेपाल में पशुपतिनाथ के रूप में प्रकट हुआ।"

"आकाशवाणी हुई कि हे पाण्डवो मेरे इसी रूप की पूजा से तुम्हारे मनोरथ पूर्ण होंगे। तदनन्तर पाण्डवों ने इसी स्वरूप की विधिवत पूजा की। और गोत्रहत्या के पाप

से मुक्त हुए। पाण्डवों ने भगवान् केदारनाथ के विशाल मन्दिर का निर्माण किया। तब से शिव जी केदारनाथ में नित्य साक्षात् विराजमान हैं।''

पुराणों में यह भी कहा गया है कि महिषरूपी भगवान शिव का मुख-भाग 'रुद्रनाथ' में, भुजाएँ 'तुंगनाथ' में, नाभि 'मदमहेश्वर' में एवं जटाजूट 'कल्पेश्वर' में प्रगट होते हैं। केदारनाथ सहित ये ही पंचकेदार हैं।

केदारनाथ पहुँच कर मेरी इच्छा हुई कि यहाँ कम से कम पाँच रात्रि रहूँ। पाँच क्यों? हर केदार के लिये एक दिन। तो पंच केदार के लिए पाँच दिन। यह तो अब सूझता है। उस समय तो हर पांडव के लिए एक रात्रि-दिन। इस तरह पाँच पांडवों के लिए पाँच दिन-रात।

पृष्ठभाग केदार का और शिरोभाग पशुपतिनाथ का नेपाल में दरस-परस हुआ।

पंच केदारों में से मदमहेश्वर ही हो सका। नाभिरूप। शेष रुद्रनाथ, तुंगनाथ, कल्पेश्वर दर्शन की इच्छा मन में है। हो न हो। किसकी सब इच्छाएँ पूरी होती हैं?

++ ++ ++

केदारनाथ/23.6.1988

आद्य शंकराचार्य समाधि स्थल

श्री बदरीनाथ-केदारनाथ मंदिर समिति द्वारा प्रकाशित *श्री बदरी-केदार दर्शन* (1986, पृ. 32) पर सूचना है :

''भगवान् केदारनाथ जी के मंदिर के पश्चिम भाग में जगद्गुरु आद्यशंकराचार्य जी का समाधि स्थल है। इसी स्थल पर 32 वर्ष की अवस्था पूर्ण होने पर जगद्गुरु शंकराचार्य जी समाधिस्थ हुए। जहाँ वर्तमान में उनकी पुण्यस्मृति में संगमरमर की सुन्दर मूर्ति एवं समाधि का चबूतरा ध्वजाओं से सुसज्जित दूर से ही दृष्टिगत होता है। केदार क्षेत्र में पहुँचने पर तीर्थ यात्री उक्त समाधि पर पुष्पांजलि अर्पित करते हैं''।

यह सूचना मिलने पर आद्य शंकराचार्य की समाधि पर जाने की इच्छा हुई। स्थल पर समाधि नहीं दीखी। शायद योग समाधि स्थल है। वहाँ सूचना मिली कि केदारखण्ड के अनुसार यहाँ से शंकराचार्य अन्तर्धान हो गये। यहाँ बौद्ध प्रभाव था। मंदिर नहीं था। कर्णाटक से लिंगायत पुजारी यहाँ आये। वे वीर शैव सम्प्रदाय के हैं। जबकि केदारनाथ

पुजारी श्री नित्यानद लिङ्ग के अनुसार वर्तमान रावल 336वें हैं। यदि एक रावल का कार्यकाल 20 वर्ष का भी मानें तो 6,720 वर्ष हुए।

"यह मूर्ति पश्चिम आम्नाय द्वारका शारदापीठाधीश्वर श्री जगद्‌गुरु श्री शंकराचार्य श्री अभिनव सच्चिदानन्द तीर्थ स्वामी जी महाराज की आज्ञा से अहमदाबाद के श्री लक्ष्मीचन्द अभयाराम मिस्त्री ने बनवा कर अर्पण किया है—संवत 2018, सन् 1962 ई."

इस मंदिर का जीर्णोद्धार संवत 2024, सन् 1968 में हुआ।

साक्ष्य से लगता है कि प्राचीन स्थल पर आद्य शंकराचार्य की मूर्ति की प्रतिष्ठा विक्रम संवत 2011, ज्येष्ठ शुक्ल पंचमी तदनुसार 27.5.1963 को हुई।

शिवलिङ्ग प्राचीन है।

श्री शंकराचार्य कृत ग्रन्थ श्री कांचीकामकोटिपीठ के अधिपति श्री जगद्‌गुरु श्री जयेन्द्र सरस्वती ने समर्पित किये हैं। ये समता बुक्स, मद्रास द्वारा प्रकाशित श्री शंकर ग्रन्थावली : के खण्ड हैं।

मंदिर में तीन भित्ति चित्र हैं :

(1) *बाँयें* श्री शंकर भगवत्पादाचार्य जी अपनी योगसिद्धि से गगन मार्ग द्वारा कैलास में शिव जी के दर्शन के लिए जा रहे हैं।

(2) *मध्य में* : कैलास में शिव जी शंकर भगवत्पादाचार्य जी के हाथ में पाँच स्फटिक लिंगों और *सौन्दर्यलहरी* को देते हैं।

(3) *दाहिने* : श्री शङ्कर भगवत्पादाचार्य शिव जी आशीर्वाद पा कर पाँचों स्फटिक लिंगों और *सौन्दर्यलहरी* लेकर कैलास से केदारनाथ जाकर भारत देश में विजय यात्रा शुरू करते हैं।

दीवालों पर 'ॐ तत्त्वमसि' एवं अन्य महावाक्य भी लिखे हुए हैं। मंदिर का प्रबंध श्री बदरीनाथ केदारनाथ समिति के हाथ में है। शांति है।

यहाँ श्री सत्यानंद सरस्वती से भेंट होती है। पूर्व शरीर स्पेन का है। अभी रमण आश्रम, तिरुवन्नमलाइ (तमिलनाडु) में हैं। प्रायः 17 वर्षों से भारत में हैं। संन्यास दीक्षा 1981 में ग्रहण की है। ईसाई धर्म के अनुसार दुःख भोग के जरिए साक्षात्कार एक मार्ग है। सेंट इग्नेसियस की गुफा में अभ्यास किया है। उससे उन्हें तृप्ति नहीं मिली। तो आनन्दमय ब्रह्म की खोज उन्हें भारत ले आयी।

यहाँ मठों में संगठन के प्रपंच हैं। किन्तु संगठन की पेचीदगियाँ ईसाइयों में भी

हैं। शायद सब धर्मों में हैं।

जप, स्वाध्याय, सत्संग से ब्रह्मचर्य का पालन करणीय है। शरीर की सीमा तो है। जो संवेदन-उत्तेजन आये उसे वैसे ही देखते रहें, जैसे बहती नदी। आते-जाते हैं। वह विचार मैं नहीं हूँ।

जो हो, इस स्थल पर ऐसा कोई साक्ष्य नहीं है कि यह आदि शंकराचार्य का समाधिस्थल है। और ऐसा अनुभव भी नहीं होता। कोई आग्रह भी नहीं। कौन जाने? हो भी सकता है? नहीं भी?

++ ++ ++

24.6.1988)

केदारनाथ : निर्वाण दर्शन

विदित है, केदारनाथ में इतिहास-पुराण प्रसिद्ध ज्योतिर्लिंग है : "हिमालये तु केदारं।"

केदारनाथ के शिवलिंग का एकान्त दर्शन पुजारी श्री नित्यानन्द लिंग के सौजन्य से हुआ। पूर्व संकेत के अनुसार मैं प्रातः 4 बजे से पूर्व श्री नित्यानंद लिंग के आवास पर पहुँचा। उन्होंने पूजा-सामग्री तैयार रखी थी। एक गिलास गरम काफी भी। सो लेकर हम केदारनाथ मंदिर परिसर में आये। अभी उषःकाल की लाली भी नहीं। आकाश गम्भीर उजास लिये था। प्रभास्वर। न प्रकाश था, न अंधकार था। यह निर्वाण दर्शन की वेला है।

पुजारी और कृष्णनाथ के अलावा केदारनाथ संकुल में कोई और नहीं था। न लिंग पर कोई अलंकरण, न वेश, न आवरण।

केदारनाथ का ज्योतिर्लिंग स्वयंभू शिला है। इस पत्थर की अनगढ़ शिला में 'ऐब्स्ट्रैक्ट' शिल्प की तरह शिव-पार्वती, गणेश और उनके लक्षण, स्वरूप आदि की भावना की जाती है। शांति की कामना भी तो एक कामना है।

निर्वाण दर्शन से एक भाव तो आ जाता है। सब कुछ अर्पण करने का भाव। आवेश। जैसे अपनी देह में उस अनादि शिव-शक्ति के लय का योगायोग। और सुख मिल रहा है।

++ ++ ++

फिर, जब इतिहास बुद्धि जगती है तो लगता है कि यह आदिम पूजा स्थल है। शायद

भेंड़ चराने वालों, आदिम बाशिंदों ने इस पत्थर की पूजा शुरू की हो। जब यहाँ शैव मत आया होगा उसने इस आदि देव में ही शिवलिंग का आरोप किया हो। और वह वही हो गया हो। ज्योतिर्लिंग।

जो हो, मंदिर के दो खण्ड हैं : एक तो शिला, लिंग वाला खण्ड है, जो प्राचीन है। दूसरा खण्ड पाण्डव, द्रौपदी, कुन्ती, पार्वती, लक्ष्मीनारायण की प्रतिमाओं का है, वह परवर्ती है।

यह वर्णन-विश्लेषण पुरातत्व सर्वेक्षण और इतिहास-विदों के लिए है। इसमें पड़ कर निर्वाण-दर्शन के सुख को नष्ट करने में क्या सुख है?

++ ++ ++

हिमालय में एक केदार नहीं, पाँच केदार हैं। पंच केदार निम्नलिखित हैं :

1. प्रथम केदार — केदारनाथ (11760 फीट—पिछला हिस्सा
2. द्वितीय केदार — मदमहेश्वर-नाभि (10,800 फीट)
3. तृतीय केदार — तुंगनाथ-दोनों बाहु (11,600 फीट) 12,072 फीट (?)
4. चौथा केदार — रुद्रनाथ (11,660 फीट)—मुखार बिन्दु
5. पाँचवाँ केदार — कल्पेश्वर-जटा (7,000 फीट)

++ ++ ++

व्रती बाबा, कालीमठ (प्रायः 74 वर्ष) : फक्कड़ हैं। खुद बनाते खाते हैं। किसी का बनाया न तो चावल, रोटी, कुछ भी नहीं। व्रत करते हैं इसलिए लोग इन्हें व्रती बाबा कहते हैं। इसी नाम से अब जाने जाते हैं।

जन्म : अखी मठ। तो प्रायः यहीं के हैं। उत्तराखण्ड विद्यापीठ (स्थापित 1947) के बारे में महामना मालवीय जी की सम्मति के लिए बनारस रहे हैं। पहले सम्मति ली सब लोगों की। वहाँ राजा बलदेव दास बिड़ला और मालवीय जी दोनों 86 वर्ष के थे। बिड़ला स्वस्थ थे। मालवीय जी अस्वस्थ थे।

यहाँ 57 वर्ष हो गये। 16 वर्ष की अवस्था में यहाँ आये। विद्यापीठ की भी सेवा की। अब माँ के चरणों में हैं।'28 से मलेरिया और इधर बवासीर है। फिर भी माँ के चरणों में हैं। तो बचे हुए हैं। ठीक हैं।

सन् 1924 से संस्कृत विद्यालय अखी मठ में था। उसी का बड़ा रूप विद्यापीठ हुआ। (1) संस्कृत-ज्योतिष, (2) आयुर्वेद, (3) हिन्दी-अंग्रेजी इण्टर तक (4) उद्योग विभाग। कुछ समय बाद उद्योग विभाग लड़खड़ा गया। हिन्दी-अंग्रेजी इंटर कालेज, गुप्त काशी में आ गया। अब नीचे दो विभाग हैं : (1) संस्कृत साहित्य, व्याकरण, ज्योतिष (2) आयुर्वेद आचार्य तक। सम्बद्धता सम्पूर्णानन्द संस्कृत विश्वविद्यालय से है पहले जैसा रूप था, वह अब नहीं है।

++ ++ ++

ऋषिकेश-केदारनाथ पहले पैदल चलते थे तो प्रमुख चट्टियाँ थीं :

ऋषिकेश-देवप्रयाग-श्रीनगर-रुद्रप्रयाग-अगस्त्यमुनि-गुप्तकाशी-गौरीकुण्ड-केदारनाथ।

वापसी में : केदारनाथ-गौरीकुण्ड-गुप्तकाशी-अखी मठ-तुंगनाथ (तृतीय केदार)-चमोली-पीपलकोटि-जोशीमठ-बदरीनाथ। बीच में बहुत सारी चट्टियाँ हैं। एकदम आराम था। सुबह 8 मील चलते थे। फिर वहाँ विश्राम करते। कुछ लोग तीसरे पहर 4 मील और चलते। वहाँ कोई बंगाल का, कोई पंजाब का सब आपस में मिलते हैं। अब तो बस कैद होकर आये और गये। रास्ते में कहीं चाय पीने की भी जरूरत नहीं! पेशाब करने की भी नहीं। किसी से सम्पर्क नहीं।

++ ++ ++

कविल्ठा में कालिदास

कविल्ठा में कालिदास की जन्मभूमि बताते हैं। इस वर्ष अषाढ़ के प्रथम दिवस इस वर्ष गोष्ठी भी हुई।

इसका इतिहास इस प्रकार है : एक तो जनश्रुति है। देशाचार का चिंतन करना चाहिए। श्री बालकृष्ण भट्ट ने पहले एक ग्रन्थ *कालिदास जन्म भू विलास* विशाल कार्यालय मु.पो. नारायण कोटि से प्रकाशित कराया। फिर यह चर्चा चली। डॉ. शिवानन्द नौटियाल ने इस विषय में लिखा। श्री रमाप्रसाद घिल्डियाल (रजिस्ट्रार, हिन्दी साहित्य सम्मेलन) ने इस सम्बन्ध में काम किया है।

इस सम्बन्ध की एक पुस्तक पं. मायाराम व्रती जी ने भेंट की :

महाकवि कालिदास—लेखक सदानन्द जखमोला संतप्त, कोटद्वार (1975)।

व्रती जी का कहना है कि यह तो उज्जैन वालों ने भी मान लिया है कि उज्जैन कवि कालिदास की कर्मभूमि है। जन्मभूमि जो भी हो।

कालीमठ दर्शन

बीच में कालिका मन्दिर : अष्टांग रूप है: (1) फेगु में दुर्गा देवी, (2) नाला में ललिता देवी, (3) मैखण्डा में महिषमर्दिनी, (4) त्रियुगी नारायण के पास शाकम्बरी, (5) गौरीकुण्ड में गौरी माई, (6) खुन्नू में रणभरण जहाँ भगवती ने युद्ध के लिए तैयारी की थी, (7) रांसी में राकेश्वरी, (8) अखी मठ में चण्डिका।

जनश्रुति : कालीमठ में खड्ड में गले से नीचे का (धड़) है। रुद्रप्रयाग से आगे धारी की देवी में सिंह है—कलिया सौढ़ भी कहते हैं।

अष्टमी की रात्रि में

अंधकार में साफ-साफ कर फूल से ढँक देते हैं। फिर पुजारी आते हैं। डोली आती है। लक्ष्मी जी के मन्दिर से डोली आती है तो पुजारी आते हैं। और चार पहर की पूजा करते हैं। लड़के सीटी बजाते हैं। मंदाकिनी के किनारे तक जाते हैं। मंदाकिनी के तट पर एक विशाल शिला खण्ड है जिस पर अष्टमी की रात्रि में जलती हुई मशालें फेंकी जाती हैं तो ऐसा आभास होता है कि जैसे लाल रक्त की धार बह रही हो। रूपक रचते हैं मानों राक्षसों का वध कर रहे हों।

++ ++ ++

30-6-88)

रांसी (1930 मीटर)—
गौण्डार (1200 मीटर)—
बनतोली
नानु (2134 मीटर)

मदमहेश्वर

रांसी – नानु = 9 किलोमीटर
रांसी – गौण्डार = 6 किलोमीटर
गौण्डार – नानु = 5 किलोमीटर

नानु – मदमहेश्वर = 5 किलोमीटर

यह ऊँचाई और दूरी और माप हिमालय नहीं है। संकेत भी नहीं है।

अन्तरघट तक प्यास है। मंदाकिनी से, झरने से, बाँझ की जड़ों से, गीली मिट्टी से, ठंडी हवा से, बादल से, वृष्टि से जैसे सूक्ष्म रगें पानी पीने को निकलती हैं और स्थूल देह को कुछ राहत देती हैं। फिर भी स्थूल देह तो देह ही है, लस्त होती जा रही है। मैं कभी नहीं पहुँच पाऊँगा। फिर भी मैं नानु पहुँच गया।

मस्ता — मदमहेश्वर — 34 किलोमीटर

मस्ता — कालीमठ — 4 किलोमीटर

गौण्डार — नानु — 5 किलोमीटर

मदमहेश्वर - द्वितीय केदानाथ हैं। दिव्य हैं। यहाँ से हिमालय की शोभा अपूर्व है।

पुजारी = श्री गुरुलिङ — जङ्गम हैं। प्रबंध बदरी—केदार समिति के अन्तर्गत है। सायं 7 बजे की आरती में शरीक होता हूँ। प्रातःनिर्वाण दर्शन के पूर्व निकल पड़ता हूँ।

++ ++ ++

1-7-88)

मदमहेश्वर-नानू-बनतोली-गौण्डार-रांसी-डनियाना-लेंक-मंदाकिनी पार करके—मनसुना। रात्रि विश्राम : मनसुना।

मदमहेश्वर-नानू-बनतोली।

मंदाकिनी-चौखम्भा का संगम है। शायद सरस्वती नन्दीकुण्ड से आती है।

सरस्वती मदमहेश्वर से प्रसिद्ध हुई। वहाँ छोटा पानी है। उसी का नाम सरस्वती है।

बनतोली में तीन घर हैं। एक धरमशाला है। दो घर हैं।

श्री तुला सिंह पवार (करीब 80 वर्ष) :

पहले यात्री कम ही आते हैं। देश के यात्री तो बहुत कम आते हैं। सिर्फ उमा प्रसाद मुकर्जी आये थे। उनके बाद बंगाली यात्री आने लगे। उन्होंने बंगला में किताब लिखी : *पंच केदार*। उस किताब को पढ़कर बंगाली आता है। श्री तुला सिंह ने उनसे कहा कि यहाँ धरमशाला नहीं है। तो श्री मुकर्जी ने देश से 12,000 रु. भेजा। उससे यह धरमशाला श्री पवार ने बनवा दी। अपना घर उसके बाद बनाया। धरमशाला बने 9-

10 साल हो गये।

धरमशाला में दो कमरे एक बरामदा और एक रसोईघर। कभी-कभी बंगाली आकर ठहरते हैं। दो-तीन दिन पहले कुछ आये थे। इधर तो नहीं। चूल्हा बंद है।

++ ++ ++

श्री मुकर्जी तो संत जैसे हैं। 87 वर्ष के हैं। प्रायः 1950 के लगभग आये होंगे। तब सड़क भी नहीं थी। यह सड़क तो '60 में बनी। श्री अजय चटर्जी एडवोकेट के जरिए धरमशाला बनवायी। धरमशाला बनी 9-10 साल पहले तो मुकर्जी शायद कालीमठ तक आये। उनकी पार्टी यहाँ पहुँची 'वीडियो' बनाया।

++ ++ ++

2-7-88 / ऊखी मठ :

मनसुना-ऊखी मठ—प्रातः 6 बजे टैक्सी से

कण्ठे यस्य विराजते हि गरलं गंगा जलं मस्तके।
वामाङ्गे गिरिराजतनया जाया भवानी स्थिता।।
नन्दिस्कन्दगणाधिनाथसहित केदारनाथ प्रभुः।।
केदाराञ्चल संस्थितोहि सततं कुर्यात्सदा मङ्गलम्।।

(ऊखी मठ मन्दिर में लिखित पट)

++ ++ ++

पाण्डव नृत्य

गाँव के लोगों से हर कोई नहीं, जिसमें वह पाण्डव आ जाता है, वह इसमें भाग लेता है। वैसे द्रौपदी भी मर्द बनता है। जिसके शरीर में वह आ जाती हैं वह द्रौपदी बनता है। ऐसे ही भीम में शक्ति रहती है। इत्यादि।

शीतकाल में यह नृत्य होता है। यही लोग तय करते हैं। ऊखी मठ गाँव पंचायत तय करती है।

++ ++ ++

ऊखी मठ - ऊँचाई : 1,250 मीटर
जनसंख्या — ?
ऊखी मठ केदारनाथ का स्थान है। ग्रीष्मकाल को छोड़कर शेष वर्ष उनकी यहीं पूजा सेवा होती है। मंदाकिनी नीचे बहती है। उसके तट पर उत्तराखण्ड विद्यापीठ है। कालीकमली बाबा की धर्मशाला, पोस्ट ऑफिस, बस अड्डा और विश्वनाथ जी का घर है।

++ ++ ++

6-7-1988, हरिद्वार, ***हर की पैड़ी पर***

जब पैदा हुआ तो आयु की औसत आशा 27 वर्ष थी। सो प्रायः 27 वर्षों में मैंने अपने जीवन का काम कर लिया। मुझे फिर एक और जीवन आयु मिली। सो वह भी 27 वर्ष जी लिया। अब?

++ ++ ++

सुख इन्द्रिय-भोग में नहीं। देखने का सुख चक्षु-प्रत्यक्ष में नहीं। उससे तो आँख थक जाती है। बल्कि उस अन्दरूनी पुलक स्पर्श में है जो देखने की संवेदना से जगी कल्पना से और स्मृति से आता है। तो यह देखने का सुख या दुःख कल्पना के चलते हैं। यह सुख-दुःख है नहीं, मेरी कल्पना है, विचारणा है। शायद असली सुख इस सुख-दुःख से परे है। कल्पना से परे, विचारणा से परे। यह सुख क्या है? वह जो है वह शब्द से परे है। क्यों आखिर शब्द भी तो विचारणा, कल्पना, स्मृति है, जो सुख नहीं है। क्या यह कोरा विलास है? 'थ्योरी' है? या ऐसा सुख है? मैंने इसे खुद महसूस किया है? या सुनी-सुनायी बात है? या दोनों है?

++ ++ ++

यों ही घूमते बहुत दिन बीते। जो इस घुमक्कड़ी का लिखा-पढ़ा, वह भी किसी को पता नहीं। खुद कहने से मैं हिमालय के बारे में कुछ लिखता-पढ़ता हूँ, उसका वजन कम होता है। और भी, जब कि किसी ने उसे पढ़ा न हो। न पढ़ सकता हो। तो क्या किया जाए?

॥ अथ यमुनोत्तरी यात्रा ॥

24.5.'98 : देवीधार-धरासू-बड़कोट-हनुमान चट्टी-जानकी चट्टी।

उत्तराखण्ड के चारों धाम यात्रा यमुनोत्तरी से प्रारम्भ करते हैं, बदरीनाथ में समाप्त। यमुनोत्तरी-गंगोत्तरी-केदारनाथ-बदरीनाथ। मेरा तो सब अक्रम है। इसलिए मैंने बदरीनाथ से शुरू किया। सन् 1974 में अम्मां को बदरीनाथ धाम का दर्शन कराने ले गया। इस बीच दो युगों में, प्रायः24 वर्षों में, समय-असमय गंगोत्तरी और केदारनाथ हो आया। यमुनोत्तरी यात्रा ही बाकी है। इसलिए मन करता है कि यह भी हो जाए। किन्तु शरीर-सम्पत्ति अच्छी नहीं। भग्न हृदय और चुकती साँस और सिकुड़ता समय। हो, न हो। फिर भी, सरस्वती जी से अपनी मनोकामना कही। उन्होंने सहज ही कहा कि यही यात्रा का काल है। कर लीजिए। उन्होंने विजयेन्द्र रमोला को कहा। उन्होंने एक सहायक का जुगाड़ किया, और तीन दिन का समय-बद्ध यात्रा-क्रम सुझाया :

पहला दिन : प्रातः 6.30 बस से देवीधार-धरासू-बड़कोट-हनुमान चट्टी। हनुमान चट्टी से पैदल जानकी चट्टी। रात्रि विश्राम : जानकी चट्टी।

दूसरा दिन : जानकी चट्टी-यमुनोत्तरी-जानकी चट्टी।

तीसरा दिन : जानकी चट्टी-हनुमान चट्टी-बड़कोट-धरासू-देवी धार।

तदनुसार मैं तो स्नान-ध्यान कर प्रातः 6.30 पर बस के लिए तैयार : किन्तु युवा साथी नहीं प्रगट हुआ। पहली बस 'गढ़वाल मोटर ओनर्स यूनियन' की प्रायः 6.45 पर सामने से निकल गयी। मैं दुविधा में देखता रह गया। साथ के लिए इंतजार करूँ? न करूँ? लिंकन क्ये का सुझाव है कि कोई साथ हो तो अच्छा। अभी तक तो अकेला ही चला। अब कौन साथ देगा? हर किसी को अपना 'क्रॉस' खुद ढोना है। या हंसा को अकेला ही जाना है। 'उड़ जाएगा हंस अकेला, जग-दर्शन का मेला।'...

जो हो, इस उधेड़-बुन में था कि वह प्रकट हुआ। जब वह नहीं था तो यान-वाहन था। जब वह है तो यान-वाहन नहीं। अपनी सवारी हो तो अपना वश है। अब तो परबस प्राण है।

जैसे-तैसे प्रातः 7.30 पर बस आयी। उत्तरकाशी-बड़कोट। धरासू तो मोड़ है। आजकल कोई मोड़ नहीं कहता। 'बेंड' बोलता है। ऋषिकेश-नरेन्द्रनगर-चम्बा-टिहरी-धरासू तक तो यमुनोत्तरी-गंगोत्तरी का एक रास्ता है। धरासू में एक रास्ता देवीधार-डुंडा-उत्तरकाशी-भटवाड़ी-गंगनानी-लंका-भैरवघाटी-गंगोत्तरी जाता है। एक रास्ता बड़कोट-ब्रह्मखाल-हनुमान चट्टी-यमुनोत्तरी। यमुनोत्तरी का रास्ता भी यमुना की तरह रस-रासमय है। रवाईं चट्टी रम्य है। प्रकृति कहीं अपना रूप दिखाती, कहीं छिपाती। बाँझ, कैल, चीड़ के वन। और शायद सेमल का लाल-लाल फूल। जैसे ही सुग्गा उसके फल को चखने के लिए चोंच मारता वैसे ही फूल चटख जाता और कपास उड़ जाता। सुआ अकृतकार्य देखता रहता। और वह निषिद्ध फल छलता रहता। साक्षी भाव से यह सब देखता-सुनता कब हनुमान चट्टी पहुँच गया? पता नहीं।

अभी तो मध्याह्न है। गढ़वाल मण्डल विकास निगम के 'टूरिस्ट रेस्ट हाउस' की सुध आयी। गढ़वाल प्रवास में पूर्व यात्रा में उनका सहकार रहा है। विशेषकर, उत्तरकाशी-गंगनानी-हरसिल-लंका-भैरवघाटी-गंगोत्री में। यह तो गंगाड़ नहीं, रवाईं चट्टी है। भागीरथी तट नहीं, यमुना तट है। यमुना पर्यटक गृह से सटकर बहती है। कृष्णप्रिया है, कृष्णा है। मैं नाम का कृष्णनाथ हूँ। सिर्फ नाम बाकी है, किसी काम का नहीं। जो करना था, नहीं करना था, अन्यथा करना था, सो द्वापर में कर चुका। अब तो युग बदल गया। पुराण का, जीवन का। अब नाम में क्या धरा है?

फिर भी पूर्व संस्कारवश पाँव 'यमुना तीरे, मलय समीरे...' बढ़ता है। वहाँ निबट कर गर्मा-गरम चाय और सूचना और स्नेह प्राप्त कर भला लगता है। हनुमान चट्टी-नारद चट्टी 3 किलोमीटर है। जीप है। फिर, पैदल नारद चट्टी-फूलचट्टी 2-3 किलोमीटर, फूलचट्टी-जानकी चट्टी 5 किलोमीटर। जानकी चट्टी-यमुनोत्तरी प्रायः 5 किलोमीटर। उसमें भी शुरू का प्रायः 2 किलोमीटर तो प्रायः सम; किन्तु अन्तिम 3 किलोमीटर विषम; सीधी खड़ी चढ़ाई। दुर्गम। दुरूह। शायद चारों धाम में यमुनोत्तरी सबसे दुरूह है। शायद इसलिए उससे शुरू करते हैं। मैं कहाँ से शुरू करूँ? कहाँ खतम?

अब तो तीर्थयात्रा कम है, पर्यटन ज्यादा। पर्यटन विभाग का लक्ष्य है कि आप

अगले साल जानकी चट्टी तक बस से आएँगे। वहाँ से टहलते हुए यमुनोत्तरी। यह तो यमुनोत्तरी तीर्थ का विनाश है। उनका विकास!

जो हो, जीप में इतना भरते हैं कि उसमें धँसना नहीं। और अकेली जीप की 'बुकिंग' की सामर्थ्य नहीं। इसलिए बिना रुके, बिना झुके सीधे हनुमान चट्टी-नारद चट्टी। अब इस पर डंडी-कंडी के अलावा, जीप का अलग संकट है। वह तो 10 घोड़ों की शक्ति वाली है। दौड़ती है, जैसे मृत्यु। फिर भी नारद चट्टी हो जाती है। चट्टी तो है। नारद मुनि कहाँ हैं? त्रिभुवन में किस लोक में विचर रहे हैं? किनमें लकड़ी लगा रहे हैं? राधा-रुक्मिणी में? या किनमें? पता नहीं।

रास्ते में यात्री कम, डंडी, कंडी, घोड़ा, खच्चर ज्यादा। छद्म बेकारी का ही रूप। घोड़ा ऊपर से नीचे दौड़ा रहे हैं। रु. 500 से शुरू कर रु. 25 तक कुछ भी, यात्रा-समय, बोझ, गरज, पहुँचते-पहुँचते, देख कर बोलते हैं। डंडी में बैठाकर भी आधे रास्ते थक कर लस्त हो जाते हैं। आगे भी नहीं जा सकते, पीछे भी नहीं लौट सकते। डंडी में कुछ तो शर्म करते बैठते हैं। कुछ दर्प-स्फीत, अभिमान-अकड़ हैं। जानकी चट्टी तक बस के लिए, या छोटी गाड़ी के लिए रास्ता बनाने में पुराना रास्ता लोक निर्माण विभाग ने तोड़ दिया है, नया बना नहीं। प्रायः वही हाल है जो पूरे देश का है। पुरानी दुनिया नष्ट हो गयी, नयी मिली नहीं! फिर पुराने मँजे हुए रास्ते पर नव तोड़ रास्ते का मलबा पड़ा है। खासकर नारद चट्टा-फूलचट्टी के बीच दो जगह जैसे मौत का कुआँ है। खिसकती हुई बालुई मिट्टी और पत्थर की सीधी उतराई है। उसपर डंडी-कंडी, घोड़ा, खच्चर जैसे 'रॉकेट' की चाल से ऊपर आते हैं। काशी के लिए राँड़-साँड़ सीढ़ी-संन्यासी से बचकर सेवने का विधान है; यहाँ डंडी-कंडी, घोड़ा-खच्चर से।

फिर भी, प्रायः एक चट्टी से दूसरी चट्टी के बीच चाय-बिस्कुट, पेप्सी, कोकाकोला, 'बिसलेरी', खीरा, तरबूज, नारियल, कहीं-कहीं नीबू शरबत की खुली-बंद दुकानें और ढाबे हैं। उनमें चाय के बहाने सुस्ताते, 'खरवा खात, पनिया पीयत', चलते जाते हैं। जैसे-जैसे जानकी चट्टी नजदीक आती है, रैन-बसेरा की चिन्ता घेरती है। आदमी (औरत) को कितना भटकाती है, रैन बसेरे की तलाश!

उधर मछेरे को भी मछली की तलाश है। वह अपना जाल लिये फिरता है। न जाने किस मछली को फँसने की तलब हो। खरसाली यमुनोत्तरी के तीर्थ पुरोहितों का गाँव है। जैसे गंगोत्तरी के तीर्थ पुरोहितों का मुखबा है। मेरी इच्छा खरसाली होते हुए

यमुनोत्तरी जाने की है। वहाँ एक पुराना मंदिर है। जब यमुनोत्तरी मंदिर के कपाट बंद हो जाते हैं तो यमुनाजी की मूर्ति तीर्थ पुरोहित खरसाली लाते हैं। वहाँ पूजा करते हैं, फिर खुलने पर यमुनोत्तरी ले जाते हैं। कपाट खुलने की तिथि अक्षय तृतीया है। बंद होने की भैया दूज। कपाट खुले हुए हैं। इसलिए बहुत करके तीर्थ पुरोहित यमुनोत्तरी में हैं। पं. रामानन्द उनमें वरिष्ठतम हैं। वे इन दिनों कहाँ हैं? यमुनोत्तरी? या खरसाली? इस खोज में टकरा जाते हैं : पं. मोहनलाल शास्त्री। काशी विश्वनाथ संस्कृत विद्यालय, उत्तरकाशी के अर्थात् वाराणसेय संस्कृत विश्वविद्यालय के स्नातक हैं। फिर तो काशी-उत्तरकाशी की धुरी हैं। किन्तु अगर पं. रामानन्द हमारे तीर्थ पुरोहित हैं, मैं उनका जजमान हूँ तो वे यमुनोत्तरी में हैं। पं. मोहनलाल उनियाल हैं, जैसे गंगोत्तरी के तीर्थ पुरोहित सेमवाल हैं। भारद्वाज गोत्र के हैं। विद्या-आचरण सम्पन्न हैं। बातों-बातों में बताते हैं कि गौतम गोत्र के उनके जजमान होते हैं। जैसे पूर्व काशी नरेश। गौतम बुद्ध और नचिकेता गौतम हैं। हम गौतम हैं। इस नाते हम उनके जजमान हैं। पं. रामानन्द यमुनोत्तरी में हैं। खरसाली में इन दिनों सिर्फ बच्चे, स्त्रियाँ और बूढ़े हैं। जो भी हिल-डुल सकते हैं, सब चट्टियों में या यमुनोत्तरी में हैं। फिर, खरसाली सीधी चढ़ाई है। अभी जाने जैसी नहीं है। जानकी चट्टी में गढ़वाल मंडल विकास निगम का टूरिस्ट रेस्ट हाउस है। किन्तु वहाँ क्या है? शास्त्री जी जानते हैं कि यात्री की तलाश एक अदद कमरे, 'अटैच्ड लैट्रिन-बाथरूम' की है। सो उनके पास भी है। उनका स्थान है : 'यमुना अमृत आश्रम', जानकी चट्टी। अपरिचय-परिचय के इस क्रम में मेरा मन इस 'आश्रम' में रम रहने का है।

सो ही बस है। 'आश्रम' हम उनसे पहले पहुँचते हैं। वे फूलचट्टी स्थित अपने संस्कृत विद्यालय होकर आते हैं। चाय पीकर, विश्राम कर हम यमुनातीरे शिव मंदिर, राम-जानकी मंदिर दर्शन कर आते हैं। शयन की आरती। न कोई डमरू, न कोई बाह्य आडम्बर। शिवलिंग सिंचन। शांत। दीप। अक्षत। और घंटियों का नाद।

++ ++ ++

25.5.'98 : जानकी चट्टी-राममंदिर-भैरव मंदिर-यमुनोत्तरी।

लिखने में यह यात्रा एक डांडी में समा गयी। लेकिन होने में? रात संकल्प-विकल्प में कैसे कटी? मैं ही जानता हूँ , वह नहीं। हनुमान चट्टी-नारद चट्टी-फूल चट्टी-जानकी चट्टी तो हो गयी। अब? जानकी चट्टी-यमुनोत्तरी। उसमें भी अंतिम 3 किलोमीटर

की चढ़ाई-सीधी, खड़ी चढ़ाई। हो? न हो? डॉक्टर की सलाह है कि "7,000 फीट की ऊँचाई तक आप बिना आपत्ति जा पाएँगे। ...स्वास्थ्य का पूरा अन्दाज लेके आप 10,000 फीट पर चढ़ें।"

यमुनोत्तरी समुद्र तल से प्रायः 11,000 फीट की ऊँचाई पर है। अब बिना चढ़े कैसे अंदाज मिले? चढ़ना अपने में मार्ग-फल दोनों हैं। कोई भी 'स्ट्रेस टेस्ट' हो या कुछ और हो, उससे गुजरे बिना तो अंदाज नहीं। और यहाँ कोई ऐसा खटका नहीं कि जब न चढ़ सकते हों तो झट उतर जाएँ। कौन सी साँस आखिरी है? पता नहीं। यह तो शायद वह पल जानता है, शायद वह भी नहीं जानता। इसका पूर्व-अनुमान कैसे हो? यह कोई कालदर्शन की पहेली नहीं। प्रस्तुत प्रश्न है।

कार्यक्रम है : सबेरे 6 बजे निकलना है। धीरे-धीरे पहाड़ पकड़ कर चढ़ना है। बहुत से बहुत 9 बजे तक पहुँच जाना है। और अगर स्नान-पूजन कर 2 बजे भी चले तो शाम तक जानकी चट्टी। किन्तु लगता है कि यह चढ़ाई नहीं चढ़ पाऊँगा। डॉक्टर... ने बारंबार चेताया है कि आप मानते नहीं। अपने मन की करते हैं। तो अपनी जेब में अपनी 'विल' (वसीयत) लिखकर रखें कि जहाँ मरें वहीं दाह! वैसे मैंने तो अपने सभी ठिकानों पर कह रखा है कि कोई काशी में मणिकर्णिका पर जलने से ही मुक्ति नहीं। जहाँ मरूँ, वहीं दाह, वहीं मुक्ति। यह मेरा अन्तिम जन्म है। मृत्यु का होना निश्चित है। लेकिन कब, कहाँ यह निश्चित नहीं। और मेरे कहने से क्या होता है!

मन ही मन हिमालय के शिखरों की, यमुनोत्तरी की कल्पना की। आवाहन किया : कालिन्दी का, सूर्यपुत्री का, यम-भगिनी का, भगवती का, आह्लादिनी, स्वरूपिणी का, यमुना देवी का। लेकिन लगा कि यह यात्रा मुझसे नहीं हो पाएगी। यह मार का आक्रमण नहीं कि मैं उसे देखकर कहूँ, ऐ मार! मैंने तुझे देख लिया, और वह अन्तर्धान हो जाए और यात्रा हो जाए।

मेलॉङ ने स्मरण दिलाया कि चीनी यात्री ह्वेनसांग जब आया तो उसे पर्वत शिखर के तीर्थ पर जाने की कामना हुई। किन्तु उसे लगा कि वह वहाँ नहीं पहुँच सकेगा। उसकी आँखों से आँसू टपकने लगे। उसने एक स्थानीय व्यक्ति को कुछ पैसा, फूल देकर अपनी ओर से पूजा कर आने को कहा। मुझे तो आँसू भी नहीं आया। कहाँ सूख गया? हाँ, हौल हो आया। ऐसा लगा कि अब हिमगिरि विहार मेरे लिए नहीं। यमुनोत्तरी नहीं। चारों धाम नहीं। अब यह मेरा समय नहीं। जो समय है उसका पालन करना है : *ॐ वज्रसत्त्व*

समयमनुपालय...। इसलिए हे मन! तू विश्राम कर। मेरा यही 'विश्रामघाट' है। इस घाट-बाट को छोड़कर आगे कहीं जाना नहीं। अपने साथी के हाथ कुछ सुगंधि, पुष्प, द्रव्य देकर यमुनोत्तरी का यहीं से दरस-परस करना है। लेकिन यह सोच-सोच कर हौल हो गया। लगा जैसे साँस लेने में कठिनाई है। इतने में बिजली भी चली गयी। तो बाहर-भीतर सब अंधकार ही अंधकार। कहीं प्रकाश की किरण नहीं। न नीचे धरती पर, न आकाश में। न बाहर भूताकाश में, न अन्दर चिदाकाश में। तो कहाँ जाऊँ? क्या करूँ? झट से उठकर सब खिड़की-दरवाजे खोलकर लम्बी साँस लेता हूँ। लम्बी साँस लेते हुए देखता हूँ कि लम्बी साँस ले रहा हूँ। लम्बी साँस छोड़ते हुए देख रहा हूँ कि लम्बी साँस छोड़ रहा हूँ। निःश्वास होते हुए देख रहा हूँ कि निःश्वास हो रहा हूँ। देखता हूँ कि प्यास लगी है। एक गिलास ठंडा पानी गट्-गट् पी जाता हूँ। फिर भी प्यासा हूँ। अंतरघट तक प्यासा। तो प्यास में प्यास को देख रहा हूँ।

यह तय किया कि यह कमरा रखूँगा। और अपने साथी को भेजूँगा। वह भी मेरा ही रूप है। जगमोहन है। यह स्थान भी मोहनलाल का है। यमुना भी मोहन-प्रिया हैं। इसलिए तुक भी बैठता है। तुक बैठे, न बैठे।

यह संकल्प (?) हुआ तो विकल्प शांत हुआ। जैसे व्याधि। फिर कब नींद आ गयी।

यह सब मेरे मन की मन में ही है। कोई नहीं जिससे निज मन की व्यथा कहूँ? सुनकर सब मज़ा लेंगे। कोई मिल बाँटेंगे नहीं। वह तो मुझे अकेले ही झेलना है। इसलिए यह सब मन ही मन गोपन रखा। ऊपर से सिर्फ इतना कहा कि कमरा रखना है। और लौट आना है। हाँ धीरे-धीरे जितना चल सके उतना चलकर देखना है। क्योंकि बिना चढ़े मालूम कैसे होगा? तो सुबह सिर्फ चाय पीकर 6 बजे से चलना शुरू किया। अभ्यासवश गति से गति पकड़ गयी। या उनकी कृपा हुई? या कहाँ से ऊर्जा आ गयी? धीरे-धीरे-धीरे राम मंदिर। घंटी बजाकर हाजिरी लगायी। और आगे बढ़ गया।

यमुनोत्तरी के मध्य में यमुना जैसे अलोप हो गयीं। जैसे सुमध्यमा का मध्य गुह्य है। दोनों ओर तनी हुई जाँघें, कहीं-कहीं मस्त्रिण। वनस्पतियों के रोएं। कहीं-कहीं गुच्छे। नीचे अगम पाताल। ऊपर विभु आकाश। 'अहो डाकिनी, गुह्य वचन!'

ऊपर-ऊपर से ग्लेशियर, हिमनद, वामक! बर्फ का, पत्थर का रेला। उसमें यमुना जैसे लुप्त। फिर, निरंकार से ओंकार। ओंकार से फोंकार। फोंकार से ऊपर का आवरण

भेद कर पानी और पवन; पवन से फिर धारा। आदिम-अनादि स्रोत। जैसे इस अनादि प्रवाह में डूबकर पार हो गया। और कोई कष्ट से नहीं, सुखपूर्वक। अहो महासुख!

यह पार होते-होते भैरवघाटी-भैरव मंदिर। अब तो यमुनोत्तरी सिर्फ आधा घंटा। भैरव मंदिर में नागा बाबा का दर्शन हुआ। नग्न, निर्वाण दर्शन नहीं। सौजन्यवश एक कोपीन लगा रखी है। अन्यथा हैं दिगम्बर। दत्तात्रेय उनके इष्ट हैं। 'दत्त दिगम्बर माझे गुरु' तो हैं ही। दत्तात्रेय का हिमाद्रि में कैसे स्थान है? उनका स्थान सह्याद्रि है। किन्तु उन्हें वर प्राप्त है कि पृथ्वी उनके लिए अगम्य न रहे। सो क्या सह्याद्रि? क्या हिमाद्रि? वैसे पूजा दत्तात्रेय की है। लेकिन पंचपूजा है : शालिग्राम, ब्रह्मा, विष्णु, महेश की एक मूर्ति-दत्तात्रेय, हनुमान, भैरव और शिव। पहले यह भैरव मंदिर ऊपर पहाड़ में था। वह रास्ता था। जब रास्ता नीचे आया तो भैरव मंदिर भी। प्रतिमा वही है। काले पत्थर की है। मूर्तियाँ सबकी हैं : राधाकृष्ण, सीताराम, शिव-पार्वती। सर्व देव रक्षा करें। नागा बाबा कहते हैं कि सब त्याग कर दिगम्बर बना तो फिर एक मूर्ति पकड़ कर क्या बैठें?

पूर्व शरीर जनकपुरी (बिहार) का है। किशोरावस्था में संन्यास लिया। स्थान है : जूना अखाड़ा, हनुमानघाट, वाराणसी। जूनागढ़ मूल स्थान है। लेकिन वहाँ अब कुछ है नहीं। नागा हैं। यहाँ अच्छा नहीं मानते। इसलिए लज्जाङ्ग ढँक लेते हैं।

फिर रास्ता चौड़ा हो रहा है। "चौड़ा है वह रास्ता जो मृत्यु को जाता है"... अब भैरव मंदिर कहाँ से जाएँ? जोड़-तोड़ लगा रहे हैं। कभी ऊपर चले जाते हैं। ऊपर कहाँ? यमुनोत्तरी-बाबा रामभरोसे दास के यहाँ। हनुमान गुफा है। हनुमान जी की मूर्त्ति है। रामजी, जमुना जी, गोपालकृष्ण, शालिग्राम हैं।

++ ++ ++

यमुनोत्तरी के रास्ते में पंडित चन्द्रमणि वेदप्रकाश उनियाल, भारद्वाज गोत्र, शुक्ल यजुर्वेद शाखा, टकराते हैं। यमुनोत्तरी का महातम सुनाते हैं : संक्षेप में, सूर्य की दो पत्नियाँ हैं : संज्ञा और छाया। संज्ञा से यम और यमुना और छाया से शनि। इस प्रकार यम और यमुना तो सहोदर भाई हैं : और शनि भी भाई है। यमुना ने अपने भाई यम से यह वरदान माँगा कि जो यमुना में स्नान करे वह यम यातना से छूट जाए। यम ने कहा "एवमस्तु"। इसका क्या अभिप्राय है? क्या वह मरेगा नहीं? शायद अभिप्राय यह है कि मृत्यु का भय मृत्यु है। यातना है। मृत्यु नहीं। तो जो यमुनोत्तरी का दर्शन करे वह मृत्यु के भय

से छूट जाए। सो ही यम यातना से छूट जाना है। जो हो, शनि का भी जिस पर प्रकोप हो वह यमुनोत्तरी के दरस-परस से राहत महसूस करता है।

शनि का प्रसंग आया तो सिद्धार्थ मेनन की सूचना यह है कि खरसाली में मंदिर का देवता शनि है। उसका आवाहन-पूजन होता है। पुजारी उसे श्रद्धा से पूजते हैं। गाँव के लोग भी भय से, श्रद्धा से हाथ जोड़े खड़े रहते हैं। जब वह देवता आ जाता है तो पूछते हैं। प्रत्यक्षदर्शी का देखा-सुना है। गाँव के मुखिया के बेटे पर आफत-विपत पड़ी। तो देवता से पूछते हैं। वह नहीं बोलता। तो चिरौरी करते हैं। थोड़ा गुस्सा करते हैं। प्रार्थना करते हैं। तो मालूम हुआ कि लड़के ने ऐसा कुछ किया है जो उसे नहीं करना था। उसका प्रायश्चित्त है...।

शनि की दशा है, मकर राशि है, यह अवस्था है, इसमें सावधान रहना है। प्रवास कम करना है। फिर भी, यह देखने की तमन्ना है कि शनि क्या करता है? इस प्रसंग में शिव की कथा स्मरण हो आती है। कहते हैं कि एक बार किसी ने शिव से कहा कि शनि की दशा का बड़ा प्रभाव होता है। उन्होंने इसे चुनौती के रूप में लिया। पार्वती को अपने मैके हिमालय भेज दिया। अपने वाहन नन्दी को कहीं पठा दिया। अपने मानसरोवर के शीतल जल के तल में जाकर बैठ गये। बोले, देखें शनि मेरा क्या करता है? कहते हैं, शनि महाराज आये। बोले महाराज! उठिए, चलिए, बहुत हो गया। महादेव ने उसे ललकारते हुए कहा कि नहीं, तुम्हें जो करते बने सो करो। शनि ने हँसते हुए कहा, महादेव! अब और क्या करना है? पत्नी को अपने नैहर भेज दिया, वाहन को कहीं चरने, खुद ठंढे पानी के नीचे बैठे हैं, अब उससे ज्यादा आपका अनिष्ट क्या हो सकता है?

तो अब मेरा भी इससे ज्यादा शनि का प्रकोप क्या होगा? काशी विद्यापीठ छूटा, तो सारनाथ रहने लगा। वह भी छोड़ दक्षिण भारत में बेंगलूरु। वहाँ 'हरिद्वनम्' की कुटिया छोड़, उत्तरकाशी आया। उपासनी जी की 'कॉटेज' में रम रहा। अब वह भी छोड़ चट्टी-चट्टी भटक रहा हूँ। अब और क्या होना बाकी है?

जो हो, भैरव मंदिर के पंच पूजा का दर्शन किया। धूने पर बैठा। नागा बाबा ने पूछा, चाय चलेगी। मौन हो सकारा। धूने पर ही चाय बन गयी। नीबू की चाय। और चर्चा। नागा बाबा का और परिचय क्या? नाम जमुनागिरि। स्थान भैरव मंदिर। इष्ट दत्तात्रेय। अखाड़ा—जूना अखाड़ा। चाय पीते-पीते धूप आ गयी। सुबह का आठ बजा है। आठ बजे धूप आती है। अभी 7 मई को 13 फीट बर्फ रही है। जमुना में अभी

भी 30 फीट बरफ है। एक भगत ऊपर से एक बोरिया में बरफ भरकर ले आ रहा है। बाबा को भेंट करता है। बरफ का क्या करना है? यहाँ तो ऐसे ही ग्लेशियर आ रहा है। फिर भी, भगत की जिद पर दो-चार टुकड़ा रख लेते हैं। क्षण विश्राम कर हम आगे बढ़ते हैं।

काल भैरव काशी विश्वनाथ के कोतवाल हैं। उनकी आज्ञा बिना काशी में कोई रह नहीं सकता। उनका डंडा पड़ता है। उनके महातम से परिचित या मन की मौज से जो यात्री इधर से गुजरते हैं, वे भी बोलते जाते हैं, "जय भैरवनाथ की।" नागा बाबा उन्हें टीका लगाते हैं। वे कुछ दक्षिणा देते हैं। भैरव, शिव, महादेव के एक मात्र गण के रूप में अपना स्थान पकड़े हए हैं। अन्यथा यह वैष्णव स्थान बनता जा रहा है। जब कि *स्कन्दपुराणान्तर्गत* केदारखण्ड के अनुसार यह प्रधान रूप से शिवक्षेत्र है। वैसे वैष्णव-शैव नहीं हैं और यमुनोत्तरी है। हिमालय न शैव है, न वैष्णव, न बौद्ध। हिमालय तो हिमालय है।

जो हो, सो हो। अब तो लगता है कि चढ़ जाएँगे। एक-आध घंटे में यमुनोत्तरी धाम दीखने लगता है। पहले तो ग्लेशियर, एक नहीं, अनेक। फिर दो धाराएँ, हिमनील, जैसे पिघलता हुआ मणि-द्रव, ब्रह्मद्रव। फिर उनका संगम और यमुनोत्तरी। यमुनोत्तरी मंदिर का स्थापत्य और हनुमान गुफा मंदिर, सूर्यकुण्ड, पहले बाजार।

यमुनोत्तरी पहुँच कर लगा कि यह तो दिव्य स्थान है। यहाँ एक रात रहने का मन होता है। जैसी आपकी इच्छा। सो यमुनोत्तरी में एक दिन-रात।

अब फिर विकल्प है : स्वामी राम भरोसे दास के आश्रम में? या रामानन्द तीर्थ पुरोहित के आश्रम में? कहाँ रैन बसेरा हो? रामभरोसे दास का स्थान मंदिर संकुल से लगा हुआ है। गरम कमरा है। श्री रामानन्द आश्रम थोड़ी चढ़ाई चढ़कर है। जन-संसर्ग से थोड़ी दूर। और वहाँ साहित्य है। रामानन्द जी यमुनोत्तरी के जानकार और खोजी हैं। तो रामानन्द आश्रम।

पं. रामानन्द उनियाल के दामाद पं. रामानन्द डबराल आश्रम का प्रबंध देख रहे हैं। उन्होंने कमरा नं. 10 खुलवा दिया। विश्राम करने को कहा। पहले चाय। विश्राम कर, स्नान सूर्यकुण्ड में। वहाँ स्त्री-पुरुषों की भीड़ और उनकी निगरानी करते हुए दो पुलिस के जवान! शायद किसी यात्री की पैंट से 30-35 हजार रुपया, घड़ी, अँगूठी वगैरह कोई उड़ा ले गया। तब से चौकी-पहरा बैठ गया। महातम तो उस कुण्ड में नहाने का

है। युवा-युवती के लिए उसमें मजा भी है। किन्तु मुझे वह रास नहीं आता। बाबा रामभरोसे दास से प्रार्थना करता हूँ। वह स्नान के लिए अलग बाल्टी, लोटा दिलवा देते हैं। जल तो वही है, सूर्यकुण्ड का गरम और नल का ठंडा। मिलाकर एकान्त स्नान होता है।

पं. रामानन्द (आयु प्रायः 72-74 वर्ष) दिव्य शिला के सामने पूजा करा देते हैं। पहाड़ के तल पर एक अनगढ़ शिला है। कुछ-कुछ गुलाबी आभा से युक्त। अमूर्त्त कला-सरीखी। बनावटी नहीं, खुद उपजी है। उसके सामने एक तप्त कुण्ड है। वह एक पत्थर के ढक्कन से ढँका हुआ है। जैसे शील का ढँकना है। नीचे गरम खौलता जल, भाप और गंध है। रस-रहस्यमय। राग-रक्त-रंजित। तप्त वासना कुंड है। अमृत तत्त्व है। गुह्य और गोपन है। यमुनोत्तरी योनि तीर्थ है।

यह मूल स्थान है। मंदिर बाद का है। उसमें मूर्ति हाल-हाल की है। जयपुर से बनकर आयी है। मंदिर में पूजा के बजाय मूल आदि स्थान पर विधिवत पूजन होता है। ''ॐ अपवित्रः पवित्रो वा सर्वावस्थां गतोपि वा यः स्मरेत् पुण्डरीकाक्षं स बाह्याभ्यंतरः शुचिः'' से प्रारम्भ कर आवाहन से नमस्कार तक। आवाहन का मंत्र है :

ॐ नमो भगवत्यै कलिन्दनन्दिन्यै सूर्यकन्यायै यमभगिन्यै श्रीकृष्णप्रियायै यूथीभूतायै स्वाहा। ॐ ह्रीं श्रीं क्लीं कालिन्द्यै देव्यै नमः आवाहयामि यमुनादेव्यै नमः।।

ॐ भगवती, कालिन्दनन्दिनी, सूर्यकन्या, यमभगिनी, कृष्णप्रिया, सब भूतों के लिए स्वाहा। ॐ ह्रीं श्रीं क्लीं, कालिन्दी देवी का मैं आवाहन करता हूँ। हे यमुना देवी तुम्हें नमस्कार है।

एक-एक पद के साथ एक कथा जुड़ी हुई है। यमुनोत्तरी में सती की योनि कट क्रर गिरी है, इसलिए योनिपीठ है। कलिन्द पर्वत पर उसने तप किया है, इसलिए कालिन्दनन्दिनी है। कभी कहते हैं कि कालिन्द की प्राप्ति के लिए तप किया है, इसलिए कालिन्दी। श्रीकृष्ण की प्रिया तो प्रसिद्ध ही है। उनकी लीला के लिए द्वापर के पहले ही जमुना वृंदावन-मथुरा में अवतरित हो गयी। वृंदावन में राधा सहित सहस्त्र गोपियों के साथ यमुना तीरे रास रचाते हैं। कालिय दमन, चीर हरण, गोवर्धन धारण, आदि लीला करते हैं। मथुरा में यमुना विश्राम करती हैं। सो विश्राम घाट है। कभी कृष्ण के लिए उन्होंने कुरुक्षेत्र में कठिन तप किया है। कृष्ण ने उन्हें पटरानी बनाया। आठ पटरानियों में कालिन्दी हैं। शंकराचार्य ने यमुना की स्तुति में उन्हें 'मुरारी प्रेयसी' कहा है। सूर्य की

कन्या तो प्रसिद्ध हैं। यम की बहन हैं। शनि की भी।

पं. रामानन्द ने यम यातना से मुक्त होने के प्रसंग में एक नयी बात बतायी। यमुना ने अपने भाई यम से वर माँगा कि जो मेरे पास आये, जल में स्नान-आचमन करे, वह यमयातना से मुक्त हो जाए। तो यम ने कहा कि यह कैसे हो सकता है? यमुना में तो बहुत से लोग नहाते हैं। सब मुक्त हो जाएँगे तो कैसे बनेगा? इस पर यमुना ने सुझाया कि यमुनोत्तरी में मेरा अरुणोदय हुआ है। मेरा बाल्यकाल बीता है। यहाँ आना दुरूह है। जो यमुनोत्तरी का दर्शन करें, स्नान-पूजा करें, वे यम यातना से मुक्त हो जाएँ। इस पर यम ने कहा ''एवमस्तु''।

तो यह बात है। नहीं तो जमुना में नहाकर दिल्ली वाले सब मित्र मुक्त हो जाएँगे। तो नरक कौन जाएगा?

स्वामी रामभरोसे दास (आयु प्रायः 65 वर्ष), मूल शरीर नेपाल का है। अयोध्या में रामानन्दी सम्प्रदाय में दीक्षित हैं। सन् 1967 से यमुनोत्तरी के नीचे नहीं उतरे। कहते हैं कि यहाँ से गये तो गये। इन दिनों जो भीड़ आयी है उससे जैसे अस्वस्थ हैं। भीड़ छँट जाएगी तो फिर स्वस्थ हो जाएँगे। जनसंसर्ग से दूर यहाँ बैठे। यहाँ भी भीड़। अब कहाँ जाएँ?

यमुनोत्तरी मंदिर के बारे में बताते हैं कि कई सौ साल पहले एक महात्मा वृंदावन से आये। यमुना के किनारे खोजते-खोजते यहाँ तक पहुँचे। यमुनोत्तरी की खोज की। फिर टिहरी महाराज के पास गये। उनसे कहा कि आपके राज में ऐसा स्थान है। राजा ने मंदिर बनवाकर कृष्णा यमुना और श्वेता गंगा की मूर्ति बैठा दी। वह प्राचीन मूर्ति तो ग्लेशियर ले गया। यह मूर्ति एक साल हुए जयपुर से लायी गयी। यम की बड़ी मूर्ति है। यमुना छोटी हैं। यमुना इस मूर्ति में उग्र रूप हैं, जैसे जीभ निकाले हुए हैं। कुछ-कुछ काली की छाया है। यमुना कृष्णा हैं, किन्तु काली नहीं। गंगा की सफेद संगमरमर की मूर्ति है, जैसी जयपुर में बनती है। पुरोहित खरसाली के पंडित हैं।

इतिहास से वृंदावन के महात्मा की कथा की पुष्टि नहीं होती। ऐतिहासिक दृष्टि से : ''यमुनोत्तरी का लकड़ी से निर्मित मन्दिर सर्वप्रथम सुदर्शनशाह ने सन् 1850 के लगभग बनवाकर उसमें यमुना की मूर्ति स्थापित करवायी थी।

''दिव्यशिला और सूर्यकुण्ड से बीस फीट की दूरी पर अब लकड़ी के मन्दिर के स्थान पर पत्थर से बना प्रतापशाह द्वारा बनाया गया 20×22 फुट आकार में अत्यन्त

सामान्य वास्तु आकृति में परिवर्तित हो गया है।'' (डॉ. सुरेन्द्र सिंह मेहरा, *उत्तरकाशी के धार्मिक एवं पर्यटन स्थल,* नई दिल्ली : तक्षशिला प्रकाशन, 1998, पृष्ठ 92-93)।

एडविन टी. एटकिंसन, *द हिमालय गजेटियर,* खण्ड-3, भाग-1 (पुनर्मुद्रित 1996, प्रथम संस्करण 1886, पष्ठ 374-75) के अनुसार—''जमुना बंदरपुंछ या जमुनोत्री नामक पर्वत समूहों या शिखरों से 10,849 फीट की ऊँचाई पर निकलती है।''

हॉजसन के अनुसार—''जमुना का मुख्य स्रोत जमुनोत्री के गरम कुण्ड से 500 फीट उत्तर-पश्चिम है, जहाँ पर्वत की खड़ी चढ़ाई है और जो हिम और बर्फ से ढँका हुआ है।''

यह सही नहीं है। प्रामाणिक स्रोतों की सूचना है कि यमुनोत्री यमुना का उद्गम नहीं है। उद्गम सप्तऋषि कुण्ड है जो यमुनोत्तरी से प्रायः 12 किलोमीटर दूर 18,000 फीट की ऊँचाई पर है। कुछ रास्ता बना है, कुछ बन रहा है। गढ़वाल मंडल विकास निगम के यमुनोत्री धाम के प्रबंधक श्री दानसिंह बिष्ट की सूचना है कि युवक-युवतियाँ एक दिन में जाकर लौट आ सकते हैं। कैम्प यमुनोत्तरी में करें। यहाँ से वे 'गाइड' दे सकते हैं। जाएँ, लौट आएँ। 18,000 फीट की ऊँचाई पर कैम्प करने में ऑक्सीजन की कमी आदि की समस्याएँ हैं।

सप्तऋषि कुण्ड से एक धारा पश्चिम, एक धारा दक्षिण निकलती है। दोनों संगम करती हैं। वैसे सहस्त्र धाराएँ हैं। इसलिए यमुना का ठीक-ठीक उद्गम कहाँ है? यह जानना कठिन है। शायद जिज्ञासा करना भी ठीक नहीं। ऋषि का कुल और नदी का उद्गम न जानना ही ठीक है।

हाँ, हनुमान गुफा मंदिर में सायंकाल प्रश्न उठाया : यमुनोत्री कहें कि यमुनोत्तरी? निर्णय हुआ कि यमुनोत्तरी। महातम है कि यमुना यहाँ उत्तरवाहिनी हैं, इसलिए यमुनोत्तरी। या यमुना जहाँ उत्तर से बहती हैं वह यमुनोत्तरी। इसलिए मैंने यमुनोत्तरी लिखा है। अन्यथा ज्यादा प्रचलित यमुनोत्री है।

यमुनोत्तरी का महातम इसलिए है कि यहाँ यमुना पर्वत स्तनमण्डल से मृत्युमण्डल में उतरीं, भूतल पर अवतरित हुईं। इसलिए भी कि यमुना ने यहाँ तप किया है। सूर्यकुण्ड से तप्त जल की उत्पत्ति का कारण उनका तप है। कलिन्द पर्वत पर तप किया, इसलिए कालिन्दी। कलिन्द ने इन्हें पत्नी के रूप में स्वीकार किया। कलिन्दनन्दिनी भी यमुना का नाम है। कलिन्द 'कन्त के कन्त, पिता के पिता!' यमुना कृष्णप्रिया तो हैं ही। रसमय हैं। श्री

पत्नी हैं। पत्नी कहाँ रसमय होती हैं? प्रेयसी हैं। सरस हैं।

कलिन्द पर्वत की जड़ पर बैठकर हम यह बात कर रहे हैं। यह बंदरपुंछ की शृंखलाओं में है। यह गढ़वाल कैलास से जुड़ा हुआ है। गढ़वाल कैलास का रास्ता खरसाली से है। जो जानते हैं, वे यात्रा करते हैं। जो भी पर्वतों में श्रेष्ठ है, सो कैलास है। ऐसा किन्नर कैलास, कुमाऊँ कैलास, भरमौर कैलास देख-सुन चुका हूँ। गढ़वाल कैलास के बारे में यहाँ सुन रहा हूँ। तो कल्पना करता हूँ कि कैसा है गढ़वाल कैलास?

पं. रामानन्द डबराल की सूचना है कि गढ़वाल कैलास पर्वत की शृंखला से जुड़ा एक स्थल महाकालीपीठ है। तांत्रिक पीठ है। वैसे यमुनोत्तरी भी। यहाँ आगम-निगम सम्मत पूजा का विधान है। तांत्रिक पूजा-विधि भी *साधना पद्धति* (संकलन : स्वामी भरोसे दास, सम्पादन—पण्डित रामानन्द डबराल, यमुनोत्री धाम, 1998) में संकलित है। जो हो, कालीपीठ में परम्परा रही नहीं। टूट गयी। सन् 1992 में पण्डित रामानन्द वहाँ गये। एक सप्ताह का महाकाली का अनुष्ठान किया। अनुष्ठान चालू था। उनके साथ जो एक व्यक्ति था उस पर महाकाली का गण (अग्नि बाण) अवतरित हो गया। उसने अपना नाम बताया। भयंकर अग्नि जल रही थी। वह उसके बीच आसन लगाकर बैठ गया। बाल, चमड़ा, कपड़ा आदि कुछ नहीं जला। अनुष्ठान के बाद जब हवन किया तो बिल्कुल निर्मल आकाश था। लोगों ने शंका भी की कि अगर यहाँ आद्या काली का स्थान है तो हवन के साथ बरसात होनी चाहिए। जैसे ही हवन के बाद आचमन किया, चौखम्भा से भयंकर बिजली चमकी। पहले तो मोटी-मोटी बूँदें गिरीं। फिर हिमपात। तब लोगों को विश्वास होना ही था। घटना प्रत्यक्ष थी। उस समय राजाधिराज योग चल रहा था। प्रथम महाविद्या से वहाँ अनुष्ठान हुआ।

वह तो ध्यान रहा। धारणा? हमारी धारणा की शक्ति कम हो गयी है। इसमें कुंडलिनी विशेष है। सारा खेल कुंडलिनी का है। कुंडलिनी का तो जागरण करना ही है। वही तो मूल अग्नि है। मूलाधार चक्र में सर्पिणी की तरह कुंडली मार कर बैठी है।...

आज सोमवती अमावस्या का सिद्ध दिन है। क्या इस दिन श्री यमुना यंत्र मिल सकता है? सोने, चाँदी, ताँबा जिस पर जिसकी श्रद्धा हो यंत्र उकेरा जा सकता है। किन्तु भोजपत्र पर यंत्र का महातम कुछ और है। पंडित रामानन्द के पास भोज-पत्र है। आज सिद्ध रात्रि है। अष्ट गंध से युक्त सामग्री से लिखकर वह यंत्र मुझे देते हैं। उसे धारण करने की विधि भी। मेरे तो किस काम का? किसके काम का है? आज किसको श्रद्धा-

विश्वास है?

सोमवती अमावस्या है। नील, निःशब्द आकाश है। फिर भी उजास है, भूताकाश में और चिदाकाश में भी। व्रत रखकर एकान्त ध्यान-भावना करता हूँ। इस क्षण तीर्थ जैसे नहीं है। तीरथ में तो माया है। महाठगिनी है। गरम पानी है। योनि तीर्थ है। तप्त कुण्ड है। रसमय है। शील से ढँका है। गुह्य है। मेरा एकान्त कोना शांत है। अमावस्या की रात है। तो मंत्र जगा लेता हूँ। या मंत्र मुझे। हे मन! यह प्रथम और अन्तिम दर्शन है। तो तीर्थ पुरोहित की बही में अपना नाम, कुल, गोत्र, बंधु-बांधवों का नाम लिखता हूँ। ताकि सनद रहे। वक्त पर काम आये, न आये। अब बही खाते भी कौन जतन से रखता है?

जो हो, मेरा तो अन्तिम दर्शन है। प्रीत हूँ। कृतज्ञ हूँ कि यमुनोत्तरी का दरस-परस हुआ। हस्ताक्षर करता हूँ। और रेखा खींच देता हूँ। इति शुभम्।

।। इति यमुनोत्तरी यात्रा ।।

यमुना से संवाद

यमुनोत्तरी, 25 मई, 1998.

सोमवती अमावस्या की रात है। आकाश में उजास है। मन में भी। आकाश में तारामण्डल बड़ा-बड़ा दीखता है। और दिप्-दिप् करता है। उत्तर दिशा में मेरा खोया हुआ सप्तर्षि मण्डल दीखता है। नीचे के दो तारों की सीध में धुर उत्तर, ध्रुवतारा। जैसे जीवन का खोया हुआ ध्रुवतारा मिल गया। किसी को दिखा नहीं सकता, उससे राग दृढ़ होता है, जैसे ध्रुव।

सोमवती अमावस्या है। व्रत रखा। सिर्फ कंद और दूध लिया। तो देह हल्की है। चित्त-वृत्ति भी। एकांत कमरे को गंधकुटी बना ध्यान करने बैठा। उत्तराभिमुख। सामने दीवाल है। पीठ पीछे नख्त मण्डल की और हिम शिखरों की उजास झाँक रही है। सूर्यकुण्ड का ताप दूर है। तीर्थ दूर है। जन संसर्ग दूर है। ध्यान लग जाता है। सहसा कमरा जैसे सुगंध से भर जाता है। सुहागन की सुगंध। कामगंधहीन गंध। न बहुत तेज, न मंद। कमरा, उजियार है। जैसे अमावस्या की रात न हो, पूनम की रात हो। और भीनी-भीनी चाँदनी सरीखी आभा। उसका बखान नहीं कर सकता। लेकिन कमरे में उसे महसूस करता हूँ। वह काल्पनिक नहीं है, है। वास्तविक है। पूछता हूँ, 'कौन?'

तो जैसे कोमल दृप्त कंठ से स्नेह से डाँटती है : 'मैं कौन? अब पहचानते भी नहीं। दूर से चलकर ड्योढ़ी पर आते हो। साँकल खड़काते हो। मंत्र पढ़कर, बुलाते हो। और आने पर पूछते हो कौन?'

मन ही मन लज्जित हूँ। 'क्षमा प्रार्थी हूँ, यमुना! क्षमा करें देवि!...'

'फिर वही स्तुति न शुरू करो। वह तो कवियों का कल्पना-जाल है। लेकिन यह तो बताओ कि किस स्त्री के ध्यान में हो? बेशर्म की तरह किसका ध्यान करते बैठे हो?'

मैं जैसे अनचक्के में पकड़ लिया गया। 'नहीं, आपका ही तो..'

'मेरा? मैंने तो तुम्हें अपना स्वरूप वहीं दिखा दिया। जब तुम यात्रा पर चले उसके भी पहले देवीधार पर रेणुका के मंदिर चढ़कर आये थे। याद है न? मैंने एक कुँआरी कन्या का रूप धर कर, अपनी ओर से बढ़कर तुम्हारे हाथ में श्रीफल का प्रसाद दिया था और थोड़ा सा अपना हाथ छुआ भी दिया था। तुम्हें शायद वह स्पर्श अच्छा भी लगा था। शायद, इसीलिए कल रात जानकी चट्टी पर तुमने मुझे 'आह्लादिनी स्वरूपिणी' कहकर याद किया था। ...लेकिन यह तो राधा के लिए कहते हैं। कहीं...। हाँ, तुम उस शाम भी मेरी अनदेखी कर उस पाषाण प्रतिमा की ओर बढ़ गये थे, जो अंधेरे बंद कमरे में कैद है। खुले आकाश के नीचे और धरती पर जो साक्षात् कुँआरी कन्या है वह जहाँ की तहाँ है। तुम्हें याद हो कि न याद हो।'

'नहीं, हाँ, हाँ, नहीं...'

वह सर्पिणी सी फुँफकारते हुए बोली, 'यह क्या भाषा है? साँप जैसी दुमुँही!...

अमावस्या की रात हमारे उनके बीच आ गयी। बहुत देर तक न वह बोलीं, न मैं।

फिर उन्होंने ही बात बढ़ायी। 'हाँ, आज भी जब स्नान कर तुमने मंत्र से पवित्र हो कर दिव्य शिला का पूजन किया, तो तीर्थ पुरोहित पं. रामानन्द ने मेरा स्वरूप दिखा दिया। वह पत्थर के ढोंके से ढँका तप्त कुण्ड, ढँकना हटने पर वह वासना का खौलता प्रवाह और भाप और गंध। तुमने भर आँखों देखा भी। कोई शर्म से या नग्न रूप की चका-चौंध से आँख बंद नहीं की। है न!'

'हाँ, देखा तो।'

'फिर यह यमुना यंत्र का क्या चक्कर है? यंत्र-तंत्र क्या? यंत्र तो उसका प्रतीक मात्र है। सीधा-उल्टा त्रिभुज तो स्त्री-पुरुष का यंत्र और बिन्दु, इसमें ही सृष्टि का रहस्य है। यह तो काया में है। यह तीर्थ तो अपनी काया में है। यमुनोत्तरी, गंगोत्तरी, केदारनाथ, बदरीनाथ, काशी, मथुरा, प्रयाग, पुरी, रामेश्वरम्, द्वारिका सब तो यहीं हैं। चौरासी अंगुल के इस पुतले में है। फिर यंत्र क्या? मंत्र क्या? 'ॐ ह्रीं श्रीं क्लीं' क्या? 'ॐ मणि पद्मे हुँ' क्या? सूर्य-चन्द्र, गंगा-जमुना, कमल-कुलिश, मणि-पद्म यह तो शब्द है, नाम है, संज्ञा है, यह वह चीज़ थोड़े ही है। पद पदार्थ नहीं। यमुना यंत्र यमुना नहीं। जब यमुना का साक्षात्कार हो गया तो यंत्र क्या जरूरी है?'

वह आवेश से कहती गयीं : 'फिर कहाँ का भोज-पत्र? कहाँ अष्टगंध? भोजबासा

तक में तो भोज का वृक्ष है नहीं। यहाँ कहाँ? और तुम्हारे पास तो किन्नर देश से सीधे भोजवन से लाया ढेरों भोजपत्र पड़ा है। उसका न तो तुम इस्तेमाल करते हो, न किसी को देते हो। वह नष्ट ही होने वाला है। उसके मुकाबले कहाँ यह चुटकी भर का भोज-पत्र? और तीर्थ में अष्ट-गंध कहाँ? अष्ट गंध है : केसर, कस्तूरी, गोरोचन, सफेद चन्दन, लाल चन्दन, अगर, तगर तथा सिन्दूर। तीर्थ में यह कहाँ मिलते हैं? तीर्थ में सुगंध कहाँ? यहाँ तो दुर्गंध है। सुगंध तो जाने कहाँ खो गयी? देखा नहीं, बाबा रामभरोसे दास बीमार है। उसे कोई देह की बीमारी थोड़े ही है। यही ताप है।'

'...हाँ, वह तो लगता है।'

'फिर, सब देख-सुन कर इसमें क्यों पड़ते हो? यह यात्रा, चारों धाम की यात्रा, यह सब गँवारों के लिए है। तुम्हें यहाँ आकर क्या मालूम हुआ? जो पहले से नहीं मालूम था?'

मैं सिर्फ सम्भ्रमपूर्ण श्रद्धा से सुनता रहा।

'चुप क्यों हो? शायद कहोगे कि मेरा उद्गम देखने आये हो। वह तो तुम जानते ही हो कि नदी का उद्गम और ऋषि का कुल नहीं ढूँढ़ना। वैसे मैं तो अनादि प्रवाह हूँ। जो आरंभ है, उसका आरंभ। जो स्रोत है उसका स्रोत! इसलिए तो कोई उद्गम नहीं है, और मैं हूँ।'

फिर एक क्षण की चुप्पी। अमावस्या की रात की चुप्पी।

'हाँ, और यह दान-दक्षिणा क्यों? तुम्हारी पूजा तो तुम्हारा लिखना-पढ़ना है। अपने आनन्द के लिए लिखना, लिखने के आनन्द के लिए लिखना, यही तुम्हारी पूजा-अर्चना है। फिर, तुम्हें कर्मकाण्ड में श्रद्धा भी नहीं है। शिष्टाचारवश जितना देते हो वह तो खोते ही हो, अपनी आस्था भी खोते हो। है न?'

'सो तो है।'

'फिर, यह गोत्र का क्या चक्कर है? तीर्थ पुरोहित ने कह दिया कि गौतम गोत्र के उसके जजमान होते हैं, जैसे काशी नरेश। अब कौन काशी नरेश? कहाँ के काशी नरेश। वह तो भूतपूर्व हैं : भू.पू.। फिर भी, गोत्र के अभिमान से लगा कि आप ही काशी नरेश हैं। अच्छी-खासी, दक्षिणा देते हो, जिसकी इन्हें उम्मीद नहीं।'

'नहीं, काशी नरेश तो सचमुच भूतपूर्व हैं। उनका वह गौरव नहीं। बुद्ध और नचिकेता का तो है।'

'उन्हें क्यों अपने गोत्र में घसीटते हो? सिद्धार्थ गौतम था, बुद्ध तो बुद्ध हैं, वे तो बुद्ध गोत्र के हैं। उन्हें गौतम तो पहचान के लिए, बल्कि नीचा दिखाने के लिए, जाति, गोत्र, कुल में बाँधने के लिए कहते हैं। वे तो गोत्र से परे हैं। अपद हैं। वैसे ही वाजश्रवस गौतम हैं। नचिकेता उनके पुत्र हैं। किन्तु उन्हें तो उनके पिता गौतम ही यम को दे देते हैं। वह तो भला हो नचिकेता का कि वह उनकी शांति की कामना करता हुआ यम से वर माँगता है कि मेरे पिता गौतम शांत संकल्प हों, सुमना हों, मेरे प्रति अच्छा भाव रखें और लौटने पर मुझे पहचानें। यह जानकर कि उनके पिता गौतम हैं, तुमने नचिकेता को भी अपने गोत्र में घसीट लिया। नचिकेता की ख्याति तुम्हारे गौतम गोत्र के कारण नहीं है। यम से संवाद के कारण है। जब वह पूछता है कि कोई कहते हैं कि मरने के बाद वह है, कोई कहते हैं नहीं है। तो हे मृत्यु के देवता! आप बताओ कि वह है? या नहीं? तो यह जो आखिरी जिज्ञासा है, उसके कारण नचिकेता का स्मरण-वंदन होता है। उसे भी अपने ही गोत्र में पतित कर क्या पाओगे?'

'नहीं, पाना क्या है? बस एक पहचान है।'

'यह सब मिथ्या अभिमान है। जाति, गोत्र, कुल, देश जितना है उतना है, नहीं है सो भी नहीं। लेकिन उसे इतना तानना क्या? उसका अभिमान क्या? अभिनिवेश क्या? वह तो अस्मिता की तरह क्लेश का कारण है।'

'सो तो है। फिर भी...'

'फिर भी क्या?'

'यह गौरव भाव तो जगता है कि उस गौतम गोत्र का हूँ जिसमें गौतम बुद्ध हैं, नचिकेता हैं...। हम उन्हें कैसे भुला कर आगे बढ़ सकते हैं?'

'यह तो तुम्हारी जोंक वृत्ति है।'

'सो क्या है?'

'जोंक को कभी गौर से देखा है?'

'नहीं, जोंक को क्या देखना? लग जाती है तो खून चूसती है। उसे तो झटक ही देना है।'

'नहीं, उसे गौर से देखो। वह अपनी पिछली सूँड एक जगह गड़ाये रखती है। और अगली सूँड निकाल कर टोह लेती है। जब वह कहीं और ठाँव पा जाती है, जहाँ खून है, तो वह सूँड वहाँ धँसाती है, और तब पिछला पाँव उठाती है। अन्यथा नहीं।

यह जोंक वृत्ति है। यह जोंक वृत्ति छोड़ो।'

'और हाँ, यह अकस्मात्-भय क्यों?'

'क्या आप मुझमें यह देखती हैं?'

'हाँ, दूर क्यों जाते हो? जब जानकी चट्टी से चले तो वह कमरा क्यों नहीं छोड़ दिया? वह कमरा रखे हुए हो कि यहाँ नहीं जमा तो वहाँ लौट जाओगे। कमरा छोड़ देते। यहाँ नहीं जमता तो लौट जाते। वहाँ क्या कमरा नहीं है? वह नहीं तो उससे अच्छा, बुरा, न अच्छा-न बुरा कुछ तो होता? वह तो चट्टी है, सराय है। सराय में कभी अच्छा, कभी उतना अच्छा नहीं होता। लेकिन गुजर-बसर तो हो ही जाती है। चिड़िया रैन बसेरा है। चिड़िया भी अपने दो पंख लेकर उड़ जाती है।...'

'नहीं, वह बात नहीं। मैं सोचता था, कि मैं चढ़ नहीं पाऊँगा। तो लौट जाऊँगा।'

'फिर वही बात! अगर चढ़ नहीं पाते, अकस्मात् कोई साँस आखिरी हो जाती, एक साँस जाती और लौट कर नहीं आती, या दूसरी नहीं आती। तो? तो मर जाते। यही न? तो फिर इस पृथ्वी पर तुम्हें कमरे की जरूरत कहाँ होती, जो कमरा रखा!'

'नहीं, मुझे अपने मरने का उतना डर नहीं, जितना दूसरों को मुसीबत में डालने का है। उन्हें मेरे मरने पर लाश ढोने, जलाने वगैरह का चक्कर पड़ जाता।'

'हाँ, हाँ, देखो इसमें भी पेंच है। जब तुम सचमुच मर ही जाते तो तुम वहाँ कहाँ होते? फिर जो होता सो होता। दाह-संस्कार होता, कि कहीं खड्ड में डाल जाते, चील गिद्ध खाते, महामहोत्सव करते। नहीं करते। तुम क्या देखते?'

'नहीं, मरने के बाद देखना-सुनना कहाँ? लेकिन ऐसे कौन छोड़ देता? नहीं तो परदेस में मरना तो सचमुच अच्छा है। जहाँ अपना कोई नहीं। लेकिन उन्हें चिन्ता हो जाती। वैसे मैंने कह रखा है कि अकस्मात् जहाँ मृत्यु, वहीं दाह, वहीं मुक्ति।'

'हाँ, सो तो मालूम है। लेकिन अगर इतनी ही चिन्ता है तो फिर यमुनोत्तरी यात्रा क्यों? यह तो मानी हुई दुर्गम यात्रा है। इतना तो हिमालय यात्रा करते जानते ही हो। इसी दुर्गम यात्रा से गुजर जाने के बाद मृत्यु का भय निकल जाता है, वही यम यातना से मुक्ति है। उसी के लिए यह कल्पना-जाल है। यम-यमुना का संवाद इत्यादि है। हाँ, जैसे याद है न कि बचपन में बनारस में भालू पर बैठाते थे। जिससे भालू का भय निकल जाता था। वैसे ही यमुनोत्तरी यात्रा से मृत्यु का भय निकल जाता है। मृत्यु का भय ही मृत्यु है। यम यातना है। समझे?'

'हाँ, समझ गया।'

'क्या समझे? ख़ाक-पत्थर। सब देखते-सुनते-समझते, इससे छूटते क्यों नहीं? बाज़ क्यों नहीं आते? फिर-फिर आते हो। फिर-फिर जनमते, फिर-फिर मरते हो। होते भी हो, मरते भी हो। ख़ाक हो जाते हो, फिर उठते हो।'

'नहीं, देवी! सच मानिए। यह मेरा प्रथम और अन्तिम दर्शन है।'

अब कालिन्दी ने समस्त प्रेम जैसे उँड़ेल कर उनकी जैसी मीठी बोली में कहा, 'बुरा न मानो! अपना जानकर इतना कहती हूँ, गैरों को थोड़े ही। तुमने बहुतों को देखा-सुना। अब अपना कोई साज़ उठाओ। कोई अपना राग सुनाओ। अपनी रागिनी गाओ। कोई सुनेंगे। कोई, अनसुनी करेंगे। कौन है जिसे सब सुनते हैं?'

मैं एक चुप, हजार चुप।

'यह तो योनि तीर्थ है। हे गौतम! तुम्हारा यहाँ क्या काम है? बहुत जिज्ञासा भी अच्छी नहीं। जिस गाँव जाना नहीं उसकी राह क्यों पूछना?'

'जरा देखो तो, तुम पढ़-लिखकर भी कितना अनजान हो, प्रेम करते हुए भी कितने प्रेमहीन हो, शांत दीखने पर भी कितने अशांत हो।'

'अमावस्या की रात है। आधी रात का भी पिछला पहर है। शांत संकल्प हो। शवासन में पड़ रहो। फिर, सो जाओ। और सुबह सूरज और तीर्थ के जागने के पहले यहाँ से निकल जाओ। बिखरो मत, समेटना सीखो।'

फिर, एक क्षण की चुप्पी। दीर्घ रात्रि की चुप्पी।

यह अमावस्या की रात है। फिर भी गंध कुटी में उजास है। और सुगंध है। धीरे-धीरे वह दिव्य प्रकाश जैसे आकाश में समा जाता है। अपना स्पर्श छोड़ जाता है। अगरु-धूप जल जाती है, अपनी सुगंध छोड़ जाती है।

मौन हूँ। प्रीत हूँ। कृतज्ञ हूँ। दिन में यमुनोत्तरी का दरस-परस हुआ। और रात में यमुना से यह साक्षात्कार हुआ। यह उनका अंतिम आदेश है।

यह सोमवती अमावस्या की रात है। धीरे-धीरे-धीरे मैं उठता हूँ। तीर्थ पुरोहित की बही में हस्ताक्षर करता हूँ। और एक रेखा खींच देता हूँ। इति शुभम्। भवतु सब्ब मंगलम्।

।। इति यमुनोत्तरी यात्रा ।।

अथ कुम्भ माहात्म्य

1
प्रथमोल्लासः

प्रयाग के कुम्भ क्षेत्र से लौटा हूँ। शरीर बनारस में है। चित्त का एक अंश भी। एक सूक्ष्म शरीर और चित्त अभी प्रयाग के कुम्भ में ही रम रहा है। इससे मैं पूरी तरह स्वस्थ नहीं महसूस कर रहा हूँ। कभी-कभी लगता है घुमटा आ रहा है। स्थूल शरीर वगैरह कहीं हो, सूक्ष्म कहीं और, और उसके परे कहीं और, तो क्या ऐसा ही होता है? पता नहीं। कुछ हो तो रहा है। लेकिन वह ठीक-ठीक क्या है? कुछ पकड़ में नहीं आ रहा है। जब तक यह चक्कर समझ में न आए कि क्या है? क्यों है? तब तक वह भला दूर भी कैसे हो सकता है? यह दूर तो होना ही है। ऐसे कब तक चल सकता है? एक कुम्भ ही नहीं है। दूसरे बहुतेरे काम हैं। वैसे भी यह ठीक नहीं। लेकिन रास्ता क्या है?

चित्त कहाँ अरुझ गया है? यह देख सकूँ तो उसे वापस बुला लूँ। लेकिन यह क्या इतना आसान है? चित्त की गति चित्त ही जानता है। और वह मेरे पास नहीं। खोये हुए व्यक्तियों की जो सूचना मेले में सुनायी जा रही है उससे अगर कहलाने जाऊँ तो वह क्या कहेगा? मैं कहूँ कि मेरा चित्त कहीं खो गया है, जहाँ कहीं हो वह मेरे पास चला आए। तो...

यह तो कोई बात नहीं हुई। न मैं कोई बालक हूँ, न कवि, न पागल। कुम्भ क्षेत्र में ही कहीं होगा। राग-विराग के संगम में नहाता-धोता होगा। घूमता-फिरता होगा। आ ही जाएगा। ऐसा सोचते हुए पल, प्रहर, दिन, रात बीतते गए। कई दिन बीत गए तो मुझे चिंता हुई। ऐसा तो कभी हुआ नहीं। बहुतेरी यात्रा करता हूँ। आसेतु हिमालय भटकता हूँ। फिर लौटता हूँ। कभी-कभार कोई राग शेष रहता है। तो भी बहुत कर के

स्वस्थ लौटता हूँ।

यह किसी से कहने लायक भी नहीं। किससे कहूँ? क्या कहूँ? खुद ही ध्यान से देखूँ। आखिर यह माजरा क्या है? मेरा चित्त कहाँ है?

लगता है यह कुम्भ को जान लेने में लगा हुआ है। समझ में नहीं आ रहा है कि यह क्या चीज है जो इतने लोगों को अपनी ओर खींचती है? इतने किसिम-किसिम के लोग कुम्भ पर्व पर क्यों प्रयाग आते हैं? कुम्भ में क्या धरा है? क्या माहात्म्य है? इसी खोज में मेरा चित्त लगा हुआ है। हाँ, जब चित्त कहता हूँ तो उसमें मन, बुद्धि, अहंकार सबको शरीक करता हूँ।

कुछ समझ में नहीं आता। एक सूत्र पकड़ कर चलता हूँ। कुछ दूर आगे बढ़ता हूँ। जब कुम्भ मेले में वह सूत्र खो जाता है। दूसरा सूत्र, तीसरा...विकल्प ले कर चलता हूँ, वह भी किसी नतीजे तक नहीं पहुँचने देता। किसी निर्विकल्प, निर्जीव, निरंजन स्थिति को प्राप्त नहीं होता। इसलिए चित्त को छुटकारा नहीं मिलता। इसलिए वह वहीं भटक रहा है।

क्या किया जाए? इसे अपनी राह पर छोड़ देता हूँ। अपने ही बच्चू थक जाएँगे तो घर लौटेंगे। यह घर तो एक मजबूरी है। इसमें तो लौटना पड़ता है। आखिर कुछ आहार जरूरी है। निद्रा भी। भय से त्राण। और शायद अधिकांश के लिए मैथुन भी। विवेक तो संसर्ग से दूर रहने से आता है। लेकिन विवेक का भी तो कोई आश्रय शरीर होता है। निरा विवेक कहाँ होता है?

मैं थोड़ा चित्त अनुशासन का अभ्यासी हूँ। जानता हूँ कि नितांत कुपंथ में नहीं जाएगा। अगर कहीं थोड़ा फिसल भी पड़ा तो सम्हल जाएगा। 'हर गंगा' बोल निकल आएगा। कहीं खोएगा नहीं। गंगा-यमुना में वह जल भी कहाँ है कि वह चित्त को स्नान-तर्पण कराए। यह तो आग की नदियाँ हैं। सरस्वती अलबत्ता है। लेकिन वह अन्तःसलिला है। जल शुद्ध है। अजात, अनुत्पन्न, अस्पद। उसमें अगर स्नान ध्यान करके लौटा तो कुछ न कुछ विद्या ले आएगा।

सो ही हुआ। एक दिन रात को मैं सोने जा रहा था, तो किसी ने दस्तक दी। हरकत हुई। मैंने दरवाजा खोला तो देखा कि मेरा सूक्ष्म शरीर-चित्त कुछ पाया-पाया सा, कुछ खोया-खोया सा बाहर है। मैंने उसको कुछ भला-बुरा नहीं कहा। बेचारा थका-माँदा था। कहाँ-कहाँ भटका? अन्दर कर लिया। सुख से सोया। वह भी। मैं भी। कब तक

सोता रहा, पता नहीं।

अहंकार ने डपटा कि एक तो लापता था। अब जब आया तो सोया हुआ है। ऐसे चित्त से अचित्त भला। यह स्वैराचार ठीक नहीं। नहीं तो फिर कोई काम ही नहीं हो पाएगा। अहंकार ने बुद्धि, मन, इन्द्रियों को हड़का दिया।

नींद भी करीब-करीब पूरी हो चुकी थी। पूरी नींद तो मृत्यु के समय होगी। अभी जितनी जरूरी थी वह हो चुकी थी। उठा। नित्यक्रिया से निवृत्त हुआ। स्नान-ध्यान किया। तब हाल-चाल पूछा। वह बहुत देर तक चुप रहा। एक चुप हजार चुप। मैं भी मौन रहा। मौनियों में मौनी रहना ठीक है। लेकिन सदा मौनी रहना भी ठीक नहीं है। मौन जड़ता नहीं है। वाणी को मौन में, मौन को वाणी होम करना ठीक है। अति कोई भी बरजने जैसी है। मौन की भी, वाणी की भी। इसलिए जब बारम्बार उसे कुरेदा तो उसका मौन टूटा। और जो उसने बखान किया सो इस प्रकार है :

2
द्वितीयोल्लासः

कुम्भ का बखान शब्दों में नहीं कर पा रहा हूँ। यह अशब्द है। यह सिर्फ संकोच नहीं। वैसे संकोच मुझे है। लेकिन यहाँ कठिनाई उससे कहीं ज्यादा है।

कुम्भ का मर्म उस माहात्म्य से परे है जो वेद-पुराण, इतिहास, आख्यान वगैरह में गाया गया है। यों कुम्भ माहात्म्य जगत् प्रसिद्ध है। देवों-असुरों के समुद्र-मंथन से निकले अमृत कुम्भ के बँटवारे से जुड़ा हुआ है। यह तो पुराण की शैली है। इसमें इसे लपेट लिया गया है। जो हो, वह अमृत कुम्भ हो, न हो, उसके आधार पर व्यवहार चल रहा है।

कुम्भ का इस पुराण से सीधा सम्बन्ध नहीं। बौद्ध इस पुराण को नहीं मानते। तो वे क्यों प्रयाग में मेला करते रहे हैं? प्रसिद्ध चीनी यात्री ह्वेनसांग ने श्री हर्ष के राज में इस कुम्भ मेले को देखा। इतिहास में यह पहला उल्लेख है। वे लिखते हैं कि प्राचीन काल से बौद्ध भिक्षुओं में मास में दो बार प्रायश्चित्त के लिए अपने-अपने दुःशील को सकारने की प्रथा थी। बाद में उसमें गृहस्थ भी शरीक हो गए। ये विशेष अवसर पर यथाशक्ति दान-पुण्य करने लगे। महाराज हर्ष छः वर्ष पर प्रायश्चित्त करते थे। यह लोक के लिए 'आनन्द की खेती' होती थी। छठी बार जब महाराज हर्षवर्धन ने अनुष्ठान किया

तो ह्वेनसांग वहाँ था। 644 ई. में ह्वेनसांग इसका बखान इस प्रकार करता है : वे अपने परिवार के साथ त्रिवेणी आए। संगम स्नान पूजा की। तत्पश्चात् उन्होंने अपना कोष दान कर दिया। पहले उन्होंने बुद्धदेव की मूर्ति बनवाई। उसे अपने बहुमूल्य रत्न चढ़ाये। फिर भिक्षुओं और तीर्थ पुरोहितों को भी दान दिया। जब महाराज के पास कुछ भी नहीं बचा तो उन्होंने अपना राजमुकुट और कंठहार भी दान कर दिया।

इस महाकुम्भ में क्या हो रहा है? सरकारी तंत्र कहता है कि आज भी लाखों-लाखों का जनसमुदाय उसी मार्ग पर आगे बढ़ रहा है जिस पर महाराज हर्ष अपने परिवार के साथ गए थे—एक कुम्भ पर दो पर या उससे भी अधिक।

क्या सचमुच ऐसा हो रहा है? लाखों-लाखों लोगों का जनसमुदाय काली और लाल सड़क पर जा-आ रहा है। लेकिन क्या यह वही मार्ग है जिस पर महाराज हर्ष चले थे। जनता तो थोड़ी-बहुत अब भी धर्म कर ही है। दान-पुण्य कर रही है। लेकिन आज के राजा-रानी क्या कर रहे हैं? त्रिवेणी वे भी आए हैं। अपने परिवार के साथ आए हैं। अपने अशील, दुःशील सकार नहीं रहे हैं। प्रायश्चित्त नहीं कर रहे हैं। कोष खाली नहीं कर रहे हैं, अपनी झोली भर रहे हैं। अपनी ही मूर्ति गढ़ रहे हैं। उसे ही रतन जड़ाय रहे हैं। अपने ही कुटुम्ब-कबीले को दान दे रहे हैं। जो इंतजाम कर खर्च कर रहे हैं, उससे ज्यादा कर से वसूल रहे हैं। अपने मुँह मियाँ मिट्ठू बन रहे हैं। तारीफ़ कर रहे हैं कि सरकार ने बड़ा अच्छा इंतजाम किया है। जैसे एहसान किया। यह तो उसका धर्म ही है। इसके लिए तो जनता उसे कर, शुल्क, शक्ति देती है। बहाल करती है। अब जब उसके पैसों से जनता के नौकर बिजली, पानी, सफई का बंदोबस्त कर रहे हैं तो बारंबार यह सुनना चाहते हैं कि इंतजाम बहुत अच्छा है। मायानगर बसाए हुए हैं। पाप का घड़ा भर रहे हैं। और माँग रहे हैं। महात्माओं के पुण्य का अंश माँगने आए हैं। ताकि उनका राज-पाट बना रहे।

इस हेतु जो कुछ कर रहे हैं वह उसी रंग में रंग गया है। यह मार्ग और है। श्री हर्ष का मार्ग और है। यथा राजा, तथा प्रजा। जब राजा ही दान-पुण्य नहीं कर रहा हो तो प्रजा बेचारी यथा-तथा दान-पुण्य करे भी तो क्या करे?

वैसे आकाशवाणी हो रही है। महाशय, बड़ा धर्म हो रहा है। दान-पुण्य हो रहा है। सिर्फ धार्मिक ही नहीं, और भी लाभ हुआ है। सो ठीक ही है। आनन्द की जो खेती बोयी गयी है वह अब कटने वाली है। देखना है बोया किसका बीज गया है? काटता कौन है?

राजा वहाँ काटना चाहता है जहाँ उसने बोया नहीं है।

संस्कृत में कहावत है : वर्जयेत् तादृशं मित्रं विषकुम्भं पयोमुखम्। ऐसे मित्र को उस कुम्भ की तरह बरजे जिसके अन्दर विष भरा हो, ऊपर से दूध हो।

मैं इस भोली-भाली भीड़ को देख रहा हूँ। जो एक बाड़े में हँकायी जा रही है। एक काली सड़क है। इससे वह एक ऐसे संगम पर ले जायी जा रही है जो असली नहीं। सरकारी है। मायाकृत है। पहली बार गंगा-जमुना का संगम मूल स्थान जहाँ पर होता रहा है वहाँ हो गया। फिर यह दूसरा संगम कहाँ से आया? सरकार ने एक दूसरा संगम बना दिया। उसमें धर्मभीरु जनता को नहलाया। एक महात्माओं के अखाड़े के लिए रखा। वहाँ महात्माओं का स्वागत किया। उनके पुण्य का अंश माँगा। जनता बेचारी मृत्यु के चौड़े रास्ते पर चली। खुश है कि दबी नहीं। दर्शन भी हो गया। स्नान भी। जान बची और लाखों पाये। अगर घर के बुद्ध घर को आए।

यह लीला है। यह कुम्भ नगर मयदानव का बनाया हुआ है। एक महीने पहले यहाँ रेत रही है। एक महीने बाद यहाँ रेत उड़ने वाली है। जो मशान पर मुर्दा फूँकने आएँगे उनके पाँवों में छाले पड़ेंगे। गंगा की सित सिक्ता में भूने जाएँगे। फिर छः बरस में अर्धकुम्भ नहा जुड़ाएँगे। बारह बरस में तो पूर्ण कुम्भ ही पा लेंगे।... *विषकुम्भं पयोमुखम्।*

मैं दाद देता हूँ : भई और चाहे जो हो, यह तो मानना ही होगा कि व्यवस्था बड़ी चौकस है। यहीं कहीं 'निराला' हुआ करते थे। उन्होंने यह देखा था। और चिल्ला उठे थे कि "राजे ने अपनी रखवाली की।" व्यवस्था ने कहा कि धन्य हैं। निराला हैं। महाप्राण हैं। और अल्प प्राणों से कानों-कान खबर फैला दी कि महाकवि बस जरा पागल हो गए हैं। पागल करार दिया। और उनके इलाज की भी व्यवस्था की। क्या बात है? यह व्यवस्था है। यह धन्य है। इसे धिक्कार है।

मैं देखता हूँ कि त्रिपुरसुन्दरी मुस्कुरा रही है। क्या बात है? मैं मुस्कान का ध्यान करता हूँ।

इस सुन्दरी से मेरा दूर का परिचय है। यहाँ शंकराचार्य आए हुए हैं। उनका है। हालाँकि वे यहाँ नहीं आते रहे हैं। यह तो उनके महामण्डलेश्वरों का मेला रहा है। जगद्गुरु शंकराचार्यों का आसन इनसे ऊँचा है। आदि गुरु शंकराचार्य ने शंकराचार्यों के चार पीठ बनाये। दशनामी संन्यासी किये। गिरि, पुरी, भारती, वन,

अरण्य, पर्वत, सागर, तीर्थ, आश्रम, सरस्वती। इनके अखाड़े बने। इन्होंने कभी व्यवस्था की। कभी अव्यवस्था। कभी बौद्धों से लड़ाई की। कभी मुसलमानों से। कभी खुद ही लूट-पाट भी की। कौन आगे नहाए इसके लिए ही पहले खून बहाया। इन अखाड़ों के महामण्डलेश्वर होते हैं। इनके अधीन मण्डलेश्वर और उनके अधीन उनके नागा। महामण्डलेश्वर वगैरह तो शिवस्वरूप हैं। पशुपतिनाथ हैं। बिना पशु के पशुपति कैसे हो सकते हैं। तो उनके अखाड़ों में नंगे पशु पाले जाते हैं। पशु कहने से बुरा न मानें। यह पारिभाषिक शब्द है। पशु वह है, जो पाश में बँधा हुआ है। राग पाश है। भावनोपनिषद् में कहा गया है—रागः पाशः। नंगा हो गया। तो भी पाशबद्ध है। जीविका के पाश से बँधा हुआ है। सुरक्षा के भी। और वह सारा ऐश्वर्य भोग कर पाशातीत है। नागा पशु हैं तो वह पशुपति हैं। इन पशुपतियों का और पशुओं का यह मेला है। जगद्गुरुओं को इससे क्या काम?

वैसे नागा शंकराचार्यों को 100-125 बरस पहले तक अपने कंधों पर ढोकर ले जाते थे। नागा उन्हें ॐ नमो नारायण कहते थे। वे कहते थे : नारायण। शूद्र के लिए ॐ का उच्चारण नहीं करते। इस पर नागाओं ने उन्हें छोड़ दिया। अब मण्डलेश्वर आए। ये परमहंसों में से हैं। ये त्रिवर्ण हैं। उन्होंने नागाओं को संन्यास की दीक्षा देना स्वीकार किया। नागाओं को भी कोई चाहिए था। मण्डलेश्वरों से मामला पट गया। पहले मण्डलेश्वर श्री जयन्त पुरी हुए। यह लगभग 70-75 बरस पहले ही हुए। मण्डलेश्वर नागाओं के पुरोहित हैं। ये अखाड़े में नहीं रहते। अखाड़े के बाहर इनकी छावनी होती है। नागा आचार्य मण्डलेश्वर का बन्दोबस्त कर देते हैं। लेकिन अपने अखाड़े में नहीं रखते। मण्डलेश्वर नागा नहीं हैं। मण्डलेश्वर केवल संन्यास की दीक्षा देते हैं। नागा की दीक्षा नागा ही देते हैं। मण्डलेश्वर मुख्य रूप से नागा व्यवस्था में नहीं हैं। उनके परिशिष्ट हैं। उनसे नागा की शोभा है। नागा से मण्डलेश्वर की।

नागा अखाड़े की सारी व्यवस्था पंचायती है। इनके शरीर पर जो है उसके अलावा सब सम्पत्ति अखाड़े की है। प्रबन्ध भी पंचायती है। बाहर से कोई चिट्ठी आती है तो वह भी पाँच के बीच खोल कर पढ़ी जाती है। यहाँ व्यक्तिगत जैसा कुछ भी नहीं हैं। इस पंचायती व्यवस्था में कुम्भ का बड़ा माहात्म्य है। दीक्षा कुम्भ में दी जाती है। बड़े पंचायती फैसले भी कुम्भ में होते हैं। नागाओं की पेशवाई, शाही स्नान आदि इनके बड़े उत्सव हैं।

मण्डलेश्वरों का अभिमान बढ़ा है। ये अखाड़े के नागाओं को मूर्ख कहते हैं। इन्हें विद्या का अहंकार है। कहते हैं ये नागा कुम्भ में जुलूस में आगे कर देते हैं। कुछ देर का शृंगार। और इसके लिए चाहते हैं कि मण्डलेश्वर उनके अधीन रहे। अखाड़ा पंचायती है। इनमें अनुशासन अपने ढंग का है। मण्डलेश्वर मौर्य श्री व्यवस्था के व्यक्तिवादी अहंकारी हैं। दोनों का निबाह अधिक दिन तक चलने वाला नहीं है। इसी अहंकार के कारण नागा दण्डी और शंकराचार्य से अलग हुए। नागा तो नागा ही ठहरे। अक्खड़ हैं। किसी दिन ताव आया तो मण्डलेश्वर को हटा कर खुद ही बैठ जाएँगे।

जो हो, पशुपति अपना चिमटा फटकारते हैं। हम पशुओं को हकाल देते हैं। कुम्भ नगर में आ कर उन्हें शीत लग गयी है। रात हो रही है। वह अन्तःकरण से शाक्त हैं। बाहर से शैव हैं। सभा मध्ये वैष्णव हैं। यह श्रीमान 1008 मण्डलेश्वर का मण्डल है। यहाँ श्रीयन्त्र है। मूल त्रिकोण पर त्रिकोण है। मूल बिन्दु उसके मध्य में है। वसन्त ऋतु है। पंचमी की पूर्व सन्ध्या है। इच्छा, ज्ञान, क्रिया का मेल है। अन्योन्याश्रय है। महामाया की ऐसी ही इच्छा है।

हम भी हँसी-खुशी वहाँ से निकल जाते हैं। निरे पशु नहीं हैं। राग-द्वेष के कुछ पाश-अंकुश काट चुके हैं। वे फिर-फिर आ कर घेरते हैं। इनके वेग कम होते जाते हैं। हम धारणीय वेगों का धारण करते हैं। अनावश्यक बोलने का वेग आए तो उसे रोकते हैं। इससे भी ज्यादा प्रबल वेग हैं। वे भी देश, काल, पात्र के हिसाब से धारण करने जैसे हैं। अधारणीय वेग जैसे मल-मूत्र त्याग के वे धारण करने जैसे नहीं हैं। यहाँ तो जो धारणीय वेग हैं उसे ही अधारण किया जा रहा है। अधारणीय का धारण।

मैं सोचता हूँ कि पशु कौन हैं? और अगर पशु कहें कि पशु हो तो मान ही लेना चाहिए। फिर वह पशुपति हैं। पशुओं के राजा हैं। उनका मंडल है। उसे बाँध कर वह बैठे हैं। उनके गण उनकी रक्षा कर रहे हैं। महामाया उनके पार्श्व में हैं। शक्ति उनकी रक्षा करती हैं, वे शक्ति की। वे ही शिव हैं। शक्ति हैं। अर्धनारीश्वर हैं। भगवान हैं। हम उनकी शक्ति के आगे नमन करते हैं। ऊपर-ऊपर हँसते हैं। दिल को बहलाते हैं कि सत्संग कर रहे हैं। अविद्या को देख रहे हैं। यह जाति, जरा, मरण के मूल में हैं। इसे देख लिया तो फिर निर्वाण हो जाएगा। इसी चक्कर में दुःख पा रहे हैं। ऊपर से हँसते हैं। अन्दर रो रहे हैं। निर्लज्ज हो रहे हैं। बकवासी हो रहे हैं। यह क्या कर रहे हैं? कहाँ आ गये हैं?

कहते हैं स्त्री इच्छा शक्ति है। यह शक्ति मुझे वर देने को कह चुकी है। मैं जानता हूँ कि और सब देवता तो वरदान देने का नाटक करते हैं। एक वही है जो जब देना चाहती है तो सचमुच देना चाहती है। अभय देती है। कामना पूरती है। और शरण देती है। और सब देकर, यह सब अभय, कामना और शरण, और कुछ और पा जाती है। लेकिन यह स्नेह का सौदा नहीं है। फिर भी जो खोता है वह पाता है। यह अनुभव सिद्ध है।

प्रयाग क्षेत्र में श्री हर्ष अपना सर्वस्व दान कर देता था। ऐसा करते हुए वह जरा भी कष्ट का अनुभव नहीं करता था। बल्कि प्रसन्न रहता था। धन्य मानता था। इन्हीं मण्डलेश्वरों से वस्त्र माँग कर पहनता था। तदनन्तर विविध प्रदेशों से आए मण्डलेश्वर, सामन्त विविध रत्नों, वस्त्रों से रिक्त कोश को भर देते थे। वह फिर भरे-पूरे लौटते थे। अमृत कुम्भ कभी रीतता नहीं था। प्रायश्चित्त जो हो जाता था, सो ऊपर।

महाविद्या का कंचुक कुछ-कुछ ढीला पड़ रहा है। अन्दर-अन्दर द्रवित हो रही हैं। ऊपर से भृकुटी तान रही हैं। और अपने चपल चरणों से इधर बढ़ रही हैं। मैं जानता हूँ कि मैं अगर लात खाना स्वीकार कर लूँ तो मुझे श्री-सम्पदा की कोई कमी नहीं होगी। महादेवी बाहर से मेरी मान-मर्यादा भी रखेंगी। इनके कवि, चारण, भाट इसे चरण सत्कार कहेंगे, लेकिन मुझे यह सत्कार स्वीकार नहीं, क्योंकि मैं लतखोर नहीं हूँ। इसलिए मैं भाग खड़ा होता हूँ।

मैं क्या लिखने चला था, क्या लिख गया? लिखना चाहता था विनायक, लिखा रहा है बन्दर। कहाँ तो अमृत कुम्भ की कुछ बूँदें पाने आया। कहाँ यह सब पँवाड़ा शुरू कर दिया। जो कुम्भ ढँका-तोपा था उसे खोलने लगा। सोने के ढँकने से सत्य का मुँह ढँका हुआ है। मैं कहता हूँ कि पूषन! इस ढँकने को हटा दो। हटाओ नहीं तो मैं यह घड़ा फोड़ दूँगा। सब पोल खोल दूँगा। सब समझ रहा हूँ।

महाशक्ति एक क्षण के लिए चिन्तित है। फिर वह एक बाण और चलाती है। उसकी प्रत्यंचा में तो अनेकों बाण हैं। वह इस बाण से मुझसे मेरी इच्छा-शक्ति वापस ले लेती है। अब मुझ में कुछ जानने की भी इच्छा नहीं रह जाती। न करने की। बस चुप मार कर पड़े रहने की जड़ता व्याप रही है। लेकिन वह महाकरुणा है। मुझ पर करुणा करती है। भ्रू विलास से वह मुझे देख रही है। एक छोटा सा मण्डल मुझे भी देती है। मैं उसमें प्रवेश करता हूँ। उसे चारों ओर से बाँधता हूँ। उसके बीच में बिन्दु की तरह

दबा पड़ा रहता हूँ। निर्विकल्प, निःस्पंद, निष्क्रिय। और अपने को बहलाता हूँ कि निर्वाण को प्राप्त हो रहा हूँ। मुक्त हो रहा हूँ। जन्म-मरण के चक्र को तोड़ रहा हूँ। यह मेरा अन्तिम जन्म है। फिर मुझे आना-जाना नहीं है। इसलिए मैं आरम्भ नहीं करना चाहता। इसलिए मैं यह सब लिखना भी नहीं चाहता।

लगता है पुराने संस्कार शेष हैं। मुझे उकसाते रहते हैं। उन्मत्त करते रहते हैं। अन्-उन्मत्त हो कर भी उन्मत्तों में शरीक हो जाता हूँ। शायद लेखकों में लेखक बनना चाहता हूँ। इसलिए यह सब बकवास कर रहा हूँ। जतला रहा हूँ कि सुख पा रहा हूँ। अन्दर-अन्दर दुःखी हूँ कि मौन वाणी में वृथा नष्ट हो रहा है।

कुम्भ क्यों आया हूँ? औरों को झुठलाता हूँ कि आप लोग दर्शन करेंगे; मैं देखूँगा। आप स्नान करेंगे। मैं नहाऊँगा।

जानता हूँ कि तीर्थराज प्रयाग अशुद्ध हो गया है। यह अशुभ है। इस अशुभ को क्या देखना है? हाँ, रास्ते में अशुभ पड़े तो उसे देख कर शिव-शिव कह कर आँख नहीं बन्द कर लेना है। अशुभ विहारी बनता है। लेकिन अपना विहार छोड़ कर दूसरे के अखाड़े में जा कर बेशरमी क्यों देख रहा हूँ? अपने मार्ग पर चलते हुए जरा-मरण आए तो भी श्रेयस्कर है। दूसरे का मार्ग भयावह है।

खास कर जूना अखाड़े में जाते हुए संकोच लगता है। वहाँ धूनी का धुआँ ही नहीं है। गांजे की लपट निकल रही है। उससे भी ज्यादा भयावह वासना की लपट उठ रही है। वहाँ पंचाग्नि है। अलज्जा है। असौन्दर्य है। अशांति है। अपनी शांति खो कर वहाँ क्या देखने जा रहा हूँ?

नागा के पास क्या है, जो मेरे पास नहीं है? फिर जूना अखाड़े जाने की इच्छा मुझमें किसने पैदा कर दी? सरस्वती ने? यह सुरसतिया भी एक पाश है। माया है। अविद्या माया है तो विद्या भी माया है। इस माया के बन्धन में क्यों अरुझ रहा हूँ? एक ओर से यह गाँठ खोलता हूँ तो दूसरी ओर से बाँधता हूँ। अविद्या की गाँठ खोलता हूँ तो विद्या की गाँठ क्यों बाँधता हूँ?

जब इच्छा नहीं रह जाती है, और समझ जाता हूँ, तो प्रवाह-पतित क्यों होता हूँ? अपने ही चलाए चक्र की गति में क्यों पतित होता हूँ? क्यों कभी भव अन्त में, कभी शम अन्त में पतित होता हूँ?

संगम क्यों नहाने आया हूँ? जानता हूँ कि गंगा-जमुना का जल दूषित है। पहाड़ों से मैदानों में उतरते ही इसमें मल-मूत्र बहाया जा रहा है। हरिद्वार, नासिक, उज्जैन और प्रयाग सभी कुम्भ क्षेत्रों में विष घुल रहा है। अमृत छीज गया है। फिर भी महाकुम्भ की पूर्व उषा में क्यों इसमें उतरता हूँ? जहाँ जगह-जगह रोक है। संगम में स्नान निषेध है। जहाँ सरकार कहे वहाँ संगम है। वहीं स्नान करना है। उस बाढ़ में नहाते हुए देखता हूँ कि मेरा हृदय नहीं भीग रहा है। शिव जी दत्तात्रेय को बताते हैं कि जब स्नान करते हुए हृदय न भीगे तो समझो मृत्यु-काल आ रहा है। तो क्या सचमुच मृत्यु निकट है? नहीं जानता।

लेकिन यह वेग उल्टी ओर से क्यों है? कई बार संगम नहाया है। यह गंगा है। यह जमुना है। गंगा में तो कानपुर से ही जल नहीं है। यहीं झूँसी के सामने जल नहीं है। प्रतिष्ठान अप्रतिष्ठित है। उसमें से भी दो धारा हो गयी है। एक गंगाद्वीप बन गया। एक दूसरा मायावी संगम बन गया। फिर यहाँ यह वेग कहाँ? जमुना में है? वह तो धीरा है। हरित, नील, छवि है। उसमें तो क्षोभ नहीं है। उसकी तो यात्रा शेष है। गंगा वाल्मीकि के काल में तन्वंगी, किन्तु वेगवती रही होगी। अभी तो इसमें जल नहीं है। जो है वह दूषित है। लेकिन यह सित-असित, श्वेत, श्याम, रतनार जल वेग से कहाँ से आ रहा है? कहीं यह भी तो माया का जल नहीं है? निश्चय ही यह मयदानव की कृति है। लेकिन अच्छी है। नदी वेग से शुद्ध होती है। इसका मूल कहाँ है? तो फिर मनु महाराज बरजते हैं कि ऋषि का कुल और नदी का मूल नहीं देखते!

जो हो, जब नहाने आया हूँ तो नहाऊँगा। जो होगा देखा जाएगा। अगर नहाना नहीं है तो संगम आया क्यों?

अब संगम में धँसना चाहता हूँ। लेकिन इसमें जल नहीं है। सिर्फ जाँघों तक जल है। इसमें सकल अंग बूड़ नहीं रहे हैं। जब डूब जाते हैं तो तिर जाते। यथेच्छ साफ कर सकते। यहाँ बाला, तरुणी, प्रौढ़ा सब नहा रहे हैं। पुरुष भी हैं। लेकिन वे तो मेरे जैसे हैं। बालाएँ, तरुणियाँ तो चुपके-चुपके नहा रही हैं। वृद्ध-वृद्धाएँ पुण्य काल की प्रतीक्षा में हैं। वसंत पंचमी को स्नान करने वाली हैं। कुछ अधेड़ स्त्री-पुरुष हैं। ये जल क्रीड़ा कर रहे हैं। एक-दूसरे पर जल छिड़क रहे हैं। पानी को मथ रहे हैं। लेकिन वह भी वेग से नहीं कर रहे हैं। कामुकों-कामिनियों के वस्त्र अधोगति को प्राप्त हो रहे हैं। सिर से जल माथे पर, नाक पर, ओठों पर, ठुड्डी पर, गले पर, कुम्भ जैसे प्रशस्त स्तनों पर,

उदर की चौड़ी घाटियों में, हो कर नाभि में जमा हो रहा है। वह नाभि ऐसी नहीं है जो जमुना जल की छवि छीन रही हो। गहरी नहीं है। सुडौल नहीं है। माँ ने सँवारा नहीं है। नाभि से जल कहाँ जा रहा है? यह मैं नहीं देखता। मेरा वह क्षेत्र नहीं। इतना जरूर लगता है कि इनको हो क्या गया है? इतना मद काहे का है? रूप का? यौवन का? वह तो ढल रहा है। उन्हें क्या यह शऊर नहीं सिखाया गया कि नंगी नहाने से वरुण देवता का अपमान होता है? अपमान न हो, वह वरुण देवता को न्योता देना है। तीर्थ में तो सभी देवता विराजमान हैं। क्या जाने कौन यह न्यौता सकार ले। फिर चीखने-चिल्लाने लगेंगी कि यह क्या बदतमीजी है? कुंती ने सूर्य का आवाहन किया। जब सूर्य प्रगट हो गए तो वह कतराने लगीं। लेकिन अब तो सूर्य आ चुके थे। कर्ण पैदा हुआ। तो बेमतलब क्यों देवता को बुलाना? वहशी से छेड़-छाड़ अच्छी नहीं। यह क्या करेंगी जब वह मचल जाएगा? शायद यह चाहती हैं कि कोई मचले। छेड़-छाड़ करे।

जो भी करें। न करें। कोई मेरी शरण में है? मैं न तो चीर-हरण करने आया हूँ। न चीर बचाने। नहाने आया हूँ। सो उसका ही ठाठ करूँ।

मैं अपना एकांत ढूढ़ रहा था कि एक यान आ कर संगम में टकरा गया। क्या देखता हूँ कि पार्वती जी अपने पति के साथ और अन्य देवताओं के साथ इस विमान पर सवार हैं। सभी अपने-अपने रूप छिपाए हुए हैं। नर रूप में है। अपने बंधु नारायण से भी बच कर आए हैं। पार्वती जी ने हठ किया। शिवजी ने पहले तो बहुत समझाया-बुझाया। अमावस्या पर नहाने को बरजा। फिर भी जब वे न मानीं तो अपने गणों के साथ जाने की आज्ञा दे दी। तब हिम कन्या की ही इच्छा न हुई। तीर्थ में बिता पति के पुण्य कहाँ मिलता है? इसलिए वह भी नहीं गयीं। अनमनी रही। देवलोक में खलबली मच गई। विष्णु को खबर मिली। जगन्नाथ जी के लिए यह कौन सी बात है। अपना दिव्य रथ बुलाया। सप्रीत उसमें सवार हुए। इन्द्र को सहेजा। वसन्त पंचमी के पर्व पर कुम्भ दर्शन स्नान तय हुआ। फिर गौतम ने कहा कि यह क्या अविवेक है? तो पार्वती जी ने पूछा कि तो विवेक क्या है? उन्होंने सुझाया : *जनसंसर्ग दूरी करणात्।*

अब भला बताइए कुम्भ मेले में जनसंसर्ग से दूर कैसे रहा जाए? इसका उपाय क्या है? वसंत पंचमी के पूर्व स्नान। वसंत पंचमी को दर्शन। सो ही तय हुआ। सो हिम शैल-सुता अपने पति और परिवार के साथ नहाने आयी हैं। लेकिन संगम पर भीड़ देख कर सकुच रही हैं। इतने लोगों के बीच कहाँ धँसें? शिव जी उन्हें समझाते हैं कि इसमें

क्या है? अगर एकांत में नहाना था तो काशी में नहातीं। यहाँ जा कर नखरा कर रही हो। चलो नहा लो।

सहज संकोच सहित पार्वती जल में उतरती हैं। दो-चार कदम तक बढ़ती दीखती हैं। फिर वह अदृश्य हो जाती हैं। शील-सैन-संस्कार की धुंध में नहा-धो कर फिर अपने विमान पर विराजमान हैं। अपने पति के साथ कुछ संकल्प करती हैं। क्या कामना करती हैं? पता नहीं। ध्यान करूँ तो जान लूँ। लेकिन यह रहस्य जानने जैसा नहीं। पति-पत्नी के बीच क्या संकल्प-विकल्प होता है, नहीं होता, इसकी जिज्ञासा ठीक नहीं।

नहाने आया हूँ। तो नहाने आया हूँ। और कुछ ध्यान ठीक नहीं। स्नान का ही ध्यान करूँ।

इस भीड़ में हरेक की अपनी-अपनी नदी है। अपना-अपना एकांत है। अपना-अपना संगम है। जहाँ दूसरा नहीं है। किसे इतनी फुरसत है। फिर हर किसी की अपनी-अपनी पसन्द है। मैं किसी की पसन्द नहीं हूँ। इसलिए यथा-तथा सिर से नहाना चाहता हूँ। सिर से पाँव तक, पाँव से सिर तक शीत स्नान तो हो रहा है। हरकत है। लेकिन डुबकी नहीं लगा पा रहा हूँ। साँसों का आना-जाना देख रहा हूँ। उनका रुक जाना नहीं। किसी भी प्रकार यह नहीं सध रहा है। तो मैं शरीर को शव की तरह गंगा-जमुना में छोड़ देता हूँ। नव रंध्रों वाला यह शरीर संगम की रेत में, शायद सरस्वती के जल में सिंच रहा है। तन का ताप निकल रहा है। चारों ओर धुआँ-धुआँ हो रहा है। इसमें मेरे इर्द-गिर्द एक कुहासे का आवरण पड़ गया है। इसमें मैं ऐसा पड़ा हूँ जैसे शाही हमाम में हूँ। शाही स्नान हो रहा है। बाथरूप में नहाने का सुख और है। लेकिन संगम स्नान का माहात्म्य कुछ और ही है।

यह सिर्फ जल में नहीं। न सितासिते गंगा-जमुना में है। यह तो सरस्वती में है। जो अन्तःसलिला रह कर भी घुटने भर जल में काक-स्नान को शाही स्नान में बदल रही हैं। यह सिर्फ नदियों का संगम नहीं है। जातीय संस्कारों का स्मृतियों का संगम है। मेरे होश में मेरी दादी ने संगम नहाया। मेरे माता-पिता ने नहाया। अब मैं नहा रहा हूँ। मेरे बाद मेरा खाता बन्द हो जाएगा। मेरे बाद मेरा कोई नहीं आएगा। वैसे मैंने तो यथाशक्ति अनेकानेक आत्मीय जनों को अपनी सन्तान जैसा माना। लेकिन वह मेरा मोह है। वास्तव में कोई मेरा नहीं। मुझे अपना तर्पण खुद करना है। सच पूछिए तो कोई किसी का नहीं। हर किसी को अपना तर्पण खुद करना है। हम सब मानव

सागर के तीर पर खड़े हैं। एक-एक रेत जैसे फरक हैं। एक संयोजन में जुड़ रहे हैं। टूट रहे हैं। व्यवहार के लिए मेरे उनके नाते अनेक हैं। जैसा चाहें मानें। न मानें। असल में यह नाते-रिश्ते नहीं हैं। और हम हैं।

संगम नहा रहा हूँ तो मुझे मेरी दादी याद आती हैं। वह मुझे बहुत मानती थीं। अपने साथ गंगा नहाने ले आती थीं। साथ सुलाती थीं। भजन, कहानी कहती थीं। पहले एक भजन गाती थीं—''जो दरसन कीजा चहिए तो दरपन माँजा करिए। जो दरपन में लग गई काई तो दरस कहाँ से होई।'' या ऐसे ही कुछ उसके शब्द थे। शब्द मुझे भूल रहे हैं। फिर भी वे गूँज रहे हैं। मैं दरपन को माँज रहा हूँ। अतीत के दरपन में मेरे सहोदर भाइयों की छवि उभर रही है। संगम के जल में टलमल-टलमल कर रही है। टूट रही है। मैं उस छाया को छूना चाहता हूँ। तो मेरा कवि बन्धु मेरी बाँह गह कर बरज रहा है—''छाया को मत छूना मन, दुःख दूना होगा मन।'' फिर और भी कितने प्रिय-अप्रिय न प्रिय-न-अप्रिय याद आते हैं। मैं शोक से कातर हूँ। फफक-फफक कर रो रहा हूँ। संगम की भूमि पर शव की तरह पड़ा हूँ। अतीत-अनागत को देख रहा हूँ। अगला महाकुम्भ 12 साल बाद आएगा। तब तक यह शरीर रहे। न रहे। श्मशान की राख को बढ़ाए। या कहीं और खाक छनाए। मेरा क्या? मेरे आगे नाथ हैं। पीछे पगहा नहीं है। कहते हैं मेरे सात पुश्त से वंश में एक ही लड़का होता रहा है। पहली बार हम चार भाई हुए। बीच के दो जा चुके। पहले और अंतिम हम दो शेष हैं। वे दोनों ही कनक वर्ण थे। मैं ही उनमें काला था। वह चले गए। जिनके पीछे संसार था। मैं रह गया। हे माँ, मुझे बुला लो। ताकि भैया सकुशल रहें। वे ही एक जनमते तो हम क्यों दुःख पाते? फिर मेरे ऊपर माता-पिता की यह छाँह सदा कहाँ रहने वाली है? अगले कुम्भ तक... मैं कुछ देख नहीं पाता हूँ। अपनी आँखों का जल संगम को चढ़ाता हूँ। मेरे पास दूध नहीं। फूल नहीं। मंत्र नहीं। संकल्प नहीं। सिर्फ जल है। कुम्भ का भरा हुआ जल है। वह मैं चाहता हूँ कि पूरा का पूरा संगम में उँड़ेल दूँ। लेकिन संगम में इतनी गहराई कहाँ। या मेरे में ही इतनी अनासक्ति कहाँ। आसक्तियाँ शेष हैं। मेरा दुःख तो छाया को छुए बिना भी दूना हो रहा है।

अपने को संगम के प्रवाह में शव की तरह छोड़ देता हूँ। शव-सरीखा हूँ। शव नहीं। इतनी हया कहाँ कि घुटने भर पानी में डूब मरूँ? मुझे तो पुरी के सागर ने भी अपने अथाह जल से बाहर फेंक दिया। तट की रेत पर पटक दिया। तो सागर की इन

छोटी बहनों में मेरे डूबने लायक जल कहाँ? लेकिन सरस्वती कहाँ है? अन्तःसलिला है? ऊपर-ऊपर रेत है। अन्दर-अन्दर जल है। यह तो नदी नहीं, मेरा-तुम्हारा चित्त है। इस अनादि चित्त-चैतसिक प्रवाह में मैं डूब रहा हूँ।

यहाँ भी व्यवस्था चौकस है। पुराने जमाने में अक्षयवट से कूद कर लोग शरीर त्याग करते थे। कुछ नागाओं की भीड़ में डूब कर मरते थे। कुछ ठंड में मरते थे। कुछ रोग से मरते थे। कुछ जमुना की गहरी नाभि में समा जाते थे। इस बार चारों ओर से बाड़ लगा दी गयी है। कोई मरना चाहे तो उसे मरने की भी स्वतंत्रता नहीं। जीने की तो नहीं ही है। सब दूर तंत्र की जकड़ है। रात में भी दिन-सा उजाला है। ऊँचे-ऊँचे मचान हैं जहाँ से व्यवस्था हर किसी पर निगाह रखती है। वहाँ से वरुण देवता के पहरुए दूर दृष्टि से देख रहे हैं। नावों का, यात्रियों का आना-जाना बरज रहे हैं। सीटी बजा रहे हैं। ललकार रहे हैं। बाड़ों की रखवाली कर रहे हैं। लाल पताका वाली नौकाओं में अपने डूबने का सारा सरंजाम ले कर बचाने के लिए बहाल हैं। वसंत पंचमी के स्नान का पूर्व अभ्यास कर रहे हैं। मौनी अमावस्या पार कर चुके हैं। फुरसत में हैं। संगम में नहाते तीर्थों का दर्शन कर रहे हैं। कभी नंगी आँखों से, कभी दूर दृष्टियों से। आखिर देवता ठहरे। वह भी संगम तीर्थ के। यहाँ सभी तीर्थ जुट रहे हैं। जो स्नान को धर्म मानते हैं वे तो हैं ही। जो नहीं मानते, वे भी हैं। जैसे-तैसे अपने अस्नान धर्म की रक्षा करते हैं। अपनी आस्था में अडिग हैं। इसलिए वे मेरे विशेष प्रिय हैं। स्नानार्थी अनग्ना, अवसना हैं। वह भी यह देख कर कि कोई देख रहा है, कुछ शर्म से, कुछ आवेश से अंदर-बाहर पुलकित हैं। जिन-जिन चक्रों पर पुरुष की दृष्टि पड़ रही है वे-वे खिल रहे हैं।

मुझे लगता है कि मैं जंगल में हूँ। जहाँ प्रकृति-पुरुष की लुका-छिपी चल रही है। प्रकृति अपनी माया फैला रही है। संकोच कर रही है। पुरुष देख रहा है। अपना-पराया बेगाना सब एकवामय हो रहा है। संगम हो रहा है। जिन्हें कोई नहीं देख रहा है वे उदास हैं। या पानी पीट रहे हैं।

संगम में क्षोभ है। या मन में। या दोनों में। काम केशर बह रहा है। क्षोभ भी। ताप भी। राग-रक्त का प्रवाह भी। सम हो रहा है। लगता है नाग की शय्या है। षट् चक्र खिल रहा है। दिव्य गंध बह रही है। एक क्षण की शांति है। काल रात्रि की शांति है। काल रात्रि की शांति। जो न तंद्रा है, न निद्रा, न स्वप्न। एक अनुभव है। अनाम। अरूप। अगुण। जो न स्थूल है, न सूक्ष्म है। यह चारों कोटियाँ नहीं है। और वह है। वह क्या है?

3
तृतीयोल्लासः

कुम्भनगर में शाम हो रही है। पूरब झूंसी है। पश्चिम किला है। उत्तर पुल है। दक्षिण त्रिवेणी है। पंडों के झंडों के बीच से सूरज उतर रहा है। किले की दीवारों के पार कहीं है। वहाँ पृथ्वी का जैसे अंत है। पाताल का प्रारम्भ है। पृथ्वी-पाताल की संध्या है।

कुम्भ की चारों दिशाओं को पहले छू आता हूँ। थहा रहा हूँ। सीमाओं को। ज्ञान की, अज्ञान की। किसिम-किसिम के संन्यासी, उदासीन, बैरागियों के अखाड़े हैं। पुराने नए सभी चाल के हैं। शिखर पर शंकराचार्य हैं। दशनामी संन्यासी हैं। उदासीन हैं। नाथ पंथी, रामानन्दी वगैरह हैं। नयों में सच्चा बाबा हैं। महर्षि महेश योगी हैं, सत साईं गुफा के योगिराज चन्द्रमोहन जी हैं। कितने नामी अनामी हैं। फिर कल्पवासी हैं। यह कुम्भ संकुल के नूर हैं। शेष इनके निमित्त हैं। सरकारी सेवाएँ हैं : संचार, स्वास्थ्य, सुरक्षा, बिजली, पानी वगैरह। मेले की दुकानें हैं। काली-लाल सड़कें हैं। किसिम-किसिम की पताका हैं। टोपी हैं। दाढ़ी हैं। जटा-जूट हैं। अन्दर जटा है। बाहर जटा है। इसे विजटित कैसे करूँ? कुम्भ के मर्म को कैसे जानूँ? जिज्ञासा है। यह भटका रही है।

यह भ्रमण कहानी कहने लगूँ तो कल्प-कल्पांत बीत जाएँ। इसके लिए न तो मुझे अवकाश है। न आपको ही इसमें रुचि है। न वेला। साँझ हो रही है। कुम्भ नगर में। और मेरे मन में भी। इसलिए जहाँ तक बन पड़ेगा, सूत्र रूप में कहना चाहूँगा। जहाँ जरूरी होगा वहाँ स्व वृत्ति भी करूँगा। अन्यथा संध्या भाषा से ही काम चलाऊँगा। यह भाषा भिन्न है। इसमें समझ में आने, न आने का सवाल नहीं है, संकेत है। इस भाषा की वर्णमाला सीख रहा हूँ। स्वर-व्यंजन वे ही हैं। अर्थ भिन्न हैं। अभ्यास से इसमें अर्थ आते हैं। अन्यथा शब्द हवा में बिखर जाते हैं। भाव कहने वाले के अन्तःकरण में हैं। और अर्थ श्रोता के मन में। इस संध्या भाषा के श्रोता-वक्ता दुर्लभ हैं।

इस भाषा का ककहरा पढ़ रहा हूँ। पुरानी भाषा का संस्कार नष्ट हो रहा है। नया मिला नहीं। इसलिए कुछ खोया-खोया सा हूँ। उखरूल हूँ। भाषा के रसिक का रस भंग हो तो उनसे क्षमा माँगता हूँ। अब आगे का हाल बयान करता हूँ।

कुम्भ क्या है? इसका क्या माहात्म्य है? कुम्भपर्व माहात्म्य में इसका बखान इस प्रकार किया गया है :

"एक बार देवताओं और दैत्यों ने अमरत्व प्राप्त करने की ठानी। उन्होंने मन्दराचल पर्वत की मथानी और वासुकी नाग को रस्सी की जगह प्रयोग करके समुद्र का मन्थन अमृत कुम्भ प्राप्त करने के लिए किया। मथानी के आधार स्वयं भगवान् कच्छप रूप में बने। मन्थन प्रारम्भ हुआ। रत्न पर रत्न, ऐरावत, लक्ष्मी, धन्वन्तरि निकलने लगे। तेरह रत्न निकलने के बाद जब चौदहवाँ रत्न अमृत कुम्भ निकला तो उसे देवेन्द्र पुत्र जयन्त ले भागे, ताकि दैत्य न ले लें। दानवों को यह कब सह्य था। उन्होंने युद्ध किया। देवासुर संग्राम के फलस्वरूप अमृत कुम्भ चार स्थानों पर गिरा। उस समय सूर्य, चन्द्र, बृहस्पति और शनि ने उसकी रक्षा की। चन्द्रमा ने अमृत गिरने से बचाया। सूर्य ने कुम्भ टूटने से बचाया। बृहस्पति ने अमृत की रक्षा की। कुम्भ को जयन्त ले भागे। तब शनि उसके रक्षक थे। इसलिए चारों राशियों का योग होने पर कुम्भ पर्व मनाया जाता है। और चारों स्थानों पर मेला होता है। यह चारों स्थान प्रयाग, हरिद्वार, नासिक और उज्जैन हैं। 12वें वर्ष यहाँ मेला लगता है। इस कुम्भपर्व पर स्नान मार्जन आदि करने से मनुष्य निर्भय हो जाता है..."

यह अमृत कुम्भ क्या है? अमृत क्या है? यहाँ पर्व पर आने, रहने, नहाने, दान देने और साधु-महात्माओं का दर्शन करने से क्या पुण्य मिलता है? किस हेतु या अहेतु लगभग 1 करोड़ नर-नारी देश-देशान्तर से यहाँ जुटते हैं? यह निर्भय पद कैसे हो जाते हैं? इस अमृत्व का, अभय का रहस्य क्या है? मेरी जिज्ञासा इस वृत्तांत से तृप्त नहीं होती।

प्राचीन इतिहास-पुराण पलटता हूँ। भट्ट श्री लक्ष्मीधर विरचित *कृत्यकल्पतरौ अष्टमो भागः तीर्थ-विवेचनकाण्डम्* भी बाँचता हूँ। यहाँ मत्स्यपुराण में प्रयागमाहात्म्यम् का बखान इस प्रकार किया गया है—

युधिष्ठिर उवाच : भगवन्, मेरी यह सुनने की इच्छा है कि प्रयाग गमन का, मरने का, स्नान का, वास का क्या फल है? यह सब आख्यान कहें। मुझे परम कौतूहल है।

मार्कण्डेय उवाच : हे वत्स! पुरा काल में ऋषियों ने, विप्रों ने जो कहा मैंने सुना वह मैं तुम्हें कहता हूँ।...

मार्कण्डेय जी कहते हैं, उससे भी मेरा कुतूहल शांत नहीं होता। यहाँ स्नान कर मरने पर पुनर्भव नहीं होता। इस पर बल है। लेकिन कुम्भ का कहीं जिक्र तक नहीं है। न तो अमृतत्व की प्राप्ति का फल बताया गया है, न अभय का। अपनी परम्परा में उपाय

या मार्ग तो बताने की जैसे प्रथा ही नहीं है। वह तो गुह्य रहती है। गुरु ही उपाय है। गुरुकृपा से मार्ग मिलता है। इसलिए गुरु का माहात्म्य है। प्रयाग माहात्म्य है। स्नान माहात्म्य है। कुम्भ माहात्म्य नहीं है।

कुम्भ का इतिहास में उल्लेख भी हर्ष के पहले का उपलब्ध नहीं है। जो वृत्तांत लगभग 1300 वर्ष पहले का है उसके हिसाब से तो यह प्रधान रूप से बौद्ध मेला है। पहले दिन बुद्ध की प्रतिमा स्थापित होती है। राजा उसे रतन जड़ते हैं। पहले बौद्ध भिक्षुओं को फिर ब्राह्मणों को, फिर बौद्ध भिक्षुओं को दान देते हैं। तीर्थ पुरोहितों को भी आप्यायित करते हैं। आनन्द की खेती करते हैं।

यह सिलसिला इसके पहले का है। तथागत के समय से ही भिक्षु पूर्णिमा-अमावस्या और दो अष्टमी, उपोसथ पर संघ के सामने अपने अशील बताते हैं। कहते हैं कि आइंदा ऐसा नहीं करेंगे। प्रयाग में भी ऐसा करते हैं। प्रायश्चित्त करते हैं।

मत्स्य आदि पुराणों में परम्परा से प्राप्त आख्यान दर्ज हैं। इतिहास की यह परम्परा—इति+ह+आस—ऐसा हुआ? पाश्चात्य परम्परा से भिन्न है। यह पर्व-वृत्त धर्म अर्थ काम मोक्ष के उपदेश से समन्वित है। इसके मुताबिक देवताओं और राक्षसों के सामने मोहिनी और अमृत दोनों हैं। राक्षस मोहिनी पर मोहित होते हैं। और अमृतत्व को खोते हैं।

इससे भी मेरा कुतूहल नहीं शांत होता कि यहाँ स्नान-दर्शन करने से अभय कैसे प्राप्त होता है?

माघ मास में जब सबसे ज्यादा ठंड होती है, तो उसकी अमावस्या को नहला देने से ठंड का भय तो निकल जाता है। उस ठंड में कुछ न कुछ ध्यान, स्मरण, कीर्तन वगैरह करने के अलावा रास्ता भी क्या है? घर से बाहर निकलने का भय तो घर छोड़ने से दूर होता ही है। लेकिन क्या यह अभय है? इतना हल्का, यह मामला नहीं है। तो क्या है?

महाभारत का दावा है कि जो यहाँ है वही सब दूर है, और जो यहाँ नहीं है, वह कहीं नहीं है। महाभारत के वनपर्व में तीर्थों का वृत्तांत है। उसमें प्रयाग माहात्म्य है। किन्तु कुम्भ माहात्म्य नहीं।

वाल्मीकि रामायण में गंगा और रम्या यमुना और पुण्या गंगा का दृश्य तो

है, लेकिन कुम्भ का जिक्र तक नहीं है।

इतिहास-पुराण से परम कुतूहल वैसे भी शांत नहीं होता। यहाँ तो और भी नहीं, क्योंकि कोई वृत्तांत ही नहीं। कुम्भनगर में जो कुम्भ माहात्म्य बिकता है, वह कोई चीज नहीं है। प्रमाण नहीं है।

इतिहास-पुराण प्रसिद्ध न भी हो, तो भी वह है क्या? अपने में क्या चीज है? स्नान तो हो गया। अब दर्शन बाकी है। वसंत पंचमी को अखाड़ों का जुलूस है। सबसे पहले महानिर्वाणी अखाड़ा प्रातः 6 बजे संगम जाएगा। जब वह वहाँ पहुँच जाएगा तो निरंजनी, और फिर जूना अखाड़ा चलेगा। यह तीन मुख्य हैं। वैसे तो और भी हैं। दिन भर स्नान होगा। दर्शन होगा। यह एक खास चीज है।

यह स्नान शाही स्नान कहलाता है। मुझे लगता है कि इसमें ही कोई रहस्य है। गुह्य है। सो क्या है।

यह लिंग रहस्य है। योनि और लिंग सृष्टि के मूल में हैं। नाना रूपों, रूपाकारों में यह देखे जा सकते हैं।

अमरकोश के अनुसार लिंग के दो अर्थ हैं : 1. चिह्न, 2. पुरुष की जननेन्द्रिय।

यहाँ लिंग किस अर्थ में है? इन्द्रिय की इतनी किस्में यहाँ दीखती हैं कि जितनी कि सारे देश में हैं। या क्या पता समस्त विश्व में हैं। सबका यहाँ यथेच्छ दर्शन होता है। इतना कि अघा जाए।

लेकिन इसमें रहस्य क्या है? क्या यह उतना ही है जितना कि बाहर दीखता है? अगर वही है तब तो गंदा है। विरूप है। हीन है। या इस स्थूल के पीछे कोई सूक्ष्म, परा तत्त्व भी है?

प्रश्न है कि प्रयाग जैसे तीर्थराज में कुम्भ पर्व पर इतनी संख्या में नागा नहान का क्या प्रयोजन है? यह शाही स्नान कहलाता है। इसमें साधुओं के अखाड़े के नागा बिलकुल नंगे हो कर संगम पर स्नान के लिए जुलूस बना कर जाते हैं। ये नंगे तीन प्रकार के होते हैं : 1) जो सदा नंगे रहते हैं। 2) जो पर्व पर नंगे हो जाते हैं। और 3) जो इस पर्व पर नंगे होने की दीक्षा लेते हैं। अपने अखाड़ों से जुलूस बना कर यह निकलते हैं। इनके आगे आचार्य मण्डलेश्वर होते हैं। बीच-बीच में मण्डलेश्वर होते हैं। वे सिंहासन पर विराजते हैं। वे स्वयं नंगे नहीं होते। ऐश्वर्यवान रहते हैं। प्रयाग में महानिर्वाणी अखाड़ा सबसे पहले निकलता है। फिर निरंजनी। फिर जूना अखाड़ा। अन्य भी हैं। पहले तीन

के ही स्नान में $3^{1}/_{2}$ घंटे लग जाते हैं।

मैंने वसंत पंचमी, 24 फरवरी, 1977 को महाकुम्भ के अवसर पर जूना अखाड़े के शाही स्नान की शोभा यात्रा को प्रायः शुरू से अन्त तक अपनी इन्द्रियों से, शास्त्र से और यत्किंचित् ध्यान से देखा।

इसका प्रधान केन्द्र वाराणसी में है। इस नाते यह मेरा अखाड़ा है। यह देख कर अच्छा लगता है कि नागाओं में भी बनारसी नागा श्रेष्ठ हैं। ज्येष्ठ हैं। जूना यानी प्राचीन है। जूना अखाड़े के आदि गुरु दत्तात्रेय हैं। अखाड़े में दत्तात्रेय की मूर्ति स्थापित है। जहाँ एक कुम्भा नाच रही है। फूहड़ है। दत्त दिगम्बर उदास हैं।

''दत्त दिगम्बर माझे गुरु'' हैं। बहुत दिन हुए जेल में महाराष्ट्र के एक तरुण तापस ने इनका मेरा परिचय कराया था। अनसूया के गर्भ में ब्रह्मा, विष्णु, महेश के अंश से इनका जन्म हुआ। इन अवधूत का कार्य क्षेत्र समूचा देश है। इनकी एक बात मुझे बहुत जँची। ये नित्य प्रातः काशी में स्नान करते हैं। कुल्हाड़ में प्रातः सन्ध्या करते हैं। कोल्हापुर में भिक्षा माँगते हैं। पांचालपुर में उसको खाते हैं। पंढरपुर में तिलक करते हैं। गाणगापुर में योग-साधना करते हैं। कुरुक्षेत्र में आचमन करते हैं। सह्याद्रि में विश्राम करते हैं। मराठी में इस नित्य यात्रा का बखान हुआ है। वह मुझे उग नहीं रहा। सिर्फ इतनी स्मृति है : दत्त दिगम्बर माझे गुरु।...

तंत्र के ये आदि गुरु हैं। ये मौनियों में मौनी, गुणवानों में गुणवान, पण्डितों में पण्डित, दीनों में दीन, सुखियों में सुखी, योगियों में योगी, मूर्खों में मूर्ख, युवतियों में युवा, बोलक्कड़ों में बोलक्कड़ हैं। ये त्रिभुवन विजयी अवधूत हैं। धन्य हैं।

जूना अखाड़े के झण्डे पर इनका नाम देख मुझे माझे गुरु स्मरण हो आते हैं। उनका मूल मंत्र है : *ॐ परब्रह्म परमात्मने नमः। उत्पत्ति-स्थिति-प्रलयकराय ब्रह्महरिहराय त्रिगुणात्मने सर्वकौतुकानि दर्शय दत्तात्रेय नमः तंत्रसिद्धिं कुरु कुरु स्वाहा।*।

मंत्र नहीं जानता। न तंत्र। न मंत्र। सिर्फ स्मरण करता हूँ। और वे मुझे कुम्भ कौतुक दिखाते हैं।

कुम्भ क्या है। इसका माहात्म्य वेद-पुराण, श्रुति-स्मृति के परे है। यह मूल रूप से आदिम है। अनादि है। आगम ने इसे सिर्फ व्यवस्था दी है। तंत्र का एक अर्थ है व्यवस्था। घट के आदिम प्रतीक को तंत्र ने एक व्यवस्था दी। घड़े का टोने-टोटके में प्रयोग अनादि है। टोने-टोटके में, तंत्र-मंत्र में, विवाह जैसे मंगल कार्य में, यात्रा में, दाह-संस्कार

वगैरह में यह आदिम संस्कारों से आया है। इसी अनादि स्रोत से कविता में है। न्याय में घट-पट है। कुम्भ वह है जो पूरता है। इससे ही कुम्भ योनि है। यह घड़ा है। संसार है। यह घट पट से ढँका है। पर्व पर पट हटा इसे निरावरण कर दिया गया है। नंगा सच दीख रहा है। गुह्य है। गुरु कृपा से जाना जा सकता है। गुरु उपाय है।

आदि गुरु दत्तात्रेय से पूछता हूँ। वे कहते हैं कि मुझे यह तंत्र कैलास शिखर पर आसीन देवों के देव शिवजी से प्राप्त हुआ। सो ही शिवजी काशी में बसते हैं। मैं काशी का हूँ। इसलिए मेरे लिए वे सहज सुलभ हैं। उनसे ही पूछूँ। वे आशुतोष हैं। मुझ पर स्नेह रखते हैं। *दत्तात्रेयतन्त्रम्* की एक प्राचीन हस्तलिखित पोथी दिखाते हैं। जो जैसी देखी गयी वैसी संवत् 1889 में लिखी गयी। यह *दत्तात्रेयतन्त्रम्* वाराणसी से प्रकाशित भी हुआ है। लेकिन यह पूर्ण नहीं प्रतीत होत्ता। कहा जाता है, दत्त संहिता 18,000 श्लोकों का एक ग्रंथ था। परशुराम ने स्वयं वह ग्रन्थ पढ़ा था। 6,000 श्लोकों में उसका सार संगृहीत किया था। वह ग्रन्थ 50 खण्डों में विभक्त है। परशुराम के शिष्य सुमेधा ने दत्तात्रेय-परशुराम संवाद के रूप में उस संहिता और सूत्र का सारांश संकलित किया था।

एक सूत्र से पता चला कि दत्तात्रेय संहिता उज्जैन स्थित दत्तात्रेय के मंदिर के पुजारी के पास है। मैंने उसे देखा नहीं। सुना है। *दत्तात्रेयतन्त्रम्* तो मैंने देखा है।

और तंत्र की मदद से कुम्भ कौतुक देखा। स्थूल, सूक्ष्म और परा तीनों आयाम। जूना अखाड़े में तीन बार गया। स्नान-ध्यान कर पूर्वाह्न में। फिर संध्या वेला में। जब नए नंगों की दीक्षा हुई। सर्वांग बाल उतार दिए गए। एक कोपीन पहने, यज्ञोपवीत डाले धूनी रमाए हुए हैं। पुराने नागा भभूत लगा रहे हैं। जैसे श्रृंगार कर रहे हैं। अंगराग रच रहे हैं। जैसे अभिसारिका हैं। जटा-जूट वाले ज्यादा ध्यान खींचते हैं। धूनी का धुआँ है। गाँजे की गंध है। काम और क्रोध से अगर कोई तंत्र रहा भी हो तो-वह कीलित है। अखाड़े में शोर बहुत है। प्रायः लिंग भी सुन्दर नहीं। असुन्दर। अशिव, असाधु।

तीसरी बार शाही स्नान के लिए निकलते हुए हम जैसे इनके जुलूस के साथ अखाड़े से निकले। अभी उषाकाल की आभा ही फैल रही है। पौ नहीं फटी। नए-पुराने नागा उमग रहे हैं। लिंग फटकारते हुए जुलूस में शरीक हो रहे हैं। जो कल तक भेष में थे, वे भी आज नंगे हैं। मण्डलेश्वर सज-धज कर आसनों पर सवार धीरे-धीरे बढ़ रहे हैं। नागाओं का मन बढ़ा हुआ है। इन्द्रिय भी।

इस जुलूस के साथ निकलना रुचा नहीं। इनसे कन्नी कटा कर उस मार्ग पर आ

गया जिससे यह शाही जुलूस निकल रहा है। उधर सूरज निकल रहा है। जैसे कनक कुम्भ से काम राग उँड़ेला जा रहा है। आकाश में हिरण्यगर्भ प्रगट हो रहा है। पृथ्वी पर लिंग दर्शन हो रहा है। किसिम-किसिम के लिंग। नृवंश शास्त्री अगर इनका माप-जोख, वर्ण, वर्गीकरण करें तो कुछ वैज्ञानिक जानकारी हासिल हो।

मुझे तो थोड़ी देर बाद अरुचि होने लगी। कोई विपरीत लिंग नहीं। अखाड़े की नागिनें नंगी नहीं, वस्त्र धारण किए हुए हैं। पीछे-पीछे हैं। नंगा होना भी पुरुष सुख है। स्त्री को यह अधिकार नहीं। वैसे एक माने में यह स्त्री के पक्ष में है। पुरुष के विरुद्ध है। यह वंचित है।

मैं इस संसर्ग से थोड़ा दूर हो जाता हूँ। फिर भी अपने बनारस का अखाड़ा है। तो बाड़ के किनारे-किनारे साथ चलता हूँ। आगे जाकर वरुण देवता का एक विमान आकाश में टँगा हुआ है। उससे जल की आपूर्ति होती है। उस पर वरुण देव परिवार के स्त्री-पुरुष विराजमान हैं। मैं भी उस देव संकुल में धँसने की प्रार्थना करता हूँ। अनुज्ञा पाता हूँ। प्रीत हूँ। कृतज्ञ हूँ। ऊँचाई से सब दूर देखता हूँ।

4
चतुर्थोल्लासः

यह संगम मार्ग है। वाराणसी का जूना अखाड़ा है। दत्त दिगम्बर का जुलूस जा रहा है। भाँजता जा रहा है। ऊँचाई से यह साढ़े तीन-तीन अंगुल के पुतलों का सिलसिला दीखता है।

आगे-आगे राज दण्ड धारी चल रहे हैं। घोड़ों पर सवार हैं। लाल-लाल इस दण्ड की आँखें हैं। शाही स्नान को विधिपूर्वक सम्पन्न कराने को तैनात हैं। और विघ्नों का निषेध करने को भी। दण्ड के भय से नागा-अनागा मर्यादा में हैं। दोनों ओर बाड़ है। नागा इस बाड़ के बीच से बढ़ रहे हैं। नर-नारी इस बाड़ के दोनों ओर दर्शन लाभ कर रहे हैं। कुम्भ स्नान के लिए जो भीड़ है ये उससे अलग-थलग हैं। लिंग दर्शनार्थी हैं। स्नानार्थी तो एक ओर से जा रहे हैं। दूसरी ओर से लौट रहे हैं। कुम्भ के हृदय-प्रवेश में यह क्रिया हो रही है।

मैं नागों को देखता हूँ। और देखने वालों को भी। दत्त दिगम्बर माझे गुरु को स्मरण करता हूँ। वे मेरी आँखों को निरंजन कर जाते हैं। अनदेखे में देखने की आँख देते हैं। इससे मैं देश काल पात्र के भेदों को भेद सकता हूँ। अन्दर-बाहर सब दूर देख सकता

हूँ। तो क्या देखता हूँ कि देश काल पात्र के बँटवारे असली नहीं। नितांत नकली भी नहीं। व्यवहार के लिए सत्य है। परमार्थ के लिए नहीं। सत्य इन कोटियों में विभक्त है। फिर भी अविभक्त है। *अविभक्तम विभक्तेषु* देखता हूँ।

पहले संगम देखता हूँ। गंगा-यमुना की दो जाँघों के बीच उभरे हुए त्रिकोण सरीखा संगम है। नावों की आड़ है। दूर से यह कैसा दीखता है? मैं सोचता हूँ कि यह पुरुष-दृष्टि है। अगर मैं स्त्री होता तो मुझे क्या दीखता? मैं यह किससे पूछूँ? मेरी कोई भैरवी नहीं जो मुझे बताए। तो मैं सोचता हूँ कि मैं अर्धनारीश्वर हूँ। आधा नारी, आधा पुरुष, प्रधानता से पुरुष हूँ। तो अपने ही अन्दर की नारी को पूछूँ। उसकी भावना करता हूँ। बहुत दिनों से मैंने उसकी उपेक्षा की है। तो पहले तो वह मान करती है। मुँह फेर कर बैठी है। मैं उसकी प्रार्थना करता हूँ कि हे मानिनी! मान तज दो। खाली कहने-सुनने से कौन मानता है? जैसे-तैसे मनाता हूँ, तो वह जाग्रत होती है। हुलस कर चारों ओर देखती है। अपनी माया का विस्तार करती है। जब चारों ओर देख लेती है। तो मैं पूछता हूँ कि देखा? तो वह ठसक कर कहती है, हाँ देखा!

एक लाजभरा सौन्दर्य बिखर जाता है। मौन, सेंदुर, शांत।

फिर पूछता हूँ। वह कुछ शर्म से, कुछ आवेग से काँपती आवाज में सब बताती है। कुछ शब्दों से, कुछ शील से, कुछ सैन से, कुछ संस्कार से, कुछ स्मृति से। लेकिन मैं वह सब बता नहीं सकता। वह बरजती है : *गुह्यं गुह्यं महागुह्यं*। और अपने गुह्य अंगों की तरह इसे गोपन रखने की सीख देती है। इसलिए मैं सब तो बता नहीं सकता। लेकिन उसका इतना दास भी नहीं कि कुछ भी न बताऊँ। न इतना बेशरम हूँ कि सब खोल कर बताऊँ। अनग्ना, अवसना विग्रह मुझे इष्ट है।

संगम के बारे में वह कहती है कि गंगा-जमुना दो जाँघें हैं। तो वह क्या है? वह जो आपके बनारस जा रहा है। मैं बहुत पूछता हूँ हाँ, देखो वह क्या है? लेकिन वह मेरे अन्दर के पुरुष से लिपट कर एक हो जाती है। फिर झूठा मान करती है। कुछ नहीं कहती। मैं ठठा कर हँसता हूँ।

त्रिवेणी कहाँ है? गंगा-यमुना तो दो वेणी हैं। दो चोटियाँ हैं। कहते हैं कि सरस्वती अन्तःसलिला है। तो जो अपरा विद्या वाले हैं, पुरातत्ववेत्ता वगैरह, वह अटकल लगाते हैं कि कभी सरस्वती यहाँ बहती होगी। अब सूख गयी। लेकिन पुराने वृत्तांतों में तो प्रायः कहीं सरस्वती का उल्लेख नहीं। वाल्मीकि रामायण में सिर्फ रम्या यमुना-पुण्या गंगा हैं।

कालिदास में भी समुद्र की यह दो ही पत्नियाँ हैं। तब तो तीसरी नहीं थी। सरस्वती की यह कल्पना कभी बाद में अन्तर्भुक्त की गयी है। कब और क्यों यह खोज की बात है।

अन्तःसलिला सरस्वती सब दूर अन्तःकरण में बहती हैं। निर्मल करती हैं। इसलिए संगम में भी वह हों तो इसमें कोई अचरज नहीं। कभी-कभी लगता है कि त्रिवेणी का रूपक पूरा करने के लिए तो सरस्वती की कल्पना नहीं कर ली गयी?

अगर यह सिर्फ सतही रूपकबाजी है तो इसकी जरूरत नहीं है। ऊँचाई से त्रिवेणी देख रहा हूँ : एक वेणी गंगा है, दूसरी यमुना है, और तीसरी वेणी इन दोनों के संगम के बाद वह है। गंगा-जमुना-गंगा है। जो संगम कर वाराणसी जा रही है। यह तीन वेणियाँ हैं। 6 तट हैं। दो गंगा के, दो जमुना के, और दो संगम के बाद की गंगा-जमुना के। बल्कि अभी तो चार वेणियाँ और आठ घाट हैं। गंगा की दो धाराएँ हैं। दो वेणियाँ हैं। चार घाट हैं। दो यमुना के हैं। दो गंगा-जमुना के मिले-जुले हैं।

देखता हूँ कि कुम्भ क्षेत्र प्रशस्त है। इतना विस्तार है कि अभी कितने कुम्भ इसमें समा सजाएँ। जब एक चोटी में इतने लोग उलझे रहते हैं तो महामाया की दो, तीन चोटियों में तो सारा भुवन बँधा हुआ है। वह जब इशारा करती हैं तो लोग दौड़े हुए आते हैं। छहों घाट नहाते हैं। घाट-घाट का पानी पीते हैं। संगम नहाते हैं। अज्ञानवश जानते नहीं कि क्या करने आए हैं? क्या पुण्य कमा रहे हैं? फिर भी महसूस करते हैं कि कुछ हो तो रहा है। क्या यही पुण्य है। तो पाप क्या है? न पुण्य, न पाप क्या है? और इनसे परे वह क्या है? क्या वही रस है? कुम्भ रस? पता नहीं।

वैदिक ऋषि गाता है : *इमं मे गंगे यमुने सरस्वति। सितासिते सरिते यत्र संगमे।* ...वह गंगा कहाँ है? जमुना कहाँ? साँवली जमुना तो फिर भी दीखती है। गंगा तो जैसे लुप्तप्राय है। कभी यह समुद्र पत्नियाँ भरी-पूरी होंगी। इनका यह पाट, यह घाट, यह संगम ही बताता है। इसे कालिदास ने देखा है। विमान से लौटते हुए राम के मुँह से सीता को कहलाया है :

हे सुन्दरी! देखो यमुना की साँवली लहरों से मिली हुई उजली लहरों वाली गंगा जी कैसी सुन्दर लग रही हैं। कहीं तो ये चमकने वाली इन्द्रनील मणियों से गुँथी हुई माला जैसी लगती हैं। कहीं नीले और श्वेत कमलों की मिली हुई माला जैसी दिखाई पड़ रही हैं। कहीं साँवले रंग के हंसों से मिले हुए उजले रंग के राजहंसों की पाँत के समान शोभा दे रही है। कहीं श्वेत चंदन से चीती हुई पृथ्वी पर बीच-बीच में अगर से रची हुई सी लग

रही हैं। कहीं-कहीं ये वृक्ष के नीचे की उस चाँदनी के समान लगती हैं जिनके बीच-बीच में पत्तों की छाया पड़ी है और कहीं पर शरद ऋतु के उन उजले बादलों के समान जान पड़ती हैं जिनके बीच-बीच में नीला आकाश झाँक रहा हो। और कहीं पर भस्म लगाए हुए शिव जी के उस शरीर के समान दिखाई पड़ रही हैं जिस पर काले-काले सर्प लिपटे हुए हों। समुद्र की इन पत्नियों अर्थात् गंगा-यमुना के संगम में जो स्नान करके पवित्र होते हैं वे तत्वज्ञानी न होने पर भी संसार के बंधनों से छूट जाते हैं : *समुद्रपत्न्योर्जलसंनिपाते...*।

गंगा-यमुना के संगम का ऐसा बखान अपूर्व है। मैं इसे सिर्फ दुहरा सकता हूँ। कर नहीं सकता। एक तो कवि नहीं। न वह दृष्टि है, न लालित्य है, न शिल्प, न उपमा। वह तो कालिदास की चीज है।

गंगा-यमुना में वह जल सन्निपात भी नहीं है। गंगा में तो नहीं ही है। मैं देख रहा हूँ कि जो बाँध बँधने वाले हैं उनके फलस्वरूप अगले महाकुम्भ तक यमुना में भी नहीं रहने वाला है। सिर्फ रेत ही रेत रह जाने वाली है। जल नहीं। संगम में। मेरे मन में भी। इस रेत में क्या अभिषेक होगा? क्या स्नान-आचमन-तर्पण होगा? कैसे यह शरीर-बंध टूटेगा? क्या यह सब स्नान-ध्यान मन की ही गंगा-जमुना में करना होगा? शायद। शायद नहीं। जो हो, सो हो।

देश के अनंतर काल को देखता हूँ। यह महामाया का एक कंचुक है। असल में कुछ है नहीं। लेकिन व्यवहार की सहूलियत के लिए यह है। इसका बँटवारा है। पल, पहर, घड़ी, घंट, घड़ियाल बजते हैं। दिन और रात बीतते हैं। मास, ऋतु, वर्ष, कल्प, कल्पांत बीतते हैं। वट वृक्ष के पत्तों पर वटपुटे-भगवान् शयन करते हैं। सब लोकों को कछुए की पीठ पर सँवारे रहते हैं। यह लीला त्रिवेणी में सम्भव करते हैं : *तदा क्षेत्रं वेणी जयति। ...स तीर्थराजो जयति प्रयागः।*

प्रयाग माहात्म्य का एक अंत है। मुझे यहाँ मंत्र से दूसरा भी दीखता है। मंत्र-कोष में प्रयाग 'पू' वर्ग में है। इसका मूल पद सखी है। यानी प्रयाग सखी वर्ग में आता है। सखा-सखी का यह संगम भी अपूर्व है। यह अर्थ जानकर सुख मिल रहा है। तब तक कालभैरव चिमटा फटकार कर एक सूत्र और उतारते हैं : *निष्फलः वागलंकारः प्रयागो*। निष्फल है, वाक् अहंकार है प्रयाग।

यह एक अंत है। वह जयति अंत, यह निष्फल अंत दोनों बरजने जैसे हैं। परमार्थ

में, यह दोनों अंत नहीं हैं। और प्रयाग है।

वेणी में काल भी अरुझा हुआ है। मन भी। उसे कैसे सुलझाऊँ? इसमें कुछ नहीं हो सकता। इससे बचकर निकल ही जाने में भला है। लेकिन रास्ता क्या है? इसे जान लेना ही इससे छूट जाना है।

काल क्या है? इसका इतिहास में आदिम, प्राचीन, मध्यकालीन, आधुनिक में यह बँटवारा असली नहीं। यह चार कोटियाँ नहीं हैं। काल चतुष्कोटि विनिर्मुक्त है। सिर्फ व्यवहार के लिए काल है। यह कुम्भ अनादि है। यह लिंग भेद भी अनादि है लेकिन यह मेला जो है वह हद तक ही अनादि है। जहाँ तक मैं देख सकता हूँ वहाँ तक देखते-देखते जब थक जाता हूँ तो इसे अनादि कहता हूँ। आदिम कहता हूँ। आदिम घट पूजा से फिर यह कुम्भ पर्व शुरू होता है। आगम से जुड़ता है। तंत्र इसकी व्यवस्था करता है। फिर निगम इसे लोक लेता है। वेद-पुराण से जुड़ कर इसे मान्यता मिलती है। हालाँकि वेद-पुराण में इसका बखान नहीं है। बहुत बाद का है। हो सकता है कि आदिम, तंत्र, बौद्ध इसके तीन समय जब बीत चुके हों, यह श्रमणपर्व हो चुका हो तो श्री हर्ष ने इसे बड़े पैमाने पर अपना लिया हो। जब कोई सम्राट किसी धर्म को अपनाता है तो उसमें एक चमक आ जाती है। मूल भले विकृत हो। लेकिन बाहर की चमक आती है। ऐसी चमक बुद्ध, जरथुस्त्र, ईसा, मुहम्मद, मार्क्स, गाँधी को जब राज्य अपनाता है तो दिखती है। जो हो, श्री हर्ष के पहले और बाद इस पर्व का कोई ऐतिहासिक विवरण नहीं मिलता। हर्ष का समय तो बौद्ध समय है। इसके बाद शंकराचार्य समय आया होगा। फिर अकबर समय, अंग्रेज समय, कांग्रेस समय में यह मेला चलता जा रहा है।

इसका मूल अर्थ खो गया है। सिर्फ कर्मकाण्ड रह गया है। कालक्रम में बहुत सी गंदगी आ गयी है। दूर से ही दुर्गन्ध आ रही है। जैसे कुम्भ एक महा निबटान भूमि है। चारों ओर मल त्याग हुआ है। अन्नों का मल, मूत्र, सिर का मल केश, यह सब तो ऊपर से दीखता है। दुर्गन्ध करता है। व्यवस्था अच्छी है। उस पर खूब चूना वगैरह छिड़का गया है। क्लोरीन की गंध है।

कहते हैं कुम्भ पर्व पर इतना मल त्याग होता है कि प्रयाग राज अपने घोड़े सहित काले पड़ जाते हैं। तदनंतर अयोध्या सरयू नहाने जाते हैं। वहाँ से सफेद घोड़े पर साफ-सुथरा होकर लौटते हैं। लेकिन वह जो अन्दर का मल त्याग हो रहा है, या जमा हो रहा है और बाँटा जा रहा है, उसका क्या उपचार है?

एक समय अक्षयवट से कूद कर प्राण देने की प्रथा थी। संकल्पपूर्वक प्राणत्याग तो अच्छी चीज है। प्रहर भर प्रखर रूप से जल कर बुझ जाना श्रेयस्कर है, बनिस्पत धुक्-धुक् कर जलने से और गंधाने से। इसलिए सारे सनातन तीर्थों में जहाँ स्नान-ध्यान का माहात्म्य है, वहीं मरने का भी विधान है। मृत्यु ध्रुव है। मृत्यु का एक दिन तय है। लेकिन उसका पता नहीं। इसलिए उसकी प्रतीक्षा ही की जा सकती है। आत्महत्या तो महापातक है। अगर कोई जान ही देना चाहे तो उसका दिखावा क्यों? अक्षयवट या काशीकरवट या ताजमहल से ही क्यों कूदा जाए? कोई कह सकता है कि मृत्यु का जो वरण करे उसका अभिनंदन होना चाहिए। पता नहीं। क्या होना चाहिए? क्या नहीं होना चाहिए? गनीमत है यह होता नहीं है। जब होता होगा तो लोग उसे चाव से देखते होंगे। दर्शन में पुण्य मानते होंगे। फिर इस विधि का निषेध हुआ। क्योंकि एक होड़ लग गयी होगी कि ''मेरे अखाड़े से कितने कूदे'' उनसे ज्यादा ही कूदने चाहिए। नहीं तो नमूसी है। तो फिर जो मुमुक्षु हो न हो, पकड़-पकड़ कर अक्षयवट से उसे ढकेला जाने लगा होगा। यह दृश्य भी लाखों लोगों ने देखा होगा। इसका भी पुण्य लाभ किया होगा। लेकिन फिर राज्य शक्ति को हस्तक्षेप करना पड़ा होगा। क्योंकि वह प्राण-त्याग नहीं रह गया होगा। हत्या हो गयी होगी। इसलिए वह समय नीति बना कर रोका गया होगा। अक्षयवट आज भी है। लेकिन अब उस पर से कोई कूदता नहीं है। वह किले के अन्दर है।

इसी तरह नागाओं का भी समय तो नहीं है? इसमें सचमुच कितनों को वैराग्य हुआ है? इतनी जबर्दस्त निराशा कि उन्होंने सब त्याग दिया। मुझे तो इस भीड़ में नितांत निराशी, निर्भय, निरहंकारी, निरंजनी, निर्वाणी शायद ही कोई दीखता है। पता नहीं कोई दबा पड़ा हो तो नहीं कह सकता?

हाँ, आदिम-आधुनिक का बँटवारा भी असली नहीं दीखता। नग्नता आदिम भी है, आधुनिक भी। आदिम से लगा कर आज तक अपने देश में इसे जो दर्शन दिया गया, जो व्यवस्था की गयी, उससे यह नग्नता भी एक पंथ बन गयी। सब पंथों में एक पंथ। एक-एक कर के नंगे रहना कठिन है। तो जिसके मन में नितांत विराग उपजा होगा वह निकला होगा। उसके आकर्षण से उसके इर्द-गिर्द एक प्रभा-मण्डल फैला होगा। वह उस मण्डल के केन्द्र में होगा। फिर उसमें और त्रिकोण और बिन्दु जुड़े होंगे। विराग की भी व्यवस्था हुई होंगी। और जिसे इस किसिम का विराग हुआ होगा, वह इस मण्डल में

आया होगा। यहाँ उसे यह देख कर अच्छा लगा होगा कि एक हम ही नहीं, वह भी नंगे हैं, वह भी हैं, तो इससे नागापना निभ गया होगा। उग्र साधना में जो उपद्रव आते होंगे उनका भी यहाँ शमन होता होगा। फिर सचमुच राग पर कितनी विजय पायी, इसके प्रयोग के लिए अवधूतिन जुटी-जुटायी गयी होंगी। फिर तो संसार बस गया होगा। एक अवधूत-अवधूतिन अपने में एक संसार है। जैसे एक हिप्पी-एक हिप्पिनी। तो यहाँ संसार है। राग-रक्त है। विराग कहाँ है?

आखिर नंगे होने का मन क्यों हुआ होगा? यह वासना अनादि है। अन्य जीवों की तरह आदमी-औरत भी नंगा ही जनमता है। कपड़ा पहन कर नहीं। जब तक शिशु है तब तक उसे इसका बोध नहीं रहता। धीरे-धीरे यह पता चलता है कि वह लड़का है, या लड़की है। विपरीत लिंग के लिए कुतूहल होता है। तब अपने-अपने अंगों को छिपा कर रखने का भाव आता है। किशोर-किशोरी होने तक यह भाव कुछ सुप्त रह सकता है। फिर तो वह प्रचण्ड वेग से आता है। तरुण-तरुणी में काम का ज्वार आता है। इससे शक्ति मिलती है। सृष्टि होती है। प्रौढ़-प्रौढ़ा में यह चीज़ पकती है। वृद्ध-वृद्धा में ढल कर शरीर के साथ निःशेष हो जाती है। पता नहीं शरीर के बाद भी अतृप्त वासना का संसरण होता है या नहीं? पुनर्जन्म है या नहीं? वासना का आदि क्या है? अंत क्या है? यह तो दिखता नहीं। यह अनादि तो है, किन्तु शायद सांत है। अनन्त नहीं। गुहा में अँधेरा अनादि है। लेकिन एक दीया जला दीजिए तो उसका अंत हो जाता है। कम से कम उस दीप-क्षण के लिए निर्वाण होने पर इसका अंत है? पता नहीं।

जो कुछ हो, आदमी-औरत के मन में उस आदिम नग्नता के लिए एक सहज आकर्षण है। स्वरूप को, स्वभाव को, सहज को फिर से पाना चाहता है। वह सब आवरण, संस्कार, स्मृति उसे बंधन लगते हैं जो उसने सभ्यता-संस्कृति की यात्रा में अपनाए हैं। यह सब याद कर कभी-कभी रोता है। छटपटाता है। फिर प्रायः अपने अन्तर-बाह्य की व्यवस्था के साथ समझौता कर लेता है। सभ्य बना रहता है। किसी-किसी में कभी-कभी वह छटपटाहट तीव्र हो जाती है। वह चुप नहीं बैठ सकता। सब आवरण, संस्कार, स्मृति जलाता है। नंगा निकल पड़ता है।

इस सम्बन्ध में शुकदेव का उदाहरण दिया जाता है। उन्हें शुरू में ही यह आवेग हुआ था। व्यास ने बहुत समझाया-बुझाया। जब उन्हें संतोष न हुआ तो राजा जनक के पास भेजा। जनक ने समझाया कि घर से निकल जाओगे तो भी एक कुटी चाहिए।

आहार चाहिए। मनुष्य नहीं तो पशु-पक्षी का संग चाहिए। उनसे भी राग हो जाता है। दूसरे अगर कहीं बाद में अच्छे खाने-कपड़े की ललक हुई तो क्या होगा? फिर पतित होंगे। इसलिए वह सब भोग लो। फिर तय करना। शुकदेव बहक गये। विवाह किया। संतान पैदा की। फिर भी वह आवेग बना रहा। एक दिन सब छोड़-छाड़ कर नंगे निकल गए। उनके उदाहरण पर जो भी 'संन्यास' ग्रहण करता है, वह चाहे थोड़ी ही देर के लिए, नंगा होता है। सफेद वस्त्र छोड़ने और काषाय ग्रहण करने के दरमियानी काल में वह नंगा कर दिया जाता है। यह उसकी दीक्षा का अंग है।

नागा अखाड़ों में अब तो बहुत से दाँव-पेंच आ गए हैं। व्यवस्था के सारे दोष आ गए हैं। शिव-पार्वती संवाद में इसकी शंका पहले से हुई है। महानिर्वाण तंत्र में एक प्रसंग है। शिव जब तंत्र का उपदेश कर रहे हैं तो पार्वती उन्हें टोकती हैं कि प्रभो, आप तो इनके हित के लिए कह रहे हैं। लेकिन हे महादेव, ये मनुष्य इसे इसके विपरीत ही करेंगे : *विपरीतानि मानवे*। फिर भी शिव कहते जाते हैं।

हरेक के अपने-अपने इष्ट होते हैं। तांत्रिकों के इष्ट भी एक नहीं हैं। शैव-शाक्त, बौद्ध, जैन, वैष्णव के भिन्न-भिन्न हैं। मनुष्य की मूल इच्छाओं और अपनी परम्पराओं के अनुसार इष्ट बनाए गए हैं। उनका विग्रह है। जैसे हिमालयी तांत्रिकों के इष्ट प्रायः शिव हैं। 84 सिद्ध हैं। बौद्धों के आदि बुद्ध हैं। या फिर अवलोकितेश्वर, या मंजुश्री वगैरह हैं। कहते हैं शैव-शाक्त अघोर पंथियों के दो मुख्य भेद हैं : 1) हिमालयी, 2) गिरनारी। शिव यों तो सभी के इष्ट हैं, किन्तु गिरनारियों के गुरु दत्तात्रेय हैं। जूना अखाड़ा इसी के अन्तर्गत है। जो हो, इष्ट का ध्यान करते हैं। ध्यान-भावना करते-करते उसका साक्षात्कार कर लेते हैं। फिर वैसे ही हो जाते हैं। सामीप्य, सायुज्य प्राप्त कर लेते हैं। शिव सामीप्य या सायुज्य प्राप्त कर वैसे ही नंग-धड़ंग रहते हैं। भभूत लगाते हैं। त्रिशूल धारण करते हैं। भांग-धतूरा खाते हैं। बम-बम करते हैं।

अपनी भावना के अनुसार इष्ट अपना निजी सत्य हो जाता है। लेकिन आज-कल यह भावना तो प्रायः होती नहीं। साक्षात्कार रहा नहीं। इसलिए इष्ट प्रत्यक्ष नहीं। प्रस्तुत नहीं। राम, कृष्ण, शिव, महावीर, ईसा वगैरह को बहुत कर के शास्त्र से जानते हैं। खुद नहीं जानते। मंदिर जाते हैं। मूर्ति देखते हैं। धूप-अगर की गंध लेते हैं। प्रसाद पाते हैं। उतना ही अपने इष्ट को जानते हैं। इसलिए जब उससे बढ़ कर दिखाते हैं तो बेमेल हो जाते हैं।

जो हो, पहले कोई अकेला नागा हुआ होगा। इसके आकर्षण से उसके इर्द-गिर्द और जुड़े होंगे। धीरे-धीरे समानधर्मा नागाओं का एक पंथ ही चल निकला होगा। फिर यह तंत्र आया होगा। तंत्र यानी विस्तार। और व्यवस्था भी। लिंग और योनि की मूल शक्तियों की, समरसता की खोज शुरू हुई होगी। शिव-शक्ति का योगायोग परखा गया होगा। शैव-शाक्त आगम बना होगा। बुद्ध-महावीर के काल में ऐसे नग्नों के सम्प्रदाय रहे हैं। महावीर तो स्वयं ही दिगम्बर थे। कहते हैं कि पालि साहित्य में उल्लेख है कि तथागत बुद्ध कुछ समय के अघोरी रहे। फिर उन्होंने वह आत्मक्लमथ और काम सुख भोग की अति को बरजा। मध्यम मार्ग की देशना की। कहते हैं कि उनके जाने के बाद, विशेषकर नागार्जुन के बाद बौद्ध, जैन तंत्र भी विकसित हुआ। फिर वैष्णव तंत्र भी आया। तंत्र दृष्टि भारतीय साधना की मूलभूत दृष्टि बनी। तंत्र समय आया। ऐसा कहा-सुना जाता है।

उसका मूल प्रयोजन तो सरल था। शक्ति का विकास, अच्छे काम के लिए वशीकरण, मनोनाश और शांति और अन्ततः निर्वाण या मोक्ष। किन्तु तंत्र तो एक विधि है। इस विधि का प्रयोग निर्वाण के लिए भी किया जा सकता है। और संसार का रस खींचने के लिए भी। तंत्र की ज्योति प्रगट हुई। लेकिन हमने अंधकार को वरण किया। क्योंकि हमारे संस्कार बुरे हैं। टोना-टोटका, मोहन, मारण, उच्चाटन, वशीकरण वगैरह में इसका दुरुपयोग शुरू हुआ। औषधि, मंत्र, यंत्र का चक्कर चला। इन सबका मूल प्रयोजन शरीर और चित्त को दृढ़ कर संसार से छुटकारा पाना था। छूटने के लिए भी शरीर दृढ़ होना जरूरी है। बलहीन को कुछ हाथ नहीं लगता न संसार, न निर्वाण। इसलिए नागार्जुन ने पारद का शोधन किया। रस-रसायन बनाये। औषधियों का प्रयोग बताया। यह प्रयोग भी अनादि है। शायद दुरुपयोग भी। इसमें तंत्र ने सिर्फ व्यवस्था की। विस्तार किया।

जैसे हर चीज का समय होता है। तंत्र का भी। तंत्र समय भारत से मध्य युग में लोप होने लगा। इस बीच जहाँ-जहाँ भारत की संस्कृति गयी, वहाँ-वहाँ यह साधना पद्धति भी गयी। विशेषकर हिमालय में यह सुरक्षित रही। जैसे बरफ में जमा दी गयी। तिब्बत और नेपाल हाल-हाल तक तंत्रविद्या के माने हुए केन्द्र रहे। तिब्बत में कम्युनिस्ट चीन के आ जाने के बाद वह केन्द्र भी टूट गया। नेपाल में भी स्थिति यथा तथा है। भारत में हाल-हाल तक सुरुचिपूर्ण व्यक्ति तंत्र को निषिद्ध मानते रहे हैं। उन्हें इसमें अरुचि हो गयी।

आधुनिक दृष्टि तंत्र को ईसा के बाद, बहुत कर के मध्ययुगीन मानती है। इसमें तंत्र के लिए अपरिचय ही नहीं, कुसंस्कार हैं। जबकि परम्परा से आगम-निगम यह दोनों धाराएँ अति प्राचीन हैं। योग-तंत्र आगम परम्परा के अन्तर्गत हैं, वेद-पुराण निगम के। शायद तंत्र किसी धर्म-दर्शन की परम्परा के मुहताज नहीं। वे अपने में सर्वतंत्र स्वतंत्र हैं, और धर्म-दर्शन परम्पराओं ने उसका अपनी दृष्टि से विनियोग किया है। जो हो, बौद्ध तंत्र की परम्परा में तंत्र की देशना स्वयं आदि बुद्ध ने की है। महायान के अन्तर्गत दो नय हैं : सूत्र नय और मंत्र नय। सूत्र नय या पारमिता सूत्रों के नय से असंख्येय कल्पों में निर्वाण प्राप्त होता है। तो प्रश्न है कि एक क्षण में, अर्थात् एक जन्म में मुक्ति कैसे हो? इसके लिए कुछ तीक्ष्ण इन्द्रिय सत्त्वों को भगवान् ने मंत्र की देशना की। इसके अन्तर्गत मोह, राग, द्वेष को मार्ग के रूप में प्रयोग किया। अगर राग बाँधता है तो राग ही मुक्त कर सकता है। किन्तु यह तीक्ष्ण साधन है। इसलिए जो इसका अधिकारी नहीं है उसे नहीं दिया जा सकता। मोर जो विष पचा सकता है, सर्प उसके लिए ही आहार है, कौए के लिए नहीं। इसलिए इसमें अधिकारी भेद हैं और इसलिए ही यह गुह्य विद्या है। यहाँ इतना बस है।

धीरे-धीरे बीसवीं सदी के प्रारम्भ से तांत्रिक दृष्टि और साधना की ओर ध्यान दिया जाने लगा। इसमें भी एक गौरांग महाप्रभु सर जान उड्राफ ने पहल की। कतिपय देशवासियों को लगा कि यह कोई नितांत निषिद्ध चीज नहीं है। कुछ गहरी चीज़ है। तब तो अंग्रेज बहादुर इस ओर खिंचा है। यह रुचि ऐतिहासिक गौरव के संरक्षण की ज्यादा रही। माहात्म्य, ज्ञान का आग्रह ज्यादा रहा। साधना कम। अभी भी साधना में कम ही श्रेष्ठ लोग दीक्षित होते हैं। इधर यूरोप-अमेरिका में तिब्बती साधकों के साथ बैठ कर इस पर काम शुरू हुआ है। इससे कुछ ग्रन्थ प्रकाश में आए हैं। लेकिन यह नहीं के बराबर है। तंत्र की साधना का बड़ा विस्तार है। और बड़ी गहराई है। यह एक भिन्न संस्कृति है। आगम संस्कृति-साधना।

इस आगम धारा का निगम पर—वेद पुराण पर—प्रभाव पड़ा। फिर बौद्ध, जैन, वैष्णव पर भी। इनमें प्रत्येक का एक-दूसरे से संघर्ष हुआ। समन्वय भी। शायद इस तरह शाक्तों में एक विधान बना–*अन्तःशाक्ताः, बहिश्शैवाः, सभामध्ये च वैष्णवाः।*

बौद्धतंत्र भारत में लुप्त हो गया। तिब्बत में सुरक्षित रहा। वहाँ से आये तांत्रिक साधक अभी भारत में हैं। साधना में रत हैं। किन्तु इस पीढ़ी के बाद उनमें से कितने

शेष रहेंगे, उनकी विद्या, विधि कितनी बचेगी? कितनी लुप्त होगी? यह चिंता का विषय है। जैन दिगम्बर साधु अभी भी यदा-कदा दिखते हैं। विशेषकर, जैन नर-नारियों को दर्शन का लाभ देते हैं। लेकिन ज्यादातर दिगम्बरी जैन तो अत्यंत परिग्रही हो गये हैं।

पश्चिम में योग-तंत्र के प्रति जो आकर्षण पैदा हुआ है उसमें भी योग से ज्यादा तंत्र की ओर रुझान है। कुम्भ में भी यह रुझान झलकती है। यह स्वाभाविक है। शायद पूरब-पश्चिम के इस समागम से कोई शक्ति प्रगटे। स्थिति संतान संभवा है। शायद पुरानी खोल फटे और कोई प्रतापी अवतार हो। जो तंत्र की अनादि, साधना को पुनरुज्जीवित करे।

योग-तंत्र की यह श्रेष्ठता अतीत-अनागत की चीज रह गयी है। अभी तो यह हठ योग तक सीमित है। सो भी हीन-जन-सेवित है। श्रेष्ठ-जन-सेवित नहीं। कोई इसमें श्रेष्ठ साधक होंगे। लेकिन वे इस कुम्भ में नहीं दीखते हैं। बहुत कर के हीन स्तर के हैं। जो गाँव, मुहल्ले-टोले में साधु संग में गाँजा-भाँग के चक्कर में आते हैं। अंड-बंड बोलना सीखते हैं। निठल्ले हो जाते हैं। घर से भाग जाते हैं। कम से कम मुझे लगता है : कुछ तो ऐसे भागे हुए हैं। कुछ तो अपराधी-सरीखे दीखते हैं। कुछ भोजन-छाजन के चक्कर में हैं। कुछ बेकार नौजवान हैं। कुछ कुम्भ के अवसर पर भरती कर लिये गये हैं। इनमें हो सकता है कि कोई सच्चे साधक भी दबे पड़े हों। आखिर पृथ्वी वीर-विहीन नहीं है। लेकिन ज्यादा करके यह तो पशु दीखते हैं। महामंडलेश्वर इसी माने में पशुपति हैं। इनके भोजन-छाजन की व्यवस्था करते हैं। इनका प्रदर्शन कराते हैं। और अपने ठाट-बाट से रहते हैं।

लिंग, जटा, त्वचा, वर्ण, मुद्रा, योगिनी, नृत्य, संगीत, बानी सभी फूहड़ हैं। श्रेष्ठ नहीं। फिर भी इस फूहड़पन के पीछे श्रेष्ठ तांत्रिक संस्कृति और साधना छिपी हुई है। आज भी इस हीन दशा में हमारे देश में, मध्य देश में, हृदय प्रदेश में तीर्थराज प्रयाग में, प्रदर्शन हो सकता है, यह अपने में विचित्र बात है।

नागा सिर्फ आदिम नहीं हैं। अत्यंत आधुनिक भी हैं। असल में तो आदिम आधुनिक एक ही सिक्के के दो पहलू जैसे हैं। अन्तःकरण में मन प्रधान रूप से आदिम है। बुद्धि, अहंकार आधुनिक। बाहर भी बहुतेरे रीति-रिवाज, आदतें संस्कार आदिम हैं। थोड़े से आधुनिक हैं। एक-दूसरे पर आश्रित हैं। पश्चिमी समाज में भी ऐसे गुह्य समाज हैं। नागाओं के सम्प्रदाय हैं। क्लब हैं। लेकिन पश्चिमी समाज अभी भी इतना मुक्त नहीं

हो सका कि इनको अपने हृदय-प्रदेश में मुक्त विचरने दे। समुद्र तट पर एक बाड़े में उन्हें रहने की छूट है। या अपने निजी जीवन में। नागा-नागिनें खुले-खजाने नहीं विचर सकतीं। यहाँ तो विचर रहे हैं। नागा स्त्रियाँ भी होती हैं। लेकिन अंग्रेजी राज के दिनों से उन्हें निकलने की मनाही हो गयी।

पश्चिमी सभ्यता की दृष्टि में पत्नी-पुसी आँख को नग्नता का यह प्रदर्शन अश्लील लग सकता है। एक माने में है भी। इसे अपने भाई, बहू-बेटी के साथ देखना कठिन है। किन्तु यह लिंग रहस्य उतना ही नहीं है जितना ऊपर-ऊपर दीखता है। यह सृष्टि के मूल में है। और कुम्भ के मूल में भी। कल्प का विधान है। यह उस यात्रा को दुहराता है। और नया होता है।

नागा एक पंथ है। और हर पंथ को अपने रास्ते पर चलने की स्वतंत्रता होनी चाहिए। इसकी व्यवस्था होनी चाहिए। पता नहीं इसमें कौन सा रहस्य छिपा हुआ है? इसे जाने बिना इसका उच्छेद करना भयावह लगता है।

लेकिन अगर उच्छेद एक अंत है, तो शाश्वत भी एक अंत है। यह अनादि है। इसलिए इसमें जो कुछ भी है वह बचाए रखने जैसा है, यह ठीक दृष्टि नहीं। इसमें भी उच्छेद और शाश्वत दोनों अंतों को वरजना अच्छा है। जो हीन है उसे हीन देखना, जो श्रेष्ठ है उसे श्रेष्ठ देखना ही जस का तस देखना है।

नग्नता स्वतः स्फूर्त है। वैराग्य से उपजी है। स्व-स्वरूप को पाने की चेष्टा है। सर्वस्व त्याग का प्रतीक है। वर्जना को तोड़ती है। कौतुक है। मुक्त करती है। आनन्द देती है। सो ठीक है। लेकिन जो नागापना व्यवसाय है, पशुत्व का शोषण है, वासना की तृप्ति का साधन है, हीन जन सेवित है, शोर, गंदगी और स्वैराचार है, उसे तो दूर करने का यत्न समय रहते होना ही चाहिए।

यह यत्न कौन करे? सरकार करे? यह तो भयावह है। क्योंकि फिर तो नागा भी सरकारी लाइसेंस पा कर हो सकेगा। यह भी सरकारी तंत्र के लिए एक नया प्रसंग होगा। इससे सरकारी तंत्र की शक्ति बढ़ेगी। घूस बढ़ेगी। जिस चीज को सरकार छू रही है, वह गायब हो जाती है। वैसे ही तंत्र की यह रही-सही साधना भी लुप्त हो जाएगी, जब वह सरकारी हो जाएगी। सरकारी नागा यह जुलूस नहीं निकाल सकेंगे।

असल में तो इस पर आत्मानुशासन ही श्रेयस्कर है। लिङ्गानुशासनम्। अगर उसमें उपद्रव है तो फिर अखाड़ों का यह अधिकार और कर्त्तव्य है कि वह इन्हें अनुशासित

करें। कई कारणों से यह अनुशासन ढीला पड़ रहा है। प्रधान कारण तो यह है कि यह सारा तंत्र अपने मूल प्रयोजन को खो चुका है। यह व्यवसाय बन गया है। स्वतः स्फूर्त नहीं है। इसमें वह सब स्पर्धा आ गयी है जो सम्पत्ति और शक्ति के साथ आती है। बिना वैराग्य के संन्यास नहीं सधता। यहाँ चाहे निजी साधना में विराग हो, शंकराचार्यों और मण्डलेश्वरों की संस्था में राग-भोग है। ऐश्वर्य है। सम्पत्ति है। पुरुष के लिए स्त्री, स्त्री के लिए पुरुष का आकर्षण है। स्त्री-पुरुष का सहज सम्बन्ध गृहस्थ के लिए अमृत है। लेकिन वही संन्यासी के लिए विष है। वह विष नहीं है, ऐसा दीखता नहीं। यह विष कितना साधना से शोधा हुआ है? कितना निखालिस है? यह कहना कठिन है।

कालक्रम में संगठन ढीला पड़ा है। अनुशासन भी। शंकराचार्य के ही चुनाव को लेकर प्रायः विवाद उठ जाता है। फिर वही महामण्डलेश्वरों, मण्डलेश्वरों के चुनाव की दशा है। गुटबाजी है। कुछ साधुओं, पण्डितों, भगतिनों को मिला कर एकाधिक शंकराचार्य, महामण्डलेश्वर बन जाते हैं। फिर मण्डलेश्वर भी दो-चार तक ठीक हैं। बहुतेरे हो जाते हैं। वे अपने-अपने गुट को मजबूत करने के लिए पात्र-अपात्र को शह देते हैं। फिर वे स्वच्छन्द हो जाते हैं। मठ ही उजाड़ देते हैं।

इनका आर्थिक आधार भी जहाँ जमींदारी रही है, वह भी नष्ट प्राय है। मठ की सम्पत्ति को व्यक्तिगत सम्पत्ति बनाने की प्रवृत्ति आ गयी है। इसमें एक पंथ के लिए जो जरूरी अनुशासन है, वह नहीं रह गया है। सो जरूरी है। अन्यथा साधु, महात्मा और उसमें भी नागा पर बाहर से अंकुश लगाना कठिन है। कहते ही हैं नंगा खुदा से बड़ा! सरकार की हिम्मत नहीं। उसे फुरसत नहीं। ज्ञान भी नहीं। नागाओं के मठ के संवेदनशील नायकों को चिंता है कि यह सब कैसे चलेगा?

नागाओं का मन बढ़ रहा है। उन्होंने अगर उसमें कोई श्रेष्ठ जन रहा भी है तो उसे केहुनिया दिया है। निर्लज्जता का प्रदर्शन हो रहा है। इसे अगर अन्दर से नहीं सुधारा गया तो बाहर का डंडा पड़ेगा। काल भैरव का दण्ड प्रहार हो, इससे पहले यह सुधर जाए तो अच्छा।

जो भी हो, कुम्भ योनि में लिंग ही मूल रहस्य है। आकर्षण है। इसमें भी वाराणसी का जूना अखाड़ा असली है।

ऊँचाई से इस अखाड़े का शाही स्नान देख रहा हूँ। आगे-आगे झंडे पर लिखा है : *श्री गुरु दत्तात्रेयो विजयतेतराम*। मैं उन्हें स्मरण करता हूँ। *दत्त दिगम्बर माझे गुरु*। और उनसे प्रार्थना

करता हूँ : *दर्शय-दर्शय कौतुकानि*। कौतुक दिखाओ। तो वे दिखाते हैं।

जिज्ञासा है कि एक जुलूस को अपने अखाड़े से संगम तक जाने-आने में लगभग $1^1/_2$ घंटा लगता है। इतने नर-नारियों के बीच नागाओं को उत्तेजना तो होती है। लेकिन स्खलन प्रायः नहीं होता। यह कैसे सधता है? क्या यह सिर्फ अभ्यास-वैराग्य से होता है? सो तो है ही। हठयोग का अभ्यास है। फिर कुछ गाँजा का असर है। कुछ औषधियों का है। फिर युक्तियाँ हैं। छेद करके सलाख लगाते हैं। फिर एक मंत्र भी है। वही नहीं जिसका वह जाप करते चलते हैं। शायद यह भी कि ध्वज को देखते चलो। इधर-उधर न देखो। दस कदम आगे देखो। संगम में जो चाहे, सो करो। पहले नहीं। जो भी हो। इतना संयम भी कम नहीं।

यह नर-नारी चकित देख क्या रहे हैं? अधिकांश तो कुछ नहीं देख रहे हैं। अज्ञान में हैं। पुण्य-लाभ के चक्कर में काली सड़क से हँका कर जहाँ-तहाँ नहलाए जा रहे हैं। संगम में भी जितने जाते हैं, उतने आते हैं, इसलिए उस त्रिकोण में मुंड-मुंड ही गँजे पड़े हैं। फिर यमुना तीरे वापस जा रहे हैं। थोड़े से हैं, जो उपायकुशल हैं, वे ही यह रहस्य देख रहे हैं। वे भी इसे भिन्न-भिन्न देख रहे हैं। हर किसी का अपना कुम्भ है। अपना-अपना लिंग है। इसे मैं दैव-निदर्शन की विधि लगा कर देखता हूँ। लेकिन जो देखता हूँ वह सब बखान नहीं कर सकता। दत्त दिगम्बर बरजते हैं : *गोप्यं गोप्यं महागोप्यं...*।

जो अधिकारी नहीं है उसे यह नंगा सत्य नहीं दिया जा सकता। अधिकारी कौन है? जिसका चित्त दृढ़ है। जो चंचल मन इंद्रिय वाला है उसके लिए यह नहीं है। लेकिन इतनी गोपनीयता भी ठीक नहीं है। इसलिए कौतुक के लिए कुछ नमूने पेश करता हूँ :

एक ग्राम वधू ने यह लीला देखी और खिलखिला कर हँस पड़ी। रेत उधियाने लगा। एक नागर हैं। हँसी अपने में पी लेती हैं। रेत गरम हो जाता है।

एक सखी दूसरी से पूछती है कि इन्हें शरम नहीं लगती? वह उत्तर देती है सखी, इन्हें क्या शरम? तुम्हें शरम नहीं लगती? और शरम की खूब कही। यह तो नागा ठहरे। सिर्फ खोलने की शरम है। सो इन्होंने हटा दी।

एक माता हैं, कहती हैं कि इन्हें ठंड नहीं लगती?

तीसरी हैं जो अपनी सखी को बरजती हैं कि यह तो नागा बाबा हैं। दरसन हो गया। इतना बस है। उतना ही पुण्य बटोरो जितना अँचरा में समाय।

एक हुस्न बानू के मन में प्रश्न है कि एक बार देखा है। फिर देखने की तमन्ना

है। वह क्या चीज है? कोई हातिम बताए।

एक गौरी अपने पति के साथ आसन पर बैठ यह सब ब्यौरा देख रही हैं। कभी देखती हैं। कभी मुँह फेर लेती हैं। फिर कौतुकवश देखती हैं। कभी सकुचती हैं। फिर सोचती हैं कि पति के साथ हूँ। चोरी-छिपे नहीं आयी हूँ। मेरे नागा जो दिखाएँ सो देख रही हूँ। इसमें क्या है? लेकिन जब नारद जी पूछते हैं तो झिड़क देती हैं। हटिए, यह कोई बात है। इतने सारे लोग हैं। कोई सोचता नहीं कि यह क्या हो रहा है? कोई इसे बंद क्यों नहीं कराता? यह कहती हैं। और अन्दर से आनन्द-अग्नि में तपती जाती हैं। कनक वर्ण होती जाती हैं। एक कान से दूसरे कान तक सिन्होरिया हो गयी हैं। पूछने पर बरजती हैं कि जाइए, आपके बनारस का अखाड़ा सबसे ज्यादा गंदा है। बम भोले मुस्कुराते हैं।

एक सखी दूसरे को बरजती है कि देखो यह सब जा कर गाँव में न बताना। नहीं तो क्या कहेंगे? गोकुल में हम बदनाम हो जाएँगे।

मैं कहाँ तक बखान करूँ। हर एक का अपना-अपना कुम्भ है, अपनी-अपनी इंद्रिय-मन है। सब परिरम्भण में मगन हैं। उधर पुण्य लूटने वालों को इसकी खबर ही नहीं। वे काली मार्ग से आ रहे हैं। कीचड़-कादों में डुबकी लगा कर जमुना तीरे लौट रहे हैं। आना-जाना लगा है। इधर कुम्भ के हृदय-प्रवेश में यह ब्यौरा चल रहा है।

इस दर्शन का क्या लाभ किसे हो रहा है? यह तो अन्तःशास्त्रीय, खोज का विषय है। 'कुम्भ : आधुनिक संदर्भ में' पर एक शोध-परियोजना खींची जा सकती है। इसमें नृवंशशास्त्री, समाजशास्त्री, मनोविज्ञानवेत्ता, इतिहास-पुराण के ज्ञाता और परम्परागत पंडितों के संवाद से इसका मर्म जाना जा सकता है। कुम्भ का इतिहास-पुराण, प्रेरणा, संरचना, धार्मिक कर्त्ता, करण, क्रिया, इष्ट, अनुमंता, भोक्ता पर इनका प्रभाव वगैरह मापने की कोशिश की जा सकती है। यह अपर विद्याओं का एक अच्छा विषय है। किन्तु परा तत्त्व इसके परे है।

इस खोज के नतीजे जब तक मालूम हों तब तक यही कहना काफी है कि प्रत्येक का अपना अलग-अलग कुम्भ है। कोई श्रद्धावश आता है। किसी ने एक बार देखा है। फिर देखने की तमन्ना है। इसलिए आता है। कोई मेला-तमाशा के लिए निकलता है। कोई घर में बंद-बंद ऊबा हुआ है। खुली हवा में साँस लेने के लिए आता है। क्लोरीन की गंध को भी इत्र की तरह सूँघता है। कोई आकाशवाणी सुनकर बावला हुआ आता है।

अधिकांश तो शायद बिना सोचे-समझे इसलिए आते हैं कि इतने लोग जा रहे हैं। उनके गमन की गति से जो धूल उड़ रही है उसमें उर्घिया कर आते हैं। कोई-कोई सिर्फ यह देखने के लिए आते हैं कि आखिर इतने लोग कुम्भ में क्यों आते हैं? आखिर मामला क्या है? जो जिस मनोरथ से आता है, वह वैसा पुण्य-लाभ करता है। यह महाकुम्भ है। सबकी काम-कामनाओं को पूरता है। फिर भी खाली नहीं होता। क्या यही कुम्भ माहात्म्य है?

और लिंग रहस्य? यह भी सबका अपना-अपना अलग-अलग है। सबसे भले तो वे मूढ़ जन हैं जिन्हें जगत् गति व्यापती नहीं। उन्हें इसका साक्षात्कार ही नहीं। माघ की अमावस्या को रात $1^1/_2$ बजे स्नान की साइत है। जैसे-तैसे कोई कोना थामे हुए हैं। भीड़ है। पुलिस की सीटी बज रही है। और डंडा है। तैसे-तैसे नहा कर पुण्य कमा कर वापस चले जाते हैं। हर तीसरे वाक्य में कहते हैं कि क्या बताएँ बड़ी भीड़ थी। कुछ देखा? हाँ देखा क्यों नहीं? लेकिन बड़ी भीड़ थी। अधिकांश का अनुभव तो इस भीड़ का है।

जो शाही स्नान को आदि से अंत तक देखते हैं वे भी अल्प ही हैं। लेकिन अल्प होते हुए भी ये बहु हैं। ये क्या सोचते हैं? अलग-अलग तो देखते ही हैं। लेकिन कुल मिला कर लगता है कि ये दुविधा में हैं। अन्दर-अन्दर अच्छा लगता है। मन ही मन मगन हैं। पुलक रहे हैं। बाहर से गुरु-गम्भीर हैं। बुद्धि से आलोचना करते हैं कि यह क्या तमाशा है? बेशरम हैं। चकित भी हैं कि यह कैसे सम्भव है? इतने लोगों के बीच यह सम्प्रयोग कैसे हो रहा है? चमत्कार ही है। इसलिए चमत्कार को नमस्कार कर रहे हैं। भारत के साधु-संतों की जय-जयकार कर रहे हैं। भक्त उस मिट्टी को माथे लगा रहे हैं जिससे ये गुजरे हैं। क्रियावादी अपने-अपने क्रिया-कर्म में लगे हुए हैं। ज्ञानी सोचते हैं कि यह क्या चीज़ है? इसमें क्या तुक है? सचमुच भारत विचित्र देश है। इसका कोई उद्धार नहीं कर सकता। इसमें कोई परिवर्तन नहीं आ सकता। यहाँ बुद्धि के लिए कोई जगह नहीं। लेकिन झौड़िया गये हैं। नहीं जानते कि रास्ता क्या है? शायद जन-संसर्ग से दूर रहने में ही विवेक है। लेकिन दूर कहाँ जाएँ? क्या करें? क्या न करें? ज्ञानी भी विस्मित हैं।

कुल ले-दे कर लिंग दर्शनार्थी शायद यह मानते हैं कि यह इतना ही नहीं है जितना कि दीख रहा है। युगों-युगों से जो नागा दर्शन हो रहा है वह यों ही नहीं है। हमारे पुरखे इतने मूर्ख नहीं हैं कि बेमतलब नंगई करें। इसके पीछे कोई रहस्य है जरूर। स्थूल के पीछे, सूक्ष्म और उसके परे परा तत्त्व है। लेकिन वह क्या है?

पता नहीं। जितना जानना चाहता हूँ, उतना ही यह गुह्य होता जाता है।

एक अनुभव तो यह है कि नग्नता से निकटता आती है। या निकटता से नग्नता। नग्नता देखने से, सुनने से, चर्चा से, स्मरण से, ध्यान से उपजती है। यह बाहर-भीतर दोनों होती है। शरीर के नंगेपन से मन में उतरती है। या मन में पहले आती है फिर शरीर को नंगा करती है? या दोनों ही हैं? पता नहीं। दो प्राणी जिस हद तक भीतर-बाहर नंगे होते हैं उस हद तक नजदीक होते हैं। जो खुद होते हैं सो तो होते ही हैं जो उन्हें इन्द्रियों सहित मन से ऐसा होते हुए देखते हैं वे भी आपस में नजदीक आ जाते हैं। अपने-आप में और एक-दूसरे के प्रति आवरण क्षीण होते हैं। कुम्भ पर्व पर जो साथ-साथ नागा दर्शन करते हैं वे खुद भी एक हद तक एक-दूसरे के लिए, चाहे क्षण भर के लिए, कुछ-कुछ नंगा हो जाते हैं। नज़दीक आ जाते हैं।

मैं मुड़ कर देखता हूँ। आदि से अंत, अंत से आदि और फिर आदि से अंत। तीन बार देखता हूँ। तो बहुतेरी और बातों के साथ एक सूत्र दीखता है :

पहले तो जिज्ञासा है। दुविधा है। फिर संसर्ग है। फिर संसर्ग से दूरी है। फिर यह व्यापार दीखता है। तो क्षोभ होता है।

प्रथमा मुद्रा संक्षोभकारिणी है। फिर द्राविणी है। कुम्भ नगर के प्रायः समस्त कामिनी-कामुक द्रवित हैं। फिर आकर्षित हैं। फिर जैसे वशीभूत हैं। नहीं जानते कि क्यों देख रहे हैं? फिर भी देख रहे हैं। यह नग्नता सर्ववशकारी है। फिर तो उन्मादिनी है। योगिनी उन्मत्त है। अपना कुल-शील त्याग कर नागाओं के पीछे साथ छोड़ देती है। कम से कम छोड़ने के लिए कसमसा रही है। फिर कष्ट होता है। यह क्लेदिनी है। फिर शायद सब काम अर्थ को पूरने वाली है। सर्व कामार्थ-साधिनी है। अंत में, मुक्ति देने वाली है। परा मुक्तिकरी है।

जैसे एक क्षण के लिए वर्जनाओं से छुट्टी मिल जाती है। परम निष्कृति। इससे सुख मिलता है। सो क्या है : विश्रान्ति है। यह अपने-अपने स्वभाव पर निर्भर है। मुझे चुप मार कर पड़े रहने में विश्रांति मिलती है। अच्छा लगता है। लेकिन यह भाव भी एक सरीखा नहीं। बदलता रहता है। अभी अच्छा लग रहा है। अभी अनमना। अभी करुणा उपजती है। बेचारे साढ़े तीन अंगुल के पुतले ठंड में नंग-धड़ंग उछल रहे हैं। पापी पेट के लिए क्या-क्या भेष धरे हुए हैं। या खोले हुए हैं। इनके लिए मंगल कामना करता हूँ। भला हो। फिर उपेक्षा आती है। जैसे कुछ हो ही नहीं रहा है। नागा, अनागा, श्लील-

अश्लील, स्पंद-अस्पंद जैसे सम हो रहा है। कोटियाँ नहीं हैं। और प्रवाह है। फिर जैसे वह भी थम गया है।

शायद यह सबके लिए एक सरीखा नहीं है। सबकी अलग-अलग भूमि है। देह, मन, बुद्धि, अहंकार भी। असल में कोई क्रम नहीं। शब्द नहीं अक्रम, अशब्द, अस्पन्द।

कब तक इस स्थिति में विहरता हूँ? स्मरण नहीं। फिर वह स्थिति भंग होती है। अब लगभग दिन का 10 बज रहा है। पौ फूटने के पहले 'मिशन' से निकला हूँ। सुबह सिर्फ उषःपान किया है। चाय तक नहीं ली। सहसा तेज भूख लग जाती है। वरुणदेवता के विमान से भी सभी दिव्य स्त्री-पुरुष जा चुके हैं। नागाओं के जुलूस भी। अनहद नाद थम गया है। अन्दर-बाहर सब स्तब्ध हैं। मैं धीरे-धीरे आकाश से भूमि पर उतर रहा हूँ। आहार की तलाश में हूँ।

5
पंचमोल्लासः

चलते-चलते बहुत समय बीता। जैसे पृथ्वी आकाश के संगम से पतित हो कर शुचि-अशुचि पृथ्वी पर चलता रहा। कहीं मल-मूत्र, कहीं कटे हुए बाल, नाखून, कहीं स्त्री-पुरुषों की राशि मिली। आहार नहीं। न उसके लायक स्थिति। चलते-चलते धुआँ उठता दीखा। मायावी घी की गंध रंध्र में भर गयी। उस ओर चला। वहाँ भूखे-प्यासे नर-नारी, आबाल-वृद्ध मक्खियों की तरह से भोज्य पदार्थों पर टूट पड़ रहे थे। दाम देने पर भी यथेच्छ भोजन-सामग्री न मिल पा रही थी। मेरी इच्छा झपट्टा मार कर कुछ पाने की न हुई। पास में ही केला था। सो लिया। और दही के साथ पा लिया। जी में जी आया। तो देखा कि वहाँ से न अति-दूर प्राचीन पुस्तकों की दुकानें हैं। अनेक झंडे जैसे पट लगे हैं। उनमें से एक प्रशस्त दुकान में गया। वहाँ नाना वेद-पुराण, निगम-आगम और किस्सा-कहानी आदि की पोथियाँ थीं। उनमें से एक जीर्ण-शीर्ण पोथी पर ध्यान गया। उसका आदि-अंत नहीं था। न लेखक, प्रकाशक का नाम पता, न सन्-संवत्। मोटे अक्षरों में, पुराने हाथ के बने कागज पर वह लिखी गयी थी। कागज को जैसे पाण्डु रोग हो गया था। पीला, जर्जर जह ाँ से छुओ वह टूट-टूट जाता था। उसका कोई ग्राहक भी न था। उस समय ज्यादा रुचि दिखाना ठीक न समझा। उससे भाव बढ़ जाता। और चीजों के बीच एक वह भी नाम-मात्र के दाम पर ले आया। बांचने पर पता चला कि यह तो कुम्भ माहात्म्य पर एक प्राचीन पोथी हाथ लग गयी। इसकी सिखावट पुरानी होने से

पाठ स्पष्ट न था। प्रायः अशुद्ध। चाहे लिपिकार की असावधानी से हो, या मूल पाठ में ही संस्कृत अशुद्ध हो। वह भी या तो अज्ञानवश हो, या जान-बूझ कर सुशब्द के ग्रह को तोड़ने के लिए की गयी हो। जो कुछ हो, यह तो सम्पादनकर्ताओं के लिए विचारणीय है। करणीय है। जैसी भी है, वह जस-की-तस यहाँ प्रस्तुत है :

फिर क्या हुआ? अब सब कृत-अकृत का बखान करने लगूँ तो पोथा ही हो जाए सो ठीक नहीं। कहने वाला बावरा हो तो भी सुनने वाला तो सरेख है। किसे इतनी फुर्सत है। संस्कृत में एक कहावत है कि अति विस्तार से सत्क्रिया नष्ट होती है। इसलिए अंत में सूत्र रूप से इसे समेटना चाहता हूँ।

लिंग सूत्रम् लिखने में संकोच महसूस करता हूँ। मैं इसका अधिकारी नहीं। मेरा कोई कनफुकवा गुरु नहीं। दीक्षा नहीं। मैं तंत्र-मंत्र नहीं जानता। इसकी वर्णमाला भी नहीं। और लिंग रहस्य अत्यंत गुह्य है। जैसे स्त्री-पुरुष अपने गुह्य अंगों को छिपा कर रखते हैं वैसे ही महाकुम्भ में छिपा कर रखा गया है। मैं इसको प्रकट करते सकुच रहा हूँ।

फिर भी इस क्षेत्र में अनधिकार प्रवेश कर रहा हूँ। कारण यह है कि इस गुह्य विद्या के जो जानकार हैं उन्होंने लोभ मोह और अज्ञानवश इस ज्ञान को जकड़ रखा है। उनकी भाषा में, उसे कीलित कर रखा है। मैं उसे अकीलित करने की चेष्टा कर रहा हूँ।

यह भाषा बद्ध नहीं। सिर्फ सूत्र है। सूत्र सूचक है। यह उस अनुभव का और उसके फल का सूचक है जो मुझे कुम्भ नगर में हुआ। लेकिन इसमें मेरा अपना कुछ भी नहीं। सिर्फ संयोजन मेरा है, संयोजन का भी फिर अतिक्रमण हुआ है। इसका सामान कुछ पुराना, कुछ नया है। कुछ उधार लिया हुआ है। कुछ मेरा है। जो मेरा नहीं है उसका भी मैंने साक्षात्कार किया है। यहाँ कुछ भी ऐसा नहीं लिखा है जो मेरा प्रत्यक्ष देखा हुआ नहीं है। यह सूत्र जैसे उतरा है। कुछ रियाज से भी प्राप्त हुआ है।

भाषा टूटी-फूटी संस्कृत है। संध्या भाषा है। इसमें शब्द-अर्थ का प्रश्न नहीं। संकेत है।

हो सका तो मैं इस सूत्र की स्ववृत्ति लिखूँगा। शायद उससे यह संकेत कुछ खुले। न खुले। कुछ तो इस वृत्तांत से भी खुलता है। आप इससे जो सूत्र पाएँ उस पर चलें। न चलें। आपकी मर्जी। हर किसी का अपना कुम्भ है। हर किसी का अपना लिंग है। इसे अनावृत, अनुशासित करने में ही कुम्भ माहात्म्य है। यही लिङ्गानुशासन है।

यह गुह्य है। देवों के लिए भी दुर्लभ है। जिसका चित्त दृढ़ नहीं है, वह इसका

अधिकारी नहीं। साधक की इससे क्षणमात्र में सिद्धि होती है। यह कृपा से ही प्राप्त होती है। कृपा अहैतुकी है। गुरु जरूरी है। मगर काफी नहीं। गुरु बाहर भी है। असल में तो अपने अन्दर है। गुरु उपाय है। मंत्र भी। तंत्र भी। अपना ही विस्तार है। जब यह अपने पर ही चढ़ बैठे, तंत्रता स्व पर हावी हो जाए तो यह तन्त्र भी छोड़ देना जैसा है। परतंत्रता दुःख है। स्वतंत्रता आनन्द है। आनन्द स्वतंत्रता है। यह स्वतः स्फूर्त है। आँखों पर अंजन है। अनादि संस्कारों का, स्मृतियों का, विधि-निषेधों का अंजन है। निरंजन निःस्वभाव निर्विकल्प देखने से ठीक देखना होता है। यथाभूत, तद्वत्, तद्रूप, तदाकार देखना होता है। जस का तस देखना सधता है। और जब दर्शन हो जाता है तो वासना-वर्जना का नाश करता है। यही परा निवृत्ति है। यही निर्वाण है। यही मुक्ति है। सो ही अमृत पद है। यह अनिर्वचनीय है। इसकी भाषा मौन है। यह भाषा के परे है। अनाम, अरूप, अशब्द है। जिसको देखा जा सकता है, बखाना नहीं।

भाषा, चाहे वह सूत्र की हो, सिर्फ संकेत है। आधी-अधूरी है। इन सूत्रों का साक्षात्कार मैंने प्रयाग के कुम्भनगर में बसंत पंचमी माघ शुक्ल 5, संवत् 2033 तदनुसार 24 जनवरी, 1977 को किया। इन्हें काशी विद्यापीठ में माघ शुक्ल चतुर्दशी संवत् 2033 तदनुसार 3 फरवरी, 1977 को जैसा देखा, वैसा लिखा। यत्किंचित् सम्पादन भी कर दिया, सो प्रस्तुत है।

ॐ। नमो सिद्धम्।
श्री गुरवे नमः।
गुरुः उपायः।
दत्त दिगम्बर माझे गुरु।
दर्शय दर्शय कौतुकानि।
सिद्धिं कुरु।
निरंजनं कुरु।
निर्वाणं कुरु।
ॐ। ह्रीं। श्रीं। क्लीं।

अथ लिङ्गानुशासनम्
लिङ्गं बीजः

योनिं मूलत्रिकोणः
लिङ्ग-योनिसंयोगात् सृष्टिः

कुम्भ पर्वे कुम्भं योनिः। लिङ्गात् मंजनम्।
त्रिकोण मध्ये बिन्दुं स्थापित्वा।
बिन्दुं वीर्य-रज सामरस्यं।
कामः संकल्प-संभवः
संकल्पात् स्पंदनम्। स्पंदनात् प्रसरणं। तदनन्तरं संकोचं।
संकोचं अर्द्धनारीश्वरम्।
स्त्री-पुरुष प्राधान्यात्।
इच्छा स्त्री शक्तिः।
क्रिया हि तु पौरुषम्।
ज्ञानं सविकल्पम्
निर्विकल्पं च।
विकल्पं व्याधिः।
संकल्पं समाधिः।
क्रिया संकल्पसम्भवात्।
न हि विकल्पात्।
तुल्य संकल्प-विकल्पः संकोचः।

विद्या क्षणात्सिद्धिः।
प्रौढ़ चित्त ददात्, न अन्यत्।
अलख निरंजन।

गङ्गायमुनयोर्मध्ये पृथिव्यां जघनं स्मृतं
सरस्वतीं तु मानसीं।
सङ्गमः योनिः।
तत्र स्नान मज्जन पानाः महाफलम्।

काम केशर युक्त जलम्।
वशीकरणं यस्य प्रभावः।
महाकुम्भ पर्वे तत्क्षण कुलस्त्रीं न स्नापयेत्।
मूढां कुलटां वंध्यां प्रसादतः चापि।

शाही स्नानं समूह सम्प्रयोगं
वीर्य सतम्भनात्।
इन्द्रिय निग्रहात्।
हङ्गयोग सम्भवात्।
औषधापि च।
मंत्रोच्चार सह।
लिङ्गं विस्तरेत्।
नग्नं कुरु।
अभ्यासवैराग्याभ्यां दृढ भूमिः।
न हि सन्यास विना वैराग्यम्।

एषा तु प्रथमा मुद्रा जिज्ञासा कारिणीम्
मुद्रा सर्वक्षोमकारिणीम्
तस्या एव तु मुद्राया मध्यमे सरले यदा।
द्रवति कामिनी कामुकाश्च।
इयमाकर्षणी मुद्रा त्रैलोक्य आकर्षणी।
सर्ववश्यकारी।
मुद्रैषोन्मादिनी सर्वयोषितां।
चित्त भ्रमणकारिणीं।
इयं महाङ्कुशा मुद्रा सर्व पुरुषार्थ साधिनी।
महामुद्रा इति परा निर्वाणकारिणी
निरंजनी।
अनिर्वचनी।

लभ्यते कुम्भ पर्वे जप स्नान ध्यान अनन्तरं।
गुरुसान्निध्ये
पति संगमे
न अन्य सम्मुखे।
इमं क्रमम्।
संकोचात् रागोभिजायते।
रागात् लज्जा
लज्जात् सौन्दर्यम्।
ततः आनन्दम्।
आनन्दं स्वातंत्र्यः।
स्वतः स्फूर्तः।
न बन्धनात्।
बन्धनात्।
बन्धन-मोक्ष व्यक्तिशः
ताप-शांति एव च।
चित्त उत्पाद स्थिति नाश कारणम्।

अत्र का स्थितिः।
यथा तथा।
विपरीतानि मानवे।
अन् ऋजुम्।
जटिलम्।
काम क्रोध अज्ञान कीलितम्।
लुप्तोदकम्।
सद्गुरुं सदग्रन्थ्य सद् इच्छां
सद् ज्ञानं सद् क्रियां न विद्यते।
पशुः पशुपतिः चालते
वासना विगलित लिङ्गाः

न दृढ़ं
विरूपं
अनर्गलं।
व्यावसायिकम्।
उदर निमित्तं बहुकृत वेशम्।
परम् अशांतिः तत्र।
धूम वासना अग्निः तस्य हेतुः
न हि धूनि मात्रात्।
दृष्टं अदृष्टं।
अमौनम्। अनिराशीं।
कुतो नागाः।
रागः पाशः।
स साक्षात् पशुः।
पशुपतिः पालने चालते ताड़ने च।
निरंकुशाः।
निर्लज्जाः।
निष्प्रयोजनाः।
कोऽयं विवेकः।
संसर्ग दूरी करणात्।
तत् किम्।
लिङ्गानुशासन कुरु।
आत्मानुशासनाद्
न हि राजदण्डात्।
राजदण्डः हि मृत्युः।
ततः किम्।

न हि दर्शनात् तृप्यते नर-नारीणां।
काम्यते पुनः पुनः।

नापि अदर्शनात्।
तत् तु मध्यमात्।
सहजं भव
स्वातंत्र्यं भव।
आनन्दं भव।

गोप्यं कुरु महादेवि न देयं बालाः।
नापि अति गोप्यं च।
ददाति श्रेष्ठ जनाः।
न तु हीनाः।
ॐ। ह्रीं। क्लीं। श्रीं।
इति लिङ्गानुशासनम्।

यह सब ब्यौरा मेरे चित्त ने कहा। मैंने सुना। अवाक् रह गया। यह माजरा क्या है? यह कोरी बक-बक है? या इसगें कोई अर्थ भी है? आप पर हँसी भी आयी। फिर शंका भी। कहीं कोई अतृप्त वासना तो नहीं है? या कहीं कुम्भ का रूप ही तो यही नहीं है? असली, अनावृत। और मैं कुम्भ स्नान के पुण्य के चलते इस स्वरूप को निरंजन और निर्भय देख-सुन सका। सो ही आपको दिखा रहा हूँ।

जो हो, जो कोई इस कुम्भ माहात्म्य को ध्यान से पढ़ेगा वह कुम्भ पर्व पर स्नान-दर्शन का पुण्य लाभ करेगा और निर्भय होगा। इसमें तनिक भी संदेह नहीं।

।। इति कुम्भ माहात्म्य ।।

आनन्दं भव।
गोप्यं कुरु महादेवि न देयं बालाः।
नापि अति गोप्यं च।
ददाति श्रेष्ठ जनाः।
न तु हीनाः।
ॐ। ह्रीं। क्लीं। श्रीं।
इति लिङ्गानुशासनम्।

यह सब ब्यौरा मेरे चित्त ने कहा। मैंने सुना। अवाक् रह गया। यह माजरा क्या है? यह कोरी बक-बक है? या इसमें कोई अर्थ भी है। फिर अपने ही आप पर हँसी भी आयी। फिर शंका भी। कहीं कोई अतृप्त वासना तो नहीं? या कहीं कुम्भ का रूप ही तो यही नहीं है? असली, अनावृत।

।। इति कुम्भ माहात्म्य ।।

माझे माहेर पंढरी

नोटबुक में दर्ज है : 25 अक्टूबर, 1995.

मिरज-गोंदवले-पंढरपुर-मिरज।

यह सूत्र अनेक स्मृतियाँ जगा रहा है पंढरपुर के बारे में।

पंढरपुर महाराष्ट्र का नित्य तीर्थ है। विशेषकर आषाढ़ और कार्तिक एकादशी को यहाँ समूचे महाराष्ट्र से असंख्य वारकरी (साधु-संत) आते हैं। विठ्ठल रखुमाई का दरस-परस कर धन्य मानते हैं। ऐसी ही कार्तिक मास की प्रतिपदा है। पाड़वा है। नव संवत्सर का प्रारंभ है, इसलिए पंढरपुर में विशेष उत्सव है।

पंढरपुर को महाराष्ट्र की काशी कहा जाता है। मेरा पूर्व शरीर काशी का है, इसलिए मेरे लिए यह और भी विशेष है। वैसे तो सप्तर्षि मंडल के लिए भी (ऐसा नहीं कि इस क्षण आकाश से सप्तर्षि उतर आये हैं। हम सब बंधु-बांधव-बांधवी सात हैं। महाराष्ट्र के संत गोंदवलेकर महाराज के कुल के हैं। उनके जन्म समाधि-स्थल गोंदवले से होकर पंढरपुर आये हैं। जैसे हजारों अन्य नर-नारी, वारकरी।)।

पांडुरंग केशव विठ्ठल पंढरी निवासी हैं। माझे माहेर पंढरी—मेरा नैहर है पंढरपुर। पंढरपुर चंद्रभागा तीरे है। चंद्रभागा का दरस-परस मज्जन-पान नहीं हो पा रहा है, किंतु उसका ध्यान है। उससे हिमालय की दुर्गम लाहुल घाटी की चंद्रभागा का स्मरण हो आता है। उसका दरस-परस हुए बहुत दिन बीते।

उसका बखान *स्पीति में बारिश* में हुआ है। संक्षेप में कथा इस प्रकार है।

चंद्र और भागा प्रेमी युगल हैं। उनमें किसी बात पर मन-मुटाव होता है। कौन से प्रेमियों में नहीं होता? सो बारालाचा के पास से एक पर्वत के इस ढलान से, दूसरी दूसरे से चल पड़ती है। फिर उनसे एक दूसरे का बिछोह भी सहा नहीं जाता। तांदी में

उनका संगम होता है। तांदी हिमालय का प्रसिद्ध संगम है। महाश्मशान है। कहते हैं यहीं स्वर्गारोहण के क्रम में गिर पड़ी द्रौपदी का दाह-संस्कार हुआ। तब से लाहुली अपने को पांडवों से जुड़े हुए मानते हैं। उनमें परंपरागत रूप से बहुपति प्रथा प्रचलित है। परिवार में एक स्त्री आती रही है। सभी भाइयों की वह पत्नी होती है। द्रौपदी सरीखी। जो हो, चंद्र और भागा नदियों का तांदी में संगम होता है। सो ही चंद्रभागा कहलाती है। त्रिलोकनाथ नामक प्रसिद्ध अवलोकितेश्वर मंदिर उसी चंद्रभागा तीरे आगे जा कर उदयपुर के निकट स्थित है। पंजाब में यह चेनाब कहलाती है। सिंधु के पंचनद में से एक है। सुना है विवाह के मंत्र में अन्य नदियों के साथ चंद्रभागा का भी उच्चारण करते हैं। (मेरे लिए यह सुनी-सुनायी बात है।) वह चंद्रभागा कौन सी है? हिमालयी चंद्रभागा है? या पंढरी चंद्रभागा? या दोनों ही है? पता नहीं। किंतु चंद्रभागा तीरे आ कर कैसा तो लगता है।

"पंढरीचा वास, चंद्रभागे स्नान। आणिकदर्शन विठोबांचे" लगता है। इस जनम में नहीं लिखा है। फिर भी इसे छू लेना है। स्पर्श-सुख भी क्या कम है? सो चंद्रभागा तीरे पंढरी निवासी विट्ठल-रखुमाई का दर्शन ही बस है। विशेष पर्व के कारण या शायद नित्य तीर्थ होने के कारण या दोनों ही कारण से। सो सुकर नहीं। दर्शन मंडप में भारी भीड़ है। क्रम में चलने में कम-से-कम पाँच घंटा लगनेवाला है। उतना समय नहीं है। जिंदगी की आपा-धापी में किसको कहाँ फुर्सत है। "मिरज-गोंदवले-पंढरपुर-मिरज" की चारिका एक दिन में होनी है। आज संसार की गति न्यारी है। यहाँ अपनी जगह पर खड़े रहने के लिए भी दौड़ते रहना है।

इसलिए क्रमिक मार्ग अपना नहीं। सद्यः दर्शन अपना पथ है। असल में तो वह पथहीन, क्रमहीन है "सत्य पथहीन भूमि है।" सो तो है। लेकिन रास्ता क्या है।

उपाय-कुशलता का अपना महत्व है। एक अधिकारी को अपने साथियों सहित परिचय दिये जाने से, स्थानीय मित्र बल से या काशी के माहात्म्य से या संयोग से तत्क्षण प्रवेश का रास्ता निकल आता है। शक्ति के गलियारे से होकर हम विट्ठल-रखुमाई के अंतःपुर में प्रवेश कर जाते हैं। आँगन में वारकरी संकीर्तन कर रहे हैं : "जय-जय विठोबा रखुमाई" ...जय जय विट्ठल। जय विट्ठल। विट्ठल विट्ठल विट्ठल। ...एकतारे पर लय ताल में आवृत्ति कर रहे हैं। विट्ठल लय, विट्ठल ताल, विट्ठल छंद। सब विट्ठल मय हैं।

विट्ठल क्या है? संक्षेप में कथा इस प्रकार है : पुंडलीक हरि को भजता है। भक्त

है। उसकी भक्ति से द्रवित होकर हरि स्वयं उसे दर्शन देने आते हैं। पुंडलीक माता-पिता की सेवा में है। वह उन्हें एक ईंट दे देता है कि सेवा में लगे हैं। सो हरि उसी ईंट पर खड़े रहते हैं। इसीलिए विट्ठल। रखुमाई रुक्मिणी का विग्रह है। दोनों कृष्ण वर्ग हैं। नील वर्ण। हरि वर्ण।

रखुमाई-रुक्मिणी नाम से उत्तर पूर्व के एक प्रसंग का स्मरण हो आता है। शायद अरुणाचल प्रदेश का किस्सा है। वहाँ एक आदिम जनजाति मिश्मी है। उसकी एक शाखा चुलि-काटा मिश्मी कहलाती है। उनके पुरुष आगे से चुलि-बाल-काट कर रखते हैं। कथा यह है कि रुक्मिणी उनके वंश की थीं। कृष्ण ने पहले उनसे प्रेम किया। फिर हरण किया। रुक्मिणी का भाई रुक्को या रुक्मो (ठीक याद नहीं) था। उसने रुक्मिणी के साथ भागते कृष्ण का पीछा किया। कृष्ण ने उसे युद्ध में परास्त किया और बंदी बनाया। उसका वध करने का उद्यम किया। रुक्मिणी ने कहा कि रुक्को मेरा भाई है। आप उसका वध करेंगे तो मैं आपके साथ कैसे रहूँगी? अब जिच पड़ गयी। हल भी रुक्मिणी ने सुझाया। हमारे वंश में पुरुषों को बाल बहुत प्रिय हैं। आप मेरे भाई का बाल काट लें। यह उसकी मृत्यु के समान है। कृष्ण ने वैसा ही किया। उसके बाल काट कर छोड़ दिया। उसकी स्मृति में मिश्मी जाति की एक शाखा आज भी अपना बाल कटाती है। और चुलि-काटा मिश्मी कहलाती है। यह जातीय स्मृति उन्हें कृष्ण से, ब्रज से, मथुरा-वंदावन से जोड़ती है। सुना है आजकल जो तोड़ने की चाल चली है उसमें उन्हें यह स्मृति भी पसंद नहीं, रुक्मिणी हरण भी नहीं, और यह कथा भी नहीं। पता नहीं अभी युवक बाल कटाते हैं या नहीं?

जो हो, यह भागवत परंपरा है। ऐसा लगता है (गलत भी हो सकता है) कि विट्ठल-रखुमाई एक स्थानिक देव परिवार है। ऐसा पुणे-पंढरपुर में ही हो सकता है कि साक्षात् हरि आयें और पुंडलीक उन्हें ईंट पर खड़ा कर दें। काशी और वृंदावन में यह हो नहीं सकता। लाख काम में लगे हों कोई आये तो उठ कर उसे आसन देंगे, प्रेम से दो बात करेंगे, जल जलपान कराएँगे, फिर अपने काम में लगेंगे। या नहीं भी लगेंगे। जो हो, लगता है विट्ठल-रखुमाई स्थानीय देवता हैं। (कानड़ा हो विट्ठल कर्णाटकू, कर्णाटकू प्रदेश का सूचक है? या लीला का? या दोनों का?)। संतों ने, ज्ञानेश्वर-तुकाराम-पुरंदरदास आदि ने उन्हें एक मराठी-कर्णाटकी चीज ही नहीं, आंतर भारतीय धारा का अंग बना दिया है। अभंग, हरिपाठ, भजन, नाम संकीर्तन ने उन्हें भागवत भक्ति

धारा में जोड़ा है। भक्ति तो दक्षिण की चीज है। दक्षिण में उपजी। रामानंद उत्तर भारत, विशेषकर काशी ले गये। दोनों ही निर्गुण-सगुण भक्ति के वे आचार्य हैं। शायद स्वयं रामानुजाचार्य संप्रदाय के हैं। कबीर, तुलसी, रैदास, मीराबाई, रामानंद के शिष्य हैं। अब वे एक रामानंद हैं, या उनकी गद्दी के अनेक आचार्य हैं, यह ऐतिहासिक शोध के विषय हैं। किंतु तात्विक दृष्टि से वे रामानंद के शिष्य हैं, ऐतिहासिक रामानंद एक हैं या अनेक, सो पता नहीं। बस गुरु-शिष्य हैं। गुरु उपाय है, प्रकाश है, देह नहीं, देह बुद्धि नहीं।

महाराष्ट्र में भिन्न परंपरा है। नाथ संप्रदाय से जुड़ी है। ज्ञानेश्वर ने इसका स्वयं बखान इस प्रकार किया है : आदिनाथ-उमा से यह बीज प्रकट हुआ। मच्छिंद्र में सहज स्थिति को प्राप्त हुआ। गोरखनाथ ने उसे प्रेम मुद्रा दिलायी। पूर्ण कृपा गयनीनाथ की हुई। गयनी के प्रसाद से निवृत्तिनाथ-ज्ञानेश्वर तक यह परंपरा आयी।

नाथ परंपरा के होते हुए भी इसमें विट्ठल के लिए, विष्णु के लिए स्थान है। कहते हैं विट्ठल स्वयं मस्तक पर शिवलिंग धारण किये हुए हैं। निवृत्तिनाथ के अभंग में आता है : ...विष्णु सहित शिव आणिका पंढरी ...तो विट्ठल संप्रदाय में शिवलिंग या आत्मलिंग से कोई दुःख नहीं, बल्कि मस्तक पर, मुकुट पर स्थान है। जो हो, श्री विट्ठल पंढरीनिवासी हैं, कृष्ण की भाँति वृंदावनवासी नहीं, किंतु दिव्य प्रेम के रसायन से देश, काल, पात्र की सीमा पार कर ये विष्णु सरीखे हैं, साक्षात् विष्णु हैं : 'केशववामना नारायण विष्णु कृष्ण संकर्षणू राम-राम हैं'।

भीमसेन जोशी संतवाणी उच्चारते हैं : "रामकृष्ण हरी। रामकृष्ण हरी। रामकृष्ण हरी..." बारंबार दुहराते हैं। लेकिन हर दुहरावन में कुछ नया संवेदन देते हैं, क्योंकि रस, सौंदर्य नित नूतन है।

पंढरपुर के मंदिर में भजते हैं : "जय जय विट्ठल रखुमाई।।"

"पंढरीच्यात्या देवमंदिरी गजर एक होई। जय जय विट्ठल विट्ठल रखुमाई।।"

मंदिर के आंगन में भजन, नाम संकीर्तन हो रहा है :

"विठोबा रखुमाई। जय जय विठोबा रखुमाई।। 1।।
पांडुरंगे विठाबाई। जय जय विठोबा रखुमाई।। 2।।
जय जय विट्ठल। जय जय विट्ठल।। 3।।"

यह विट्ठल तीर्थ है। विट्ठल है :

"तीर्थ विट्ठल क्षेत्र विट्ठल। देव विट्ठल देवपूजा विट्ठल।। 1।।

माता विट्ठल पिता विट्ठल। बंधु विट्ठल गोत्र विट्ठल।। 2।।

गुरु विट्ठल गुरुदेवता विट्ठल। निदान विट्ठल निरंतर विट्ठल।। 3।।''

मंदिर के आँगन में एकतारा बज रहा है। और लय ताल, बिना लय ताल भी विट्ठल-रखुमाई का कीर्तन चल रहा है। विट्ठल कृष्ण हैं। रखुमाई रुक्मिणी। इस समीकरण से विट्ठल-रखुमाई कृष्ण-रुक्मिणी स्वरूपा हैं। शायद संतवाणी ने मराठी देवता को आंतरभारती, अंतर्राष्ट्रीय नामरूप, रूप-रूपाकार प्रदान किया। जैसे मराठी मोड़ी लिपि के बजाय देवनागरी लिपि अपना कर मराठी को आंतरभारती धारा से जोड़ा। चंद्रभागा भीमातीरे से गंगा-जमुना तीरे भक्ति की धारा बहायी। और यह आज की राजनीति जैसा तोड़-तोड़ नहीं। भक्ति रस से, दिव्य प्रेम से, परम प्रीति से पूरित योगायोग है। और शायद श्रवण वेलगोल के महावीर तीर्थंकर की विशाल प्रतिमा के शिलालेख में देवनागरी लिपि में लिखित मराठी अभिलेख का काल 10वीं शताब्दी से पूर्व का है। या कम से कम उसका समकालीन है।

यह इतिहास नहीं, पुराण की चीज है। सतही मेल-मिलाप नहीं, गहन गंभीर योग है। इस योगायोग ने मध्ययुग में मराठी भाषा और भावधारा में ब्रज भाषा-बोली की भाँति मधुर और रसमय गीत का प्रणयन किया है। एक गीत तो जैसे मन को मोह लेता है :

घनश्याम सुंदरा श्रीधरा अरुणोदय झाला।

उठि लवकरि वनमाली उदयाचली मित्र आला।।

इसका क्या कोई अनुवाद जरूरी है?

ऐसे ही भाषा बोली में निजता, निकटता है। गणपति, मुरारी, श्रीरंगा के लिए प्रार्थना समान रूप से इस प्रकार शुरू होती है :

उठा उठा हो सकलिक...

उठा उठा हो मुरारी...

उठा उठा हो श्रीरंगा...

यह नहीं लगता कि मराठी है? या बनारसी? पहले तो वाराणसी जाते हैं : वाराणसी गया पाहिली... कहते हैं सब काम निबटा कर काशी जाते हैं। काशी जाऊँ भी वृंदावन।

जो हो, धीरे-धीरे सर्पाकार रेंगती हुई भीड़ विट्ठल-रखुमाई के अंतःपुर से गर्भगृह

की ओर धँस रही है। एक ताखे में ग्रंथ है। पढ़ने का अवकाश नहीं। जिज्ञासा है। शायद श्रीमद्भागवत है। यह तो भागवत धारा है, द्वार पर विजय की प्रतिमा है। शायद उस ओर जय प्रतिमा है। दीखती नहीं। अनुमान है। प्रत्यक्ष नहीं।

अब ऊँचाई से विट्ठल की कृष्ण वर्ण हरिवर्ण प्रतिभा का मस्तक दीखता है। प्रशस्त है। पुष्कल है, गले में तुलसी माला है। पीतांबर है। ललाट पर केशर, कस्तूरी। मस्तक पर शिवलिंग, आत्मलिंग है या कम से कम दीखता है। मध्य और निम्न भाग तो दीखता नहीं। चरण के पास शायद वाहन, गरुड़ हैं। सेवक हनुमंत हैं। वामांगी रखुमाई हैं। दिव्य शोभा है। और वेणुनाद हो रहा है।

किंतु मेरा चिदाकाश घिर रहा है। कहीं से भी प्रकाश नहीं। अवकाश नहीं। दायें, बायें, आगे-पीछे, देह ही देह है। नर-नारी भेद नहीं। अभेद है। उसकी परवाह नहीं। किंतु अवकाश नहीं। नीचे ठोस पत्थर का फर्श है। ऊपर पत्थर की छत है। उस पर पत्थर का ही पद्म है। जल बीच कमल नहीं। ऊपर खुला आकाश नहीं। कहीं से ताजा शुद्ध वायु नहीं। चारों ओर वेणुनाद की गूँज-अनुगूँज है। हवा में अगरू-धूम की गंध है। काम गंधहीन गंध। किंतु शुद्ध वायु नहीं। इसलिए प्राण वायु का अभाव है। अभाव है या मुझे ही ऐसा आभास हो रहा है, क्योंकि औरों को तो नहीं लग रहा है। या भास हो रहा है। तो भी हरिदर्शन की उत्कंठा है। विट्ठल का चरण निकट है। उनके दरस-परस की आकांक्षा मन में है। इसलिए वह सह्य है।

मुझे बंद जगह का भय है। यह कोई हाल-हाल की चीज नहीं। शायद सहज है। जन्मजात है। मेरा जन्म काशी विद्यापीठ में हुआ। वहाँ प्रशस्त गढ़ी जैसा आवास है। सामने नीम का पेड़ है। बायें बाजू पीपल, दायें अशोक की पंक्ति है। पारिजात और गुलमुहर और रातरानी और मालती लता और कामिनी की पंक्ति है। बगीचा है। वहाँ भी बचपन में मैं ऊपर की मंजिल में, बहुत करके छत पर सोता था। कभी नीचे सोना पड़ गया तो नाक बंद हो जाती थी। मेरी माँ चिंता करती थीं। और हँसती थीं। वह स्मृतिशेष है। अब तो 'हरिद्वनम्' में वास है। चंदन वन वास है। नील, हरित् वन है। जन संसर्ग से दूरी है। विट्ठल रखुमाई की भीड़ में ही नहीं, शिवरात्रि को, पार्वती व शिव विवाह रात्रि को एक बार भीड़ में दर्शन के लिए काशी विश्वनाथ गया था तो भी दम घुट रहा था। वहाँ बेल-पत्र और गंगा-जल के कारण फिसलन भी थी। किंतु वहाँ महंत जी के गणों ने रक्षा की। वैसे ही प्रयाग के कुंभ में नागाओं के जूना अखाड़े में धँस कर निकल आया।

फिर एक मचान पर चढ़ कर, रामझरोखे बैठ कर उनका मुजरा लिया। इधर तो उम्र का रामझरोखा है। उस पर बैठा कर सब ओर देख सकता हूँ, विंध्य के दक्षिण, भीड़ का यह पहला अनुभव है। पंढरपुर के विट्ठल-रखुमाई का भी प्रथम परिचय है। शायद अंतिम भी।

जो हो, आस-पास कोई अवकाश नहीं। नीचे धरती नहीं, ऊपर आकाश नहीं। एक साँस जो जाती है, वैसी शुद्ध प्राण वायु आती नहीं। चाहे भक्तों-भक्तिनों के तन की गंध, या अगरू–धूम की गंध, बहुत करके कामगंध हीन गंध है, किंतु निर्गंध शुद्ध प्राणवायु नहीं। कोई 'टेस्ट ट्यूब' में परीक्षा कर नहीं कह रहा कि 'ऑक्सीजन' नहीं सिर्फ 'कार्बन डाइऑक्साइड' है। प्रारंभिक प्रयोग याद आता है। एक दीप जो खुली हवा में, 'ऑक्सीजन' में जलता है, सो ही 'कार्बन डाई ऑक्साइड' के टेस्ट ट्यूब में बुझ जाता है। प्राण दीप बुझ तो नहीं रहा है, अलबत्ता घिर रहा है। साँसों का फंदा कस रहा है। माथे पर पसीना आ रहा है। लग रहा है कि दम घुट रहा है। और अभी सखा पांडुरंग दूर है। उसका मस्तक, आँख दीखती है। वह मुस्करा रहा है। यह तो विट्ठल तीर्थ है। विट्ठल क्षेत्र है। विट्ठल गोत्र है। हे गौतम! तुम यहाँ कहाँ फँस गये?

व्यंग्य नहीं, लीला है। यह कैसा लीलाभाव है? उसकी तो लीला है और मेरी जान पर आ गयी है। पता नहीं यह संकट वास्तविक है या मनोवैज्ञानिक है, किन्तु यदि वास्तविक नहीं, मनोवैज्ञानिक है, मेरे मन की उपज है तो भी यदि मेरी एक साँस जो बाहर निकलती है और वापस नहीं आती तो मृत्यु है। अब यह मृत्यु वास्तविक है या मनोवैज्ञानिक? कोई बताए? 'पोस्टमार्टम' की रिपोर्ट यह आए कि मृत्यु का कारण मनोवैज्ञानिक है, तो भी क्या फर्क पड़ता है?

लेकिन रास्ता क्या है? भीड़ में प्रवेश कठिन है, किंतु निकलना और भी कठिन। यह तो एक बंद गुफा में घुसने जैसा है। पिछला दरवाजा किसी राक्षस ने बंद कर दिया है। अब उस गुफा में चलते रहना है। और कहीं उसकी निकासी है तो ही निकसना है। नहीं तो नहीं। वैसे हमेशा, जन्म से ही जीवन-मृत्यु का संघर्ष है। जीना तो मरने से लड़ कर है। धूप-छाँह का खेल सरीखा है। जन्म के साथ ही मृत्यु लग गयी है। रोग, शोक, आयु प्राण हर रहे हैं। अब तो दूसरा किनारा दीख रहा है। किंतु यहाँ दूसरा छोर नहीं दीखता। प्रकाश नहीं, वायु नहीं, छुट्टी नहीं। सिर्फ देह है। और नीचे-ऊपर पाषाण है। और कान्होबा मुस्करा रहा है। या यह उसका लीलाभाव है? या मुझे ही ऐसा लग रहा है?

उधर से कोई आशा नहीं। तो माँ, आई, रखुमाई को भजता हूँ। वह भी कृष्ण वर्ण हैं, कृष्ण हैं, किंतु दीप्त रोशन निगाहें हैं। उनमें प्रज्ञा-करुणा का आलोक है। प्रभास्वरता है। मैं मन ही मन उनकी स्तुति करता हूँ। कोई स्तुति, पाठ, छंद मुझे मालूम नहीं। बस मन ही मन आई को भजता हूँ। हे आई! हे रखुमा! हे अम्मां! मेरी रक्षा करो!

यह सब एक क्षण में होता है। मेरे पास अवकाश नहीं। दूसरा क्षण नहीं। एक बार यह भी मन में आता है कि मीराबाई के साथ गाऊँ : "हरी मोरे जीवन-प्राण अधार। और आसरा नहीं तुम बिन तीनों लोक मजार।। ..." लेकिन मैं नाम का ही सही कृष्णनाथ हूँ, हरि के प्रति दीन भाव से, या मीरा की तरह दासी या बावरी बन कर यह नहीं गा सकता। जान जाए तो जाए। यह नहीं कर सकता। फिर अनुभव है कि पुरुष को पुरुष रूप नहीं, स्त्री रूप भाता है। स्त्री को, पुरुष रूप भाता है। और उसके प्रति उसमें राग, महाराग उपजता है। करुणा, मैत्री, मुदिता भी। पंढरी निवासी सखा पांडुरंगा उर्फ हरि की मुस्कान से जल-भुन चुका हूँ। होगी उसकी लीला। हरि मेरा प्राण-अधार नहीं। मीरा का होगा। मेरा नहीं। नहीं तो नहीं। लेकिन आई है। उसमें मेरी श्रद्धा है। या प्राण रक्षा के लिए उसकी शरण जाता हूँ। या यह स्वार्थ है। पता नहीं। उसे भी यह नहीं कह सकता : "देह जावो अथवा राहो..." देह जाए या रहे तेरा चरण नहीं छोड़ सकता। यह तो सच नहीं। कम-से-कम मेरा सच नहीं। (क्या सच भी मेरा-तेरा है?)

जो भी हो, वह आई है। माउली, कोमल माँ है, रखुमाई है। इसलिए वह जैसे संकेत देती है कि इतना बस है। इस गर्भगृह में तुम्हारा क्या काम? तुम्हारे लिए अब गर्भवास नहीं। एक बार नौ महीने तुम्हें गर्भ में रखा। फिर कैसे कष्ट से जनम दिया। पाल-पोस कर बड़ा किया। खुले-खुले आकाश में तुम्हारा विहार हुआ। तुम तो निर्वाणकामी हो, न कि काम-कामी। फिर, तुम्हारा यहाँ क्या काम? कोई तमाशा है? फिर से प्रपंच में पड़ना है? कोई कामना है? संसार बसाना है? नको-नको, तो फिर यहाँ क्यों आये हो। जैसे भी हो, यहाँ से फौरन बाहर निकल जाओ। जाओ, तुम्हारा भला हो।

एक बार जब उनका आदेश हो गया तो निकलने की इच्छा और भी प्रबल हो गयी। लेकिन रास्ता क्या है? पीछे मुड़ कर देखा तो कोई राह नहीं। आगे राह नहीं। वह तो दर्शनार्थियों-अर्थियों-अनर्थियों से पटी है। हाँ, यह जो जंगला है, जो आने-जानेवाले मार्ग को, दक्षिण वाम मार्ग को बाँटता है, उसके बीच अवकाश है, लेकिन बाड़ से घिरा हुआ है। एक मार्ग आने का, एक जाने का है। और दोनों ही संकीर्ण हैं।

जनाकीर्ण हैं। एक रास्ता इसके बीच का है, वहाँ अवकाश है। किंतु एक रास्ते में फँस गया हूँ। उस बीच कैसे पहुँचूँ? अगर बाड़ को लाँघता हूँ तो शील-व्रत की बाड़ है। उसे फाँदना क्या उचित है? फिर, वह प्रथम बल-वीर्य भी नहीं। तीसरे यह बाड़ लकड़ी की है। इतनी तगड़ी नहीं कि मेरा बोझ सह सके। सूक्ष्म है, टूट जाएगी तो यह क्रम भंग हो जाएगा। फिर तो कुशल नहीं। एक मेरी नहीं, अनेक की मृत्यु ध्रुव है। इसलिए इस बाड़ को लाँघना उचित नहीं। तो रास्ता क्या है?

सहसा मृत्युंजय मंत्र ध्यान आया। कभी हिमालय की तलहटी में ऋषिकेश में शिवानंद आश्रम में स्वामी जी ने यह मंत्र दिया। फिर यह बिसर गया। परसों मिरज में हवन की पवित्र अग्नि के साक्ष्य में विदुषियों के साथ दुहराया :

त्रयम्बकं यजामहे सुगन्धिं पुष्टिवर्धनम् ।
उर्वारुकमिव बन्धनान्मृत्योर्मुक्षीयमाऽमृतात् ।।

—त्र्यम्बक का हम आवाहन करते हैं जो सुगंधि पुष्टिवर्धक है। मृत्यु के बंधन की फाँस से अमृत की ओर ले जाता है। या ऐसा ही कुछ भाव और ध्यान में आता है। मृत्यु के बंधन की कुंडी अमृत से कैसे खुले? यह मेरे लिए अर्थ-अनर्थ का विषय नहीं। जीवन-मरण का प्रश्न है। मृत्यु साक्षात् है। जैसे भी हो मृत्यु के बंधन से इस क्षण निकल जाना है। तो सहसा यह देखा कि जंगले के ऊपर स्वर्ण वर्ण खटका है। उस हिरण्य वर्ण खटके से वह जंगला बंद है। उसे ऊपर उठाने से वह जंगला खुल जाता है। ऊपर की ओर अर्गला खोल कर मैंने देख लिया कि राह है, और यहीं है, आगे-पीछे नहीं। इसी क्षण है।

दूसरे क्षण नहीं। एक क्षण है, जो जीवन की ओर ले जाता है। मुक्ति की ओर। प्रकाश की ओर।

फिर जैसे मार ने आक्रमण किया। यह तो पलायन है, कायरता है। यह कौन सी बात है? साथियों का कोई खयाल नहीं । वे भी तो इसी भीड़ में हैं। उनके साथ ही हँसते-गाते आये। अब जब मुसीबत आयी तो भीड़ में उन्हें छोड़ अकेले अपने निकल भाग रहे हैं। उन्हें तो हरि मिलन की आस है सो निकट है।

मैंने मार को देख लिया। मेरे लिए दूसरा क्षण नहीं। यह कायरता नहीं। बुद्धिमानी है। साथियों का साथ छूटने का मुझे भी मलाल है। लेकिन रास्ता क्या है? अभी तो थोड़ी देर का साथ है। लेकिन मेरे लिए तो यह मृत्यु है। उन्हें मेरी लाश ढोना ज्यादा

मुश्किल है या मेरा क्षण भर का बिछुड़ना, फिर मिलना? जो हो, मेरे लिए इतना बस है। और आई का, अम्माँ का, आदेश है। विट्ठल मुझमें है, मैं विट्ठल में हूँ : देव माझा भी देवाचा। ऐसा तुकाराम का वचन है। देह ही तीर्थ है। देह ही क्षेत्र है। देह ही पूजा है। और यह देह संकट में है। प्राण संकट में है। इसलिए मुझे तो इसकी रक्षा के लिए निकल जाना है। चाहे इसके चलते मुझे रणछोड़, पलायनवादी कहलाना पड़े तो भी निकल जाना है। लोकलाज झेलनी है, किंतु देह-प्राण की रक्षा करना धर्म है। धर्म का साधन है। अन्यथा मृत्यु है। देह रही तो मैं काशी जाऊँगा, वृंदावन जाऊँगा। उनके आँगन में मुरली बजाऊँगा। गंगा-जमुना तीरे, चंद्रभागा-भीमा तीरे विहार करूँगा।

हे मार! मैंने तुझे देख लिया। ऐसा कहने पर वह अंतर्धान हो गया। मैंने ऊपर-नीचे की कुंडी खोली। दोनों रास्तों के बीच आ गया। वहाँ मध्य का अवकाश था। वहाँ से वाम-वाम-वाम दिशा... एक आँगन और आँगन के पार द्वार था। किंतु वहाँ प्रहरी ने ताला बन्द कर रखा था। पहरा था। ताला, जंगला, लालटेन सब था।

किल्ली उसके हाथ थी। विनय किया : वाराणसी का रहने वाला हूँ। विठोबा-रखुमाई का दर्शन करने आया हूँ। सो कर चुका हूँ। अब मेरी साँस उखड़ गयी है। मैं भीड़ में फिर नहीं पड़ सकता। मुझे कुछ नहीं चाहिए। मैं सिर्फ बाहर निकलना चाहता हूँ।

पत्थर पसीज गया या हरि-माया ने उसे प्रेरित किया। उसके अपने गण को संकेत किया। उसने ताला खोल दिया। जंगला खुल गया। और गलियारे से आँगन में, और आँगन के पार सिंहद्वार से हो कर खुली हवा में, और खुले आकाश में, जीवन में प्रवेश कर गया।

एक क्षण में क्या से क्या हो गया? पता नहीं। विट्ठल-रखुमाई का दर्शन हुआ? या नहीं हुआ? अब जो हुआ, नहीं हुआ, सो ही बस है। और अब मुझे कुछ कहना-सुनना नहीं है ।

दत्त दिगम्बर माझे गुरु

(I)

जब से दक्षिण भारत में प्रवास हो रहा है, हिन्दी में लिखना-पढ़ना कम ही हो पा रहा है। बेंगलूरु में 'हरिद्वनम्' हरित्-श्याम-सुन्दर है। चन्दनवन की छाया है। जे. कृष्णमूर्ति प्रज्ञा परिषद् के परिसर में कुटी है। किन्तु यहाँ तो मातृभाषा भी अंग्रेजी है। शायद 'दादी-भाषा' कन्नड़, तमिल, तेलुगु, मलयालम्, मराठी, दक्खिनी, बंगला, हिन्दी है। इस बीच चेन्नै में कृष्णमूर्ति फाउंडेशन इंडिया के स्कूल के अध्यापक-अध्यापिकाओं का सम्मेलन हुआ। उसमें भारतीय भाषाओं के शिक्षण के एक सत्र की अध्यक्षता करने को कहा गया। सो कर दिया। किन्तु उस सत्र की भी भाषा अंग्रेजी ही थी। कुछेक ही अंग्रेज, अमेरिकी अध्यापक मित्र उपस्थित थे। मैंने उनसे अंग्रेजी में इजाजत भी ले ली कि मैं अपनी मातृभाषा में बोलना चाहूँगा किन्तु बोलना अंग्रेजी में ही हुआ। यह कैसी विडम्बना है? कौन-सा जादू है? क्या विवशता है? कोई बताए।

कोई क्या बताएगा? कहाँ तो 'अंग्रेजी हटाओ', कहाँ यह अंग्रेजी में लेखन सम्पादन, भाषण! यह क्या रूप बन गया है? यह कोई छल है? और नहीं तो क्या है? यह हो क्या रहा है? यह कोई जीना है? क्या यह स्वांग है? मराठी में एक कहावत है। उसका आशय है : 'रात थोड़ी है, स्वांग बहुत है' तो क्या इस छोटी सी रात में सब स्वांग कर लेना है? और चले जाना है?

इसी बीच मेरे युवा मित्र ने चेताया कि इधर बहुत दिनों से आपका कुछ समाचार नहीं, कोई लेख भी नहीं। मैं क्या कहूँ? मैं तो वहाँ हूँ जहाँ मुझे अपनी ही खबर नहीं। फिर किसे फुर्सत है? कौन किसकी सुनता है? कौन पढ़ता है? हिमालय के प्रत्यंत

प्रदेशों की यात्रा कर हिमालय कथा लिखी। *स्पीति में बारिश, किन्नर धर्मलोक* और *लदाख में राग-विराग* कमलेश जी ने सुरुचि से छापा। किन्तु वह मेरे जीते-जी ही दुर्लभ हो गया। 'वाग्देवी प्रकाशन' के सौजन्य से अब फिर उसका पॉकेट बुक संस्करण हो रहा है। *स्पीति में बारिश* तो छप भी गयी है। *किन्नर धर्मलोक* प्रूफ संशोधन कर भेज दिया है। कवर पृष्ठ का चित्र भी। *लदाख में राग-विराग* की पाण्डुलिपि का पुनर्मुद्रण के लिए पाठ-संशोधन एक लदाखी युवा अध्येता भिक्षु समफेल तिब्बती संस्थान, सारनाथ में कर रहे हैं। शायद कर भी चुके हैं। लेकिन वाराणसी के मित्र पत्र नहीं लिखते। शायद अपने-अपने स्थान पर अपने-अपने मण्डल या मण्डली में देवता की तरह विराजते हैं। उनके पास जाइए, स्तुति कीजिए, वर माँगिए तो इच्छा हुई तो वरदान देंगे, नहीं तो नहीं। इसलिए अब तो शायद दिल्ली-वाराणसी हो कर सारनाथ जाने पर ही पता चलेगा कि पाण्डुलिपि का संशोधन हुआ या नहीं?

कहाँ तक अपनी मुसीबत का बखान करूँ? कोई बाँट तो सकता नहीं। *पृथ्वी परिक्रमा* का कहीं विज्ञापन देखा। तो अनेक वर्षों पूर्व की गयी पृथ्वी परिक्रमा और उस यात्रा-वृत्तान्त का स्मरण हो आया। वह प्रकाशन ही बंद हो गया। किताबों का स्टॉक पड़ा है। कोई पढ़ने वाला नहीं। किसके लिए लिखूँ?

कहाँ लिखूँ? 'कल्पना' में लिखना शुरू किया। समीक्षा, समीक्षा निबंध लिखते-लिखते 'कल्पना' का लेखक, फिर सम्पादक मण्डल का सदस्य भी बन गया। तभी बदरीविशाल जी को चेताया कि लिखने तक तो ठीक था, सम्पादक-मण्डल में न शरीक कीजिए। जिन-जिन का सम्पादन किया 'मैनकाइंड', 'जन', 'आर्थिकी', 'कखग' सब एक-एक कर बंद हो गये। 'कल्पना' भी उसी रास्ते जाए, यह गवारा नहीं। बदरीविशाल जी ने माना नहीं। 'काशी अंक' का धूम-धाम से विज्ञापन किया। उसका मैंने सम्पादन भी किया। सम्पादकीय भी लिखा। लेकिन 'काशी अंक' छपा नहीं। 'कल्पना' भी आपात् काल में जो बंद हुई सो बंद ही हो गयी। वैसे ही *दिनमान, धर्मयुग* भी एक-एक कर बंद हो गये। और उनके यशस्वी सम्पादक भी एक-एक कर चले गये। पहले रघुवीर सहाय, फिर, धर्मवीर भारती, और फिर गणेश मंत्री भी गये। पं. विद्यानिवास मिश्र ने *नवभारत टाइम्स* में एक स्तम्भ चलाया। उसमें लिखने का आग्रह किया। मैंने लिखा भी। फिर उनका सम्पादन काल भी पुज गया। गनीमत है कि अभी *नवभारत टाइम्स* का दिल्ली, मुंबई संस्करण छप रहा है। *जनसत्ता* भी यथा-तथा।

प्रभात खबर के सम्पादक हरिवंश बीच-बीच में आग्रह कर लिखवाते हैं। उनका दैनिक राँची, पटना, जमशेदपुर से छप रहा है। एक पत्रिका भी सचित्र छप रही है। उसमें भी डरते-डरते लिखता हूँ। यूरोप यात्रा के सिलसिले से इंग्लैण्ड के 'लेक डिस्ट्रिक्ट' गया। वहाँ गैसमेर में वर्ड्सवर्थ की कुटी 'डोव कॉटेज' का दर्शन और उनका संग्रहालय, कब्र देखी। 'बादल की तरह अकेला भटका' शीर्षक से उसका बखान 'प्रभात खबर' में प्रकाशित हुआ। दैनिक की जिन्दगी एक दिन की। किसी ने पढ़ा, नहीं पढ़ा। दूसरा दिन हो गया। और वह बासी पड़ गया। रद्दी में चला गया। किन्तु इस बीच लेक डिस्ट्रिक्ट के 'यूफील्ड' के मालिक मेरे मित्र श्री डेरेक हुक लंदन-फ्रांकफुर्ट-मद्रास की हवाई यात्रा कर बेंगलूरु आये। बातों-बातों में मैंने पूछा कि आपको 'बादल की तरह अकेला भटका' की एक फोटो प्रति भेजी थी। वहाँ हिन्दी में कौन पढ़ने वाला ठहरा? उसका क्या हुआ? तो डेरेक ने अपनी अंग्रेजी भाषा के मितभाषी स्वभाव से सहज ही कहा : मैंने उसे वर्ड्सवर्थ संग्रहालय के डाइरेक्टर रॉबर्ट वुफ को दिखाया। हिन्दी में यह आलेख वर्ड्सवर्थ-तीर्थ की यात्रा का बखान करता है। उसके साथ वर्ड्सवर्थ का और 'डोव कॉटेज' का 'स्केच' भी था। डाइरेक्टर ने देखा और वर्ड्सवर्थ संग्रहालय के संग्रह में रख लिया। इसलिए कि वहाँ हिन्दी भाषा और देवनागरी लिपि में स्केच सहित, कोई और सामग्री शायद न हो।

जो हो, मुझे यह जानकर अच्छा लगा कि 'बादल की तरह अकेला भटका' शीर्षक वह यात्रा-वृत्तांत अब वर्ड्सवर्थ संग्रहालय में है। मुझे भवभूति का पद स्मरण हो आया : काल निरवधि है, धरती विपुला है, कोई न कोई समानधर्मा पैदा होगा...।

सच कहूँ तो इसने मेरे अधमरे मन में थोड़ी संजीवनी सुधा उँड़ेल दी। इसी बीच आपका पत्र मिला कि कुछ लिखा हो तो भेजिए। *बौद्ध दर्शन निबंधावली* और जे. कृष्णमूर्ति के संकलन-सम्पादन *ऑन द टीचिंग्स* शीर्षक की सूचना दी। *ऑन हिमसेल्फ* की सहायक सामग्री की सूची भेजी। और अपनी ओर से छुट्टी पा ली।

हाँ, इसी बीच महाराष्ट्र की एक संक्षिप्त यात्रा हो गयी थी। रानी चेन्नम्मा एक्सप्रेस से बेंगलूरु सिटी-मिरज जंक्शन। मिरज महाराष्ट्र का प्रसिद्ध चिकित्सा केन्द्र है। जब क्षयरोग (टी.बी.) का कोई इलाज नहीं था तब दूर-दूर से वहाँ रोगी 'सेनेटोरियम' में रहकर आरोग्य-लाभ करते थे। वहाँ मैं आरोग्य-लाभ के लिए नहीं, सिर्फ अपने मित्र डॉक्टर दिलीप इनामदार परिवार से मिलने गया। तो वहाँ काशी विद्यापीठ के समाजशास्त्र

विभाग के प्रोफेसर नीलकण्ठ शा. देशपाण्डे से भी मिलने का सुयोग हुआ। थियॉसाफिकल सोसायटी के मित्रों के साथ 'डायलॉग', कृष्णा वैली स्कूल के विद्यार्थियों को सम्बोधन, अध्यापकों से चर्चा, वृक्षारोपण आदि का कार्यक्रम भी प्रसंगवश हो गया। किन्तु इस यात्रा में मेरा दो प्रिय मनोरथ भी पूरा हुआ। एक तो नरसोबा वाडी की यात्रा, और दूसरे करवीर (कोल्हापुर) की महालक्ष्मी का दर्शन। इसकी भी अपनी कथा है।

वाडी दत्त दिगम्बर का स्थान है। दत्त दिगम्बर के लिए मेरे मन में सदा से आकर्षण रहा है : मैंने माना है : *दत्त दिगम्बर माझे गुरु*, दत्त दिगम्बर मेरे गुरु हैं। क्यों? मैंने बनारस के सेण्ट्रल जेल में अपने युवासाथी श्री... गोरे से दत्त चरित सुना। वे सुबह काशी में गंगा स्नान करते हैं, दोपहर कोल्हापुर में भिक्षाटन करते हैं, और रात माहुरगढ़ी में शयन करते हैं। सह्याद्रि उनका आसन है, माहुरगढ़ी उनका शयन। किन्तु वे सिर्फ सह्याद्रि के नहीं हैं। एक निमिष-मात्र में तीनों लोक का चक्कर लगाते हैं! हिमालय में यात्रा कर उसके गुह्य और पवित्र मर्मस्थल कैलास-मानसरोवर का दर्शन करते हैं। और उसका महातम काशीराज को बताते हैं। यह कथा-वार्ता 'अथ कैलास-मानसरोवर माहात्म्य' में लिख चुका हूँ। उसे यहाँ दुहराना नहीं चाहता। अवकाश कहाँ है? रात थोड़ी है, स्वांग बहुत है!

वाडी दत्त दिगम्बर का स्थान है। यह दत्त के दो उप-अवतार श्री श्रीपादवल्लभ और श्री नृसिंह सरस्वती में से श्री नृसिंह सरस्वती द्वारा जाग्रत स्थान है। यह कृष्णा पंचगंगा के संगम पर और औदुंबर की छाया में स्थित तीर्थ है। मिरज-इचलकरंजी के प्रायः मध्य स्थित है। पिछली यात्रा में भी मैं इस तीर्थ का दर्शन कर चुका था। किन्तु मुझे इसका महातम तब और उजागर हुआ जब महामहोपाध्याय पं. गोपीनाथ कविराज का *भारतीय संस्कृति और साधना* में 'आदिगुरु दत्तात्रेय और अवधूत दर्शन' पर एक सारगर्भित लेख पढ़ा। उसमें दत्तात्रेय के प्रमुख जाज्वल्य तीर्थों में वाडी का जिक्र है। अन्य तीर्थ तो सारे देश में हैं। नेपाल में भातगाव, कुमाऊँ में बागेश्वर, यमुनोत्री मार्ग में, चित्रकूट में अनसूया आश्रम, प्रयाग-काशी में दत्त दिगम्बर के जूना अखाड़ा का यथासमय मैं दर्शन कर चुका हूँ। महाराष्ट्र में माहूर, गाणगापुर, औदुंबर और नरसोबा ची वाडी की दत्तक्षेत्र के जाज्वल्य केन्द्र के रूप में मान्यता है। अन्य केन्द्रों में तो मेरा जाना नहीं हुआ। वाडी निकट है तो वहाँ जाया जा सकता है। सो संजीवनी शक्ति के प्रासाद से साक्षात् नीलकण्ठ महादेव सहित शीत-ताप नियंत्रित दिव्य रथ में आरूढ़ नरसोबा ची वाडी का दर्शन हुआ।

दूसरे, कोल्हापुर में महालक्ष्मी का प्रशस्त मंदिर है। *स्कंदपुराण* के काशीखण्ड

में इसका उल्लेख है। प्रसंग यह है कि एक बार विंध्य को हिमालय से स्पर्द्धा हुई। वह बढ़ने लगा। बढ़ते-बढ़ते उसने आकाश में सूर्य का मार्ग रोक दिया। सूर्य का रथ रुक गया। एक ओर पृथ्वी सूर्य के ताप से जलने लगी। दूसरी ओर अंधकार और ठंड से त्रस्त हुई। हाहाकार मच गया। देवता क्रम से ब्रह्मा, विष्णु, महेश के यहाँ दौड़े। स्तुति की। किन्तु उन्होंने अपनी असमर्थता जतायी। कहा कि विंध्य हमारी बात नहीं सुनेगा। आप लोग काशी में वास कर रहे अगस्त्य मुनि के पास जाएँ। उनसे प्रार्थना करें। यदि वे विंध्य को कहेंगे तो विंध्य उनकी बात मानेगा, हमारी नहीं। सो देवता काशी में अगस्त्य मुनि के आश्रम गये। (वहाँ अगस्त्य कुण्डा नाम का मुहल्ला आज भी है) वहाँ जाकर अगस्त्य की स्तुति की। उससे प्रसन्न होकर जब उन्होंने देवताओं के आने का प्रयोजन पूछा तो उन्होंने विंध्य के बढ़ने और सूर्य के रथ के रुकने और पृथ्वी के जलने-गलने का सब वृत्तांत सुनाया। और उनसे प्रार्थना की कि आप ही कुछ कर सकते हैं। अगस्त्य को काशी छोड़ना प्रिय न था, किन्तु देवताओं की प्रार्थना ठुकराना भी कठिन था। सो वे लोपामुद्रा सहित काशी छोड़ विंध्य पर्वत की ओर गये। विंध्य ने उन्हें आते देख झुक कर साष्टांग प्रणाम किया। अगस्त्य ने उसे कहा कि मैं जरा दक्षिण जा रहा हूँ, जब तक न लौटूँ ऐसे ही झुके रहना। सो विंध्य आज भी वैसा ही झुका गिरा पड़ा है। मुझे विंध्य के जंगलों में पलामू के आदिवासियों के बीच रहते विंध्य की व्यथा-कथा बार-बार स्मरण आयी।

जो हो, अगस्त्य ने दक्षिण आकर बड़ा काम किया। संस्कृति और संस्कृत का प्रचार-प्रसार किया। संस्कार दिया। किन्तु उन्हें काशी का बार-बार स्मरण आता रहा। लौट सकते नहीं थे। क्योंकि विंध्य फिर उठ खड़ा होता। किन्तु काशी उनसे बिसरती नहीं। सो उन्होंने करवीर (कोल्हापुर) में महालक्ष्मी की स्तुति की। लक्ष्मी ने प्रसन्न होकर उन्हें वर दिया कि वे यहाँ शरीर त्याग कर काशी में जन्म लेंगे। सो ही हुआ। अगस्त्य ने शरीर-त्याग किया और कहीं काशी में जन्म लिया। आज की काशी में तो कहीं उनका अता-पता नहीं। सिर्फ उनके नाम का मुहल्ला है। जो हो, दक्षिण प्रवास करते मुझे भी काशी भूलती नहीं। जितना दूर जाता हूँ, उतना ही उसको अपने पास पाता हूँ। काशी विद्यापीठ के घर छूटने के बाद बेघर हो गया हूँ। यहाँ 'हरिद्वनम्' में कुटी है। चंदन वन है। अष्टमी का चन्द्रमा आधा खिला हुआ है। आधा ढँका है। मलय-पवन का झोंका है। और सुगंध है। फिर भी काशी का बार-बार स्मरण हो आता है। तो मैंने पता किया कि क्या कोल्हापुर में कोई महालक्ष्मी का विग्रह है? और क्या वहाँ अगस्त्य प्रोक्त स्तोत्र पाठ

होता है? मालूम हुआ कि हाँ, महालक्ष्मी का प्रशस्त मंदिर है। और नित्य पूजा है। सम्भव है, अगस्त्य के कहे स्तोत्र का पाठ भी होता हो। सो इस यात्रा में यह जिज्ञासा भी है। हाँ, इतना तो है कि मैं फिर से काशी में, या कहीं भी जनमना नहीं चाहता। मेरा यह अंतिम जन्म है, फिर गर्भवास नहीं। फिर भी, जिज्ञासा है। यह क्या है? क्यों है? पता नहीं। अब जो है, सो है।

तो यह दो मनोरथ मन में हैं। एक, दत्त दिगम्बर की वाडी और महालक्ष्मी का अगस्त्य प्रोक्त स्तोत्र पाठ। इनके लिए इन तीर्थों की यात्रा की। और यह जैसे मन बना लिया कि इनके बारे में लिखना नहीं। शब्द तो जैसे कार के पीछे जो धूल-धुआँ उड़ता है जिसमें वह रास्ता और वह यान दोनों छिप जाता है, वैसा है। जैसे, दर्पण पर जो धूल जम जाती है जिससे छवि नहीं दीखती वह धूल शब्द है। पद पदार्थ नहीं। 'शब्द वह चीज़ नहीं।' यह सब जान कर यह तय कर गया कि लिखना नहीं। अब बहुत हो गया। अब तक जो किया सो किया। अब नहीं। इसलिए वाडी में *श्री गुरु चरित्र* का हिन्दी अनुवाद मिल रहा था। उसका मराठी मूल में पारायण होता है। सो नहीं लिया। क्योंकि लिखना नहीं है, तो क्यों व्यर्थ पोथी का बोझ बढ़ाना? उस पर धूल जमा होती है। दीमक लगती है। और जगह घेरती है। अब और नहीं। वहाँ मित्रों से नरसोवाडी महातम और *श्रीदत्त स्तुती* और *श्री महालक्ष्मी स्तोत्र* भेंट में मिल गयी। या कहीं पूर्व प्राक्तन संस्कार शेष होगा। एक तो भेंट का निरादर कैसे करूँ? दूसरे शब्द से अर्थ की, नाम से नामी की पहचान होती है। औदुंबर छाया से अर्थ की छाया घनी है। कृष्णा-वेण्णा—पंचगंगा के संगम से शब्द-अर्थ का संगम कहीं ज्यादा सूक्ष्म और गुह्य है। सो शायद वह संस्कार बाँधता हो। जो हो, यह छोटी-छोटी महातम और स्तुती की पोथी और यात्रा की स्मृति शेष थी। और कुछ नहीं।

फिर, डेरेक ने 'बादल की तरह अकेला भटकने' का महातम बताया। इसके चलते वर्ड्सवर्थ जैसे यशस्वी कवि के संग्रह में स्थान मिला। तो जैसे इसने मेरे मुर्दा मन में फिर से जान डाल दी। अब यह भी जब अंग्रेज याद दिलाये, अंग्रेजी में, तो ही क्यों होता है? यह क्या लीला है? कैसी लीला है? किसका लीला भाव है? यह तो अगर कोई इसका कर्त्ता है तो शायद वह जानता है, शायद वह भी नहीं जानता!

इस भाषा, शैली में पहले भी बहुत कहा जा चुका है। ऋग्वेद के 'नासदीय सूक्त' से लगाकर आज तक यह सूत्र अनेक बार दुहरा चुका हूँ। इसमें भला

किसको रस है? रुचि है? कौन सुनता है? 'रात थोड़ी है, स्वांग बहुत है।' इसलिए इतना बस है।

(II)

इस तरह मैंने तो कलम रख दी। लिखने से तौबा कर ली। लेकिन इस बीच मेरी बदनामी फैल चुकी। किसी ने सुन्दर चित्र-लिखित एक नोटबुक खुद बना कर भेंट कर दी। कहा कि इस पर अपनी कविता लिखिए। भला मैं, शुष्क, उरस, कहाँ कविता लिखता? फिर भी...।

वह नोटबुक और वह स्तोत्र कागजों में कहीं दबे पड़े रहे। इस बीच 'आर्ट विलेज' का 'मेला' निकट आने लगा। उधर मैंने सूर्य के साथ उत्तरायण होने का संकल्प कर लिया। संदेश भी पठा दिया। टिकट भी निकाल लिया। आरक्षण की युक्ति भी की। राजघाट से संदेश भी आ गया। तो मित्रों का आग्रह हुआ कि मेला में तो जरूर रहना है। एक शाम का मेला। मेरा मेला तो उठ रहा। अब एक शाम के संग-साथ के लिए सब बना-बनाया संकल्प तोड़ देना कहाँ की बुद्धिमानी है? लेकिन स्नेह के आगे बुद्धि कहाँ टिकती है? सो उत्तरायण होने की तिथि टाली। अब अगली मनचाही तारीख में टिकट-आरक्षण नहीं। सो उसकी चिंता, भाग-दौड़। उसका भी कुछ उपाय किया। कुछ अधर में पड़ा। अंत समय तक की दुविधा में अपने को जानते-बूझते डाल दिया।

इतना ही नहीं, एक छोटा-सा छिद्र बहुत से अनर्थ का मूल बनता है। इसी बीच मेरे लेक डिस्ट्रिक्ट के मित्र श्री डेरेक हुक इंग्लैण्ड से आ गये। उनसे जो 'बादल की तरह अकेला भटका' का वर्ड्सवर्थ संग्रहालय में रखे जाने की खबर मिली तो मेरे मन की मृतप्राय तृष्णा जाग गयी। शायद अन्दर ही अन्दर कुछ लिखने का मन होने लगा। लेकिन इतना नहीं कि सचमुच कोरा कागज लिखता। जब मित्र आये तो मित्र ने उनके लिए रात्रि भोज का निमंत्रण दिया। मुझे भी। इधर ऋषियों की घाटी में, ऋषि वैली में, ऋषिकोंडा, ऋषि पर्वत की छाया में मैंने वर्षों से छोड़ा व्रत फिर से अपना लिया। रात में अन्न न खाने का मन बनाया। श्रेय के काम में अनेक विघ्न आते ही हैं। जैसे ही यह मन बनाकर लौटा मित्रों ने अच्छा-अच्छा खाना पकाना शुरू किया। मुझे न्योता दिया। व्रत तोड़ देने को कहा। तर्क दिया कि कभी-कभी व्रत तोड़ देना अच्छा है। अन्यथा अहंकार पनपता है। अब इसका क्या जवाब है? मेरा भी मन रहा ही होगा। नहीं तो कौन

जबर्दस्ती खिलाता! सो मैंने एकाधिक बार पहले ही व्रत तोड़कर सुस्वादु भोजन कर लिया था। अब किस मुँह मना करता? उस पर से डेरेक पाक कला के माहिर हैं। और अपने देश में घर में जितना अच्छा खाना बनता है उतना आज की दुनिया में शायद ही कहीं बनता हो। पश्चिम में तो एक चीज गरमा-गरम, ताज़ा-टटका बना ली तो बस है। नहीं तो वही-वही सलाद और चीज़ और...। यह कार्यक्रम बना कि 'इंडो-ब्रिटिश प्रॉजेक्ट' के तहत रात्रिभोज का आयोजन हो। डेरेक इतालवी पास्ता मशरूम के साथ बनाएँगे, और श्रीमती सुषमा इनामदार गाजर का हलुआ बनाएँगी। डॉक्टर सतीश इनामदार परिवार और हम सब साथ खाएँगे। अब इस निमंत्रण का कौन अनादर कर सकता है? और इसमें हर्ज क्या है? कभी रात खा लिया तो क्या फर्क पड़ता है? आधी दुनिया तो खाने के लिए तरसती है। भूखी है। प्यासी है। और कोई आपको प्रेम से न्योता देकर खिलाता है तो बनना क्या? इतना अभिमान-अकड़ बनना भी क्या? सो खाना स्वीकार किया। जब स्वीकार किया तो उसका निर्वाह भी।

इसमें तो कोई खास बात नहीं। इतना लिखने का भी कोई काम नहीं। लेकिन सूरदास से लेकर आज तक का मेरा भी अनुभव है : "भरि-भरि उदर विषय को धावत..." जब पेट भरता है तो...। यह 'गुह्य वचन' भी क्या कहने वाली बात है? क्या सब कुछ कहा जाए तो ही कहा जाता है?

रात्रिभोज में मैं यथासमय अपने उसी मुड़े-मुड़े वेश में, सिर पर कफन बाँधे पहुँच गया। लेकिन औरों ने सुन्दर वेश और सुंगधि धारण कर रखी थी। ऐसी गंध जो इस लोक में, चन्दन वन में, युवती तन में नहीं। किसी अन्य लोक की, शायद किसी पश्चिमी प्रकार की, दिव्य गंध, कामगंधहीन गंध नहीं, काम गंध। मैं तो अपने गाँव की देहाती वेश-भूषा में, रूप-गंधहीन एक कोने में बैठा था। शायद करुणावश किसी ने मुझसे हिन्दी में कुछ कहने का कहा। मुझे तो कोई उद्धरण करना नहीं आता। कोई कविता, श्लोक, कारिका भी याद नहीं रहती। कभी कोई एक टुकड़ा कहीं से उग आता है। सो भी आधा-अधूरा। उस क्षण मुझे अपने शहर के कवि 'प्रसाद' की एक पंक्ति, वह भी पूरी नहीं और शायद थोड़ी अशुद्ध याद आयी : "बिखरी है अलकें ज्यों घन केश-जाल।" शायद मूल में "तर्क जाल" है। लेकिन शायद वैरागी मन तर्क जाल में नहीं, केशजाल में अरुझ गया था। इसलिए तर्क जाल की जगह "केश जाल" मुँह से निकल गया। जिसको कहा गया उसे इतनी हिन्दी तो नहीं आती। फिर भी, मन का भाव कहाँ छिपाये छिपता है?

सो भाव शायद प्रगट हो गया। वैसे निर्विकार भाव से उसने यही कहा कि "इल्ला", नहीं, मुझे हिन्दी नहीं आती। तो मैंने कहा कि अपनी भाषा में, कन्नड़ भाषा में कुछ सुनाओ। वह भी इतनी नहीं आती! और मुझे अंग्रेजी नहीं आती। इसलिए छुट्टी हो गयी।

फिर भी सोचता रहा कि मेरे जैसे सूखे मन में कविता की एक आधी-अधूरी पंक्ति भी कहाँ से उग आयी। कहीं तो राग है? इसे देखता रहा। और शाम नीम के पेड़ तक टहलने निकला। सूर्यास्त होने को था। आकाश में स्याह-सिलेटी बादलों की कोर पर फालसई रंग के डोरे। जैसे उनकी आँखों में राग-रंग। और मेरे मन में? देख नहीं सका। ऐसा रंग-रूप आकाश में, चिदाकाश में प्रगटा, जैसा कभी नहीं। और उस वेला आकाश में तीन तेजस्वी तारों के गुच्छे दीखे। उनकी रोशनी में, रोशनी की छाया में, सूर्यास्त की वेला में मुझे फिर दत्त दिगम्बर स्मरण हो आये। कहीं 'दत्तात्रेय चरित्र' में पढ़ा था कि दत्तात्रेय की जन्मतिथि मार्गशीर्ष शुक्ल पूर्णिमा और जन्म वेला सूर्यास्त है। कहते हैं कि यह तीन तारे उस समय पूर्व में दीखते हैं। मानते हैं कि यह तीन क्रम से ब्रह्मा, विष्णु, महेश हैं। दत्तात्रेय कथा का स्मरण बार-बार आने लगा। लेकिन मछली जैसे अपने ताल के जल से बाहर छट-पटाये वैसे मेरी गति हो गयी। स्मरण की आग भूँजती है। अपनी भाषा का ताल छूट गया है। मेरे पास वह सब ग्रंथ नहीं हैं। *श्रीमद्भागवत* में दत्तात्रेय के चौबीस गुरुओं का प्रसंग है। *महाभारत* के अनुशासन पर्व में कथा है। राहू ने सूर्य को ग्रस लिया। अत्रि ने उसे छुड़ाया और पृथ्वी को प्रकाशमान किया। इस महान् कार्य के मूल से विष्णु ने दत्तरूप से उनके घर जन्म लिया। कहते हैं कि *ऋग्वेद* के पाँचवें मण्डल के चालीसवें सूक्त में इसी आशय की कथा है। *अथर्ववेद* और *शतपथ ब्राह्मण* में यह मिलती है। *शिवपुराण, वायुपुराण, कूर्मपुराण* में इस कथा का, विशेषकर अनसूया के सतीत्व का वर्णन है। शंकराचार्य ने दत्तात्रेय की स्तुति में कहा है कि मौनियों में मौनी, गुणियों में गुणवान्, पण्डितों में पण्डित, दीनों में दीन, सुखियों में सुखवान्, भोगियों में भोगी, मूर्खों में मूर्ख, युवतियों में युवा, वक्ताओं में प्रौढ़वक्ता और अवधूतों में अवधूत धन्य हैं। कबीर ने अपने पदों में 'अवधूता' को स्मरण किया है, जिसे कुमार गंधर्व ने स्वर दिया है। ज्ञानेश्वर ने 'दत्तात्रेय योगियाला' का, एकनाथ ने 'त्रिगुणात्मक त्रैमूर्ती दत्त हा जाणा', और तुकाराम ने 'तीन शिरे सहा हात',—तीन शिर और छः हाथ वाले दत्तात्रेय को दंडवत की है। दत्तात्रेय तंत्र की भी एक हस्तलिखित पोथी मेरे एक मित्र के संग्रह में मेरी देखी हुई है। किन्तु यह सब संदर्भ मेरे पास नहीं। मेरी विद्या पोथी में बंद है, और पोथी सारनाथ, वाराणसी में है। मेरे पास

सिर्फ महातम जैसा ग्रंथ है, और दत्तात्रेय स्तुती है। सो भी मराठी में। देवनागरी लिपि में होने से और दत्तात्रेय के प्रति दीर्घ सेवित अनुराग से मेरा इसमें चंचु प्रवेश है। जैसे चोंच से जल को छू भर लिया है, किन्तु वह जल जो तृप्त करता है, जो शीतलता देता है, जो शुद्ध करता है उसमें अवगाहन, मज्जन और पान नहीं।

इच्छा होने से कुछ राह भी निकलती है। मराठे 'गुरुजी' मराठी और हिन्दी की जानकार हैं। इचलकरंजी और मिरज मूल की हैं, बचपन से अपने पिताजी के साथ और युवावस्था में अपने पति के साथ अनेक बार वाडी जाती रही हैं। और राजघाट, वाराणसी में अनेक वर्ष तक वास किया है। अतः हिन्दी भी जानती हैं। मेरी प्रार्थना स्वीकार कर उन्होंने मराठी मूल पदों की सुषमा का खुलासा करना स्वीकार किया। और जहाँ मेरी शंका थी उसका समाधान भी। इसलिए अब मेरे लिए दत्त कथा कहना नितांत अशक्य नहीं। किन्तु रात जग कर मैं अब लिखने नहीं बैठ सकता। अगर आसन पर बैठ गया तो फिर पूरा किये बिना उठना नहीं। और अब उतनी सकत नहीं। इसलिए प्रयत्नपूर्वक यह दत्तात्रेय चरित्र समुझ, मन ही मन रखकर सो गया। नींद आती है। और नहीं आती। रात भर दत्त दिगम्बर का स्वप्न आता रहा। प्रातः ब्राह्म मुहूर्त में, प्रायः 4 बजे उठकर निवृत्त होकर पोथी-पत्रा ले कर बैठ गया। तो अब कुछ तो कथा कहनी है। सिर्फ महातम नहीं, सिर्फ प्राक्कथन नहीं। इसलिए फिर इतना बस है।

(III)

अब तक तो वाडी यात्रा और दत्त दिगम्बर का महातम कहने के बहाने बहुत कर के अपने से ही संवाद करता रहा। अब वाडी के बारे में और दत्तात्रेय के स्वरूप-दर्शन के बारे में कुछेक बातें टाँकने जैसी हैं। अब नहीं तो शायद कभी नहीं।

नरसोबा वाडी प्रसिद्ध दत्त क्षेत्र है, इतना तो अब तक स्पष्ट हो गया है? यह कहाँ है? कैसा है? महाराष्ट्र के कोल्हापुर जिले में कृष्णा-पंचगंगा के संगम पर स्थित है। मिरज-कोल्हापुर रेलमार्ग पर नरसिंहपुर स्टेशन से 12 किलोमीटर की दूरी पर है। मिरज से सड़क से राज्य परिवहन की बस या अपनी गाड़ी से जाया जा सकता है।

कृष्णा अभी यहाँ तन्वंगी है, न अति-युवती है। प्रशस्त घाट है-वाट है। पहले शायद इक्यावन सीढ़ियों से उतर कर कृष्णा में स्नान-मज्जन और पान करते हैं। हम तो

नहा-धो कर आये हैं, फिर भी हाथ-पैर धोते हैं, और शरीर पर जल छिड़क लेते हैं। पवित्र हैं, जैसी भी अवस्था में हैं, उस कमलनयन (या नयनी) के स्मरण से बाह्य-अभ्यंतर शुचि हो कर, या कम से कम ऐसा मान कर ऊपर आते हैं। वहाँ पीपल का एक प्रशस्त पेड़ है। औदुम्बर या गूलर कल्पवृक्ष सरीखा है। उसकी छाँह में शिला मन्दिर है। शायद मूल तो पत्थर की शिला है। उस पर से यह सारी निर्मित है। स्वामीं नृसिंह सरस्वती द्वारा स्थापित दत्त पादुका विराजमान है। दूर से आया हूँ, काशी से आया हूँ इसलिए थोड़ा थहम कर दर्शन का अवकाश मिलता है। (शायद इसलिए भी अच्छी दक्षिणा दी गयी है।) उधर देशपांडे जी दत्तस्तुती का विधिवत् पाठ, पूजन कर रहे हैं। उसका भी पुण्यलाभ हमें मिलता है। हम भी अन्त में धूप, दीप और पुष्प पूजा करते हैं, और प्रसाद पाते हैं।

वाडी में कृष्णा पर चार प्रशस्त घाट हैं। पहला कृष्णा-पंचगंगा संगम पर है। वहाँ नदी तीरे पाँव पैदल जाया जा सकता है। या नाव से। दूसरा दत्त के मंदिर के सामने है। यह घाट शायद श्री जनार्दन स्वामी की आज्ञा से श्री एकनाथ महाराज ने बँधवाया है। प्रशस्त है। तीसरा घाट मंदिर के उत्तर और चौथा दक्षिण है। यहाँ अनेक साधु-संत, योगी महंतों के समाधि स्थल हैं, देवता हैं, वृक्ष हैं। औदुंबर का बड़ा महातम है। कल्पवृक्ष ही है। निकट एक धर्मशाला, वेद पाठशाला, कार्यालय आदि है।

इस यात्रा में कृष्णा-गंगा के भेंट की एक कथा पहली बार सुनने को मिलती है। यह योग हर बारह वर्ष बाद जब गुरु कन्या राशि में प्रवेश करता है तो आता है। उस वेला सह्याद्रि की तलहटी में स्थित गंगाकुंड से जलप्रवाह शुरू होता है। गंगा प्रगट होती है। यह प्रवाह और वक्त नहीं दीखता। इस सम्बन्ध में परंपरागत कथा इस प्रकार है :

प्राचीन काल में काशी क्षेत्र में दिवोदास नामक राजा राज्य करता था। उस वक्त ऋषि और देव काशी छोड़ कर अन्यत्र वास करने लगे। श्री विश्वेश्वर शंकर मंदार पर्वत चले गये, कई ऋषि-मुनि गोदावरी तीरे गये। महर्षि व्यास और दत्तात्रेय सह्याद्रि विहार करने लगे। उन्हें कृष्णा नदी का दर्शन होता था। उनकी इच्छा हुई कि कृष्णा और भागीरथी गंगा की जोड़ी हो जाए तो अच्छा। उन्होंने विष्णु भगवान् को तपश्चर्या से प्रसन्न किया। उनसे वर माँगा, ''भगवन्, चराचर सृष्टि के उद्धार के लिए भूमंडल पर गंगा को पठाइए।' वह कृष्णा-वेण्णा नदी से मिले, जब गुरु कन्या राशि में प्रवेश करे। तो उनका दर्शन कर अखिल मानव जाति का मंगल हो। तो भगवंत ने गंगा स्मरण किया। विष्णु

पद से निकल कर गंगा कृष्णा से आ मिलीं और दो पवित्र नदियों का संगम हुआ।

गुरु कन्या राशि में जब आता है तो उस वेला में गंगा कृष्णा से भेंटती हैं और उनका प्रवाह मिलता है। लोग उस पर्व काल में कृष्णा-गंगा क्षेत्र में स्नान-दान-श्राद्ध-तर्पण, गंगा पूजन कर पुण्य लाभ करते हैं। मानते हैं कि उससे वंश का उद्धार होता है, पूर्वजों को परलोक मिलता है, अभ्युदय होता है, महापातकों का नाश होता है, पुण्य लाभ होता है, इत्यादि।

कृष्णा-वेण्णा का यहाँ बड़ा महातम है। वासुदेवानंद सरस्वती ने अपने *कृष्णालहरी* काव्य में लिखा है :

मुखं ते सह्याद्रः सदयहृदयं ते नरहरेः ।
पुरेऽप्यान्ध्रे नाभिः प्रपदयुगलं प्राच्यविषये ।।

(कृष्णा) तेरा मुख सह्याद्रि (पादस्थल) है, हृदय नरहरि (नरसोबा वाडी), नाभि आंध्र और पदयुग्म पूर्व (समुद्र) है। कृष्णा को मैंने अनेक रूपों में देखा है। विशेषकर इसके नाभि प्रदेश आंध्र देश में। नागार्जुन कोंडा में, श्रीधान्यकटक (अमरावती) में, अमरावती-विजयवाड़ा के जल-संचरण में कृष्णा तीरे भटका हूँ। 'कृष्णा तीरे' शीर्षक से एक निबंध भी *धर्मयुग* (साप्ताहिक, बंबई) में कभी आपात् काल में छपा है। कृष्णा महाराष्ट्र में जैसे अपने अरुणोदय काल में है, नैहर में है। आंध्र में युवती की तरह है, सुमध्यमा है, विशाला है। महाराष्ट्र में उसे कृष्णा-वेण्णा कहते हैं। वही आंध्र में कृष्णा वेणि कहलाता है। शायद *योगिनीतंत्र* में इसे कृष्णा वेणि ही कहा गया है। कहते हैं, कृष्णा विष्णुस्वरूप है, वेण्णा शिवस्वरूप। उनका नाम जोड़कर कृष्णा-वेण्णा कहते हैं। (सूचना है कि महाबलेश्वर से पाँच नदियाँ निकलती हैं। कृष्णा, वेण्णा, सरस्वती, कोयना और पंचगंगा। ये सभी कृष्णा में मिलती हैं। जैसे हिमालय से सिन्धु, राबी, सतलुज, झेलम और चेनाब। सब सिन्धु में मिलती हैं, और ये पाँच आब, पंजाब का निर्माण करती हैं। वैसे ही विंध्य के दक्षिण, के यह पंचनद हैं। कृष्णा-वेण्णा का तो शायद मूल में ही संगम है। इस संगम से ही कृष्णा की उत्पत्ति है। महाबलेश्वर में जो झील है उसे वेण्णा तालाब कहते हैं, उसमें युवा-युवतियाँ नौका विहार करते हैं। यह तालाब कृष्णा का उद्‌गम नहीं है। उद्‌गम वहाँ से कुछ दूर जूना (पुराना) महाबलेश्वर है। वहाँ एक मंदिर भी बाँधा है। वैसे नदी का मूल और ऋषि का कुल कहाँ है? कौन जानता है? सरस्वती गुप्त है, या लुप्त है, या अन्तःसलिला है। कोयना कराड के पास कहीं कृष्णा में मिलती है। पंचगंगा

का कोल्हापुर, इचलकरंजी होते हुए वाडी में कृष्णा से संगम होता है। वहाँ एक प्रशस्त घाट है। एक छतरी है। जहाँ-जहाँ संगम है, जल में या देह में, वहाँ-वहाँ प्रयाग है, तीर्थ है, तीर्थ कहीं और नहीं। महाराष्ट्र के इन पंचनद का गान होना शेष है। सुना है कृष्णा के उद्‌गम से समुद्र में संगम तक कोई कृष्णा-खोज-यात्रा निकाली गयी है। उसकी गूँज-अनुगूँज नहीं है। अन्तर्भारतीय-वैश्विक गूँज होना शेष है।

शायद सम्पूर्ण भारत में कृष्णा नदी एकमात्र है जो पश्चिम से दक्षिण, फिर पूर्व बहती है। जहाँ तक मुझे स्मरण आता है, कृष्णा तीरे सुना है, आंध्र तट पर मसुलीपत्तनम् के पास कहीं समुद्र में मिलती है। कृष्णा के उद्‌गम से संगम तक एक यात्रा करने का मन है। हो, न हो। मन तो है। शायद इसलिए भी कि कृष्णा से मेरी प्रीति-पुरातन है। शायद जन्म-जन्मांतर का साथ है। या संयोग-मात्र है। मैं नाम का ही सही कृष्णनाथ हूँ, और वह कृष्णा है, कृष्णप्रिया, तो मन ही मन कहीं तो जुड़ती है।

जो हो, कृष्णा पंचगंगा संगम तीर्थ है। एक नहीं, आठ तीर्थ हैं : क्रम से, शुक्ल तीर्थ, पापविनाशी तीर्थ, काम्य तीर्थ, सिद्ध तीर्थ, अमर तीर्थ, कोटी तीर्थ, शक्ति तीर्थ और प्रयाग तीर्थ ये आठ तीर्थ हैं। इन तीर्थों में स्नानादि कार्य करने से आध्यात्मिक, आधिदैविक, व आधिभौतिक पातक जल जाते हैं और चित्त शुद्धि होती है, ऐसी मान्यता है। सच कहूँ तो मारा जाऊँ, सबके चित्त से उतर जाऊँ, फिर भी कह दूँ कि इन तीर्थों का मेरा दरस-परस भी नहीं है। संगम जाने के लिए नदी-नाव का संयोग नहीं बैठा। इसलिए वह रह गया। बाकी तीर्थ का महातम सिर्फ सुनी-सुनायी बात है। 'कागद की लेखी' है, 'आँखन की देखी' नहीं।

कृष्णा तीरे तो औदुंबर, कल्पवृक्ष, कामधेनु का संगम है। अगर कल्पवृक्ष का कोई देवता है और मेरी हृदय की बात सुनता है तो मेरी चिंता है कि एक रात वाडी तीर्थ में वास्तव्य हो, और इन तीर्थों का दरस-परस हो, मज्जन-पान हो। हो, न हो। मन तो है। अभी तो दत्त की तरह जैसे आये, वैसे चले गये : *यथा आगतम्*। या जैसे गये, वैसे ही कोरे आ गये!

(IV)

"दत्त दिगम्बर माझे गुरु" का अर्थ क्या है? दत्त दिगम्बर मेरे गुरु हैं। यह तो स्पष्ट है।

लेकिन गुरु हैं तो क्या है? क्यों हैं? कब से हैं? कहाँ हैं? हैं कौन? क्या करते हैं?

यह लिखने ही बैठा था कि एक 'ई-मेल' आ गया। दिल्ली से मेरे मित्र ने संदेशा भेजा कि हो चि मिन्ह सिटी (वियतनाम) से एक संदेश आया है कि यह जान कर प्रसन्नता है कि हम लोग बैंकाक और हो चि मिन्ह सिटी आने वाले हैं। तो यात्रा का कार्यक्रम लिखें। और क्या कुछ बौद्ध संस्थानों में जाना चाहेंगे? अगर हाँ, तो अपना जीवन-परिचय लिखें। कहाँ तो दत्त दिगम्बर का जीवन-चरित्र ही नहीं जान सका और जितना पाया वह भी नहीं लिख सका, सिर्फ भूमिका बाँधता रहा। कहाँ यह अपनी तारीफ! इन दो के बीच कुछ भी लिखना नहीं हो पा रहा है। न दत्त चरित्र, न आत्म-चरित्र।

इस बार की महाराष्ट्र यात्रा में एक कहावत सुनी, सो याद आ रही है : "दो घर का पाहुना उपासी"। दो घर का मेहमान भूखा रह जाता है। एक घर के लोग समझते हैं कि वह वहाँ खा कर आया है। या वहाँ जा कर खाने वाला है। दूसरे घर के लोग...। सो ही हाल है। बनारस के मित्र समझते हैं अब तो यह बेंगलूरु रहते हैं। वहाँ जिंदा हैं? नहीं हैं? क्या करते हैं? नहीं करते हैं? क्या खाते हैं? क्या पीते हैं? या नहीं, वे जानें, उनका काम जाने। बेंगलूरु के मित्र धीरे-धीरे समझ गये हैं कि ये तो बनारस के हैं। बनारस की हमेशा याद करते हैं। बनारस की ही भेष-भूषा करते हैं। बनारस की मिट्टी, बनारस की मस्ती, बनारस की मिठाई, यहाँ तक कि बनारस की गर्मी, बनारस की बेतरतीबी सब इन्हें अच्छी लगती है। बेंगलूरु में तो सिर्फ शरीर से रहते हैं, मन इनका यहाँ नहीं है, वहाँ है। तो जहाँ मन है, वहाँ क्यों नहीं जाते? ऐसा कहते नहीं हैं। शिष्ट हैं। बनारसी नहीं। लेकिन शायद ऐसा समझते हैं। और बहुत करके गलत भी नहीं समझते।

उधर बनारस के सनातनी बुजुर्ग और मित्र समझते हैं कि ये तो बौद्ध हो गये। हिन्दू नहीं। अब तो बनारस की परम्परागत सीमा में रहते भी नहीं। पंचकोशी के बाहर सारनाथ रहने लगे हैं। बौद्ध क्षेत्र में हैं। बौद्ध हैं।

उधर बौद्ध विश्व में जब यात्रा की तो वे समझते हैं कि ये वाराणसी के हैं। तो हिन्दू हैं। 'इन्दो', 'इन्दो' कह कर पुकारते हैं। प्रीत हैं। कृतज्ञ हैं कि हिन्दू होकर भी बौद्ध दर्शन और साधना में मानते हैं। लेकिन यह तो अपनी शकल, सूरत से, वेश से, खान-पान से हिन्दू हैं। 'बौद्ध भोजन' यानी मांस नहीं खाते, घास-पात खाते हैं। बौद्ध होते तो प्रेम से हम इन्हें बौद्ध भोजन कराते, न तो खुद खाते हैं, और न हमें चैन से खाने देते हैं। कुछ कहते नहीं, लेकिन दूर से आये हैं। वाराणसी ऋषिपत्तन मृगदाव के

हैं। हिरण का मांस तो छोड़ बकरे क़ा, भेंड़ का भी नहीं, मुर्गे का भी नहीं, मुर्गी का अंडा तक नहीं खाते। तो खाते क्या हैं? जीते कैसे हैं? और कोई भगवान् नहीं मानते। अपने देवी-देवता तो नहीं ही मानते, बुद्ध को भी भगवान् नहीं मानते। तो कैसे अपने को शांत रखते हैं? निर्भय रहते हैं। निर्वैर रहते हैं।

उधर मेरे सनातनी मित्र समझते हैं कि इनको क्या पड़ी है? यह कोई डॉक्टर अम्बेडकर सरीखे भी नहीं। उत्तम कुल, गौतम गोत्र के हैं, काशी के हैं। इन्हें बौद्ध बनने की क्या जरूरत? साधना ही करनी है तो क्या पतंजलि योग नहीं है? अष्टांग योग करें। तंत्र-मंत्र में रुचि है तो शैव-शाक्त तंत्र है। यहाँ क्या नहीं है? मंदिर नहीं जाते तो न जाएँ। सगुण-निर्गुण दोनों ही के लिए यहाँ गुंजाइश है। ठीक है, देवी-देवता, वेद-प्रामाण्य नहीं मानते तो न मानें। यहाँ तो आस्तिक-नास्तिक दोनों प्रकार के धर्म-दर्शन हैं। ऐसे कोई खास धार्मिक भी नहीं। कभी गंगा नहाते, विश्वनाथ जी का दर्शन करते देखा नहीं। एक बार सिर्फ बखेड़े के लिए चार हरिजनों को गंगा-स्नान करा कर विश्वनाथ जी के मंदिर में दर्शन कराने के लिए पहुँच गये। दफा 144 लागू थी। पाँच आदमियों का मजमा जमा करने के लिए और राज्य की निषेधाज्ञा भंग करने के लिए गिरफ्तार कर लिये गये! होली में जेल में रहे। उधर, धर्म-प्रवण दादी ने इनका छूआ खाने से बरज दिया। तो दुःखी भी हुए।

इधर बौद्ध देखते हैं कि मंदिर में कभी और बौद्धों की तरह आसन में बैठ कर, हाथ जोड़कर 'भन्ते' से शील की याचना नहीं करते। शीलभंग करते हैं, ऐसा भी नहीं। लेकिन जैसे बौद्ध को शील के लिए प्रार्थना करनी चाहिए वह भी नहीं करते। शायद करना जानते भी नहीं। और जानना भी नहीं चाहते। सारनाथ में तो कोई इन्हें टोकता नहीं। लेकिन थाइलैण्ड में चियांगमई में पूर्णिमा के दिन एक बौद्ध युवती को इन्हें हिन्दू की तरह सुख-आसन में बैठे देख कर नहीं रहा गया। उसने इनको ठीक से बौद्ध विधि से बैठने को, याचना करने को, त्रिशरण, पंचशील दुहराने को कहा। सो वह भी कर दिया। रोम में पोप के गिरजाघर में 'संडे सर्विस' में भी भाग ले आये। अपने कंधे पर खुद अपना 'क्रास' ढोते ईसा मसीह को देख कर जैसे भाव में आ गये। और वृंदावन में राधा-कृष्ण का कीर्तन करते-करते जो भाव में आ गया उनके भी साथ हो लिये। उधर, इस्लाम का मंत्र, कलमा भी पढ़ दिया। और सिखों का जपुजी तो इन्हें बहुत प्रिय है : एक ओंकार...। न्यूयार्क में यहूदियों के 'सिनॉगॉग' में जाकर तोरा का पाठ भी सुना-गुना। और उसकी शक्ति से और पवित्रता के भाव से तद्‌रूप भी हो गये। तो ये हैं क्या?

और इधर तो कृष्णमूर्ति के साथ 'डायलॉग' करने लगे। डायलॉग करते-करते उनके फाउंडेशन के सदस्य बन गये। और अब उनकी प्रज्ञा परिषद् की कुटी में रहने भी लगे। राजघाट में भी, बेंगलूरु में, ऋषिवेली में, 'वसंत विहार' (चेन्नै), ब्रॉकवुड पार्क (इंग्लैंड), ओहाय (कैलिफोर्निया, अमेरिका), सानेन-रुज़मो जहाँ भी सुन्दर स्थान, सुन्दर स्त्री-पुरुष हैं, वहाँ यह भी हैं। जब कि कृष्णमूर्ति मानते हैं कि "सत्य पथहीन भूमि है", कोई मार्ग कोई गुरु, कोई संगठन किसी को उस तक पहुँचा नहीं सकता। तो यह उसमें भी मानते हैं। और परम पावन दलाई लामा से अभिषेक भी लेते हैं।

उधर बौद्ध गोष्ठी में समझते हैं, और कभी-कभी तो कहते भी हैं, कि ये समाजवादी हैं। समाजवादियों की तरह ही प्रश्न करते हैं। तंत्र-मंत्र का प्रयोजन पूछते हैं। श्रद्धा नहीं करते, प्रश्न करते हैं। शंका करते हैं। बौद्ध हैं, लेकिन अपने मूल गौतम गोत्र को भूले नहीं हैं, जबकि अब तो बुद्ध गोत्र के हैं। उल्टे कभी-कभी बुद्ध को भी गौतम गोत्र में बाँधना चाहते हैं। वैसे तर्क से खण्डन करते हैं कि बुद्ध तो जाति, गोत्र, देश, काल से परे हैं, लेकिन अन्दर-अन्दर इन सब में मानते हैं। बाबा साहब बोधिसत्व डॉक्टर भीमराव अम्बेडकर को बहुत करके डॉक्टर अम्बेडकर कहते हैं। 'बोधिसत्व' मानते हैं? या नहीं मानते? इस पर चतुराई से हँसकर टाल जाते हैं।

और तो और, विपश्यना के अनुभवी माने जाते हैं, लेकिन कितना भी आग्रह करें विपश्यना के बारे में व्याख्यान नहीं देते। प्रचार-प्रसार नहीं करते। शायद अपने कुछ पा गये हैं। या नहीं, पता नहीं, लेकिन कभी उसके बारे में लिखते-पढ़ते नहीं। शिविर में आते-जाते नहीं। एक शिविर कर लिया। समझते हैं, सो ही बस है। अपने में मगन हैं। तो रहें, यह हमारे किस काम के हैं?

ऐसे ही घर-बेघर के मामले में। कहते हैं कि जब से काशी विद्यापीठ का घर छूटा तो बेघर हो गये। सारनाथ में अपने हवेली से मकान को कुटी कहते हैं। जब यहाँ नहीं रहते तो बेंगलूरु में भी 'कॉटेज' है। वहाँ 'हरिद्रनम्' में रहते हैं। चन्दन वन में। और बीच-बीच में यूरोप-अमेरिका का भी चक्कर लगा आते हैं। कभी बौद्ध, कभी कृष्णमूर्ति विश्व में विहार करते हैं।

राग-विराग के बीच भी ऐसे ही झूलते हैं। वेश से सीधे-सादे वैरागी दीखते हैं, अन्दर से अनुराग से अनुरक्त हैं। कवियों को चिढ़ाते हैं, उन्हें उन्मत्त, पागल तक कहते हैं। और खुद छिप-छिप कर कविता करते हैं, यहाँ तक कि गद्य में भी कविता लिखते

हैं। और कवियों से बड़ी आत्मीयता बरतते हैं। मित्रता करते हैं। तो यह क्या है?

आपको शायद इसमें रस मिलने लगा है, या शायद ऊब रहे हैं। लेकिन इन द्वंद्वों के बीच जो जीता है, वही जानता है कि यह जीना क्या है। छुरे की धार पर चलना है। आजू-बाजू जल ही जल है, लेकिन पीने को एक बूँद नहीं। प्यास है। आग की नदी है, डूब कर जाना है। सिर्फ किनारे बैठकर नज़ारा नहीं लेना है। नदी तो दोनों किनारों के बीच बहती है। ज़िन्दगी ऐसी ही दो-रसी है। निरंतर है। और गतिशील है। जंगम है।

ऐसा लिखूँ तो क्या मेरा चरित लिखा जाएगा? इसे लिख भेजूँ तो वियतनाम में या थाईलैण्ड में, या कहीं भी दुनिया में कौन मुझे न्योता देने की जहमत उठाएगा? न भी लिखूँ तो क्या यह सच नहीं है? सरासर झूठ है?

नहीं, सच भी नहीं, झूठ भी नहीं। इसके बीच में कुछ है। सो क्या है? और यह क्या दत्त दिगम्बर का चरित्र है? शीर्षक 'दत्त दिगम्बर माझे गुरु' का देते हैं, और लिखते हैं अपने बारे में। आपके बारे में किसको क्या पड़ी है, जानने-सुनने की। हम तो यह पढ़ रहे हैं यह जानने के लिए कि दत्त दिगम्बर कौन हैं? और आपके गुरु क्यों हैं? कैसे हैं? और आप हैं कि अपना ही बखान किये जा रहे हैं? आप हैं कौन? क्या चीज़ हैं? जो बेशर्मी से अपना बखान कर रहे हैं।

तो हे पाठक! मुझे क्षमा करेंगे। दत्त दिगम्बर इसलिए मेरे गुरु हैं कि वे इन द्वंद्वों से परे हैं। निःद्वंद्व हैं, निर्द्वंद्व। अवधूत हैं। विधि-निषेध से परे हैं, द्वंद्व, द्वैत से परे हैं, अद्वैत से भी परे हैं। अन्तर-बाह्य के पचड़े में भी नहीं पड़ते। वे मेरी तरह दो घर के पाहुना नहीं हैं, इसलिए भूखे नहीं। अनचाहे नहीं। प्रातः काशी में गंगा-स्नान करते हैं मध्याह्न में कोल्हापुर में भिक्षाटन करते हैं, माहुरगढ़ी में शयन करते हैं। सह्याद्रि में विराजते हैं। हिमालय में यात्रा करते हैं। जहाँ भी जाते हैं चारण-भाँट उनकी बाट जोहते हैं। प्रशस्ति करते हैं। उनके लिए पृथ्वी अगम्य नहीं है। न अन्तर-बाहर का, या किसी प्रकार का द्वंद्व है। उनका सम्यक् अन्तर-बाह्य के द्वंद्व के परे है, राग-विराग के परे है, हिन्दू बौद्ध, मार्ग-अमार्ग, गुरु-निगुरे, दीक्षा-अदीक्षा, मंत्र-तंत्र सबके परे। जो मध्य है उसके मध्यतर, अन्तर के अन्तरतर में वे पैठ कर सहज अमृत चखते हैं, जैसे नारियल के फल के जटा-जूट के अन्दर का जल। *अवधूत गीता* में मौज में उचारते हैं : *मध्यान्मध्यतरं ज्ञेयं नारिकेल फलाम्बुवत्* ।। II, 20।।

(V)

अवधूत या जीवन-मुक्त के लिए यह कहना जितना आसान है, उतना जीना नहीं। कम से कम मेरे लिए नहीं। यह किसी सड़क के किनारे, या नारिकेल के निभृत निकुंजों से एक नारियल ले कर उसे सिरे से छेदकर और एक पाइप डाल कर पीने जैसा सौदा नहीं है। यह मध्य क्या है?और मध्य का भी मध्यतर क्या है? यह जान लेना कठिन है। और क्षण-क्षण इसे हर किसी को अपने ही रोजमर्रा के व्यवहार में देखना है। इसका कोई गढ़ा-गढ़ाया मध्यम मार्ग नहीं है। यह सिर्फ निषेध भी नहीं है, न विधि है। विधि, निषेध नहीं है और वह है। यह शुभ, अशुभ भी नहीं, बस है।

अब इसे कोई शब्द से नहीं जान या जता सकता। शायद मौन में और मौन के जरिए यह स्पंद होता है, या नहीं होता। इसे रहस्य न बनाएँ। जो है, सो है। ज्यादा न तानें, कि तार ही टूट जाए, न इतना ढील दें कि वीणा के बोल ही न निकलें। इसे सम्बन्धों के दर्पण में देखें, अपनी ही जिन्दगी के रोजमर्रा के व्यवहार में, तो शायद कुछ अनदेखे में देखने की आँख मिले। न मिले। अवधूत निर्द्वंद्व हैं, तो क्या वे सदा सर्वत्र सब में ऐसे ही निर्द्वंद्व हैं? क्या ऐसा वे जन्म से हैं? या उन्होंने यह द्वंद्व रहितता किसी साधना से प्राप्त की है? पता नहीं। दत्तात्रेय तंत्र है। जूना अखाड़ा है। प्राचीन है, गिरनारी कहलाता है। दिगम्बरों का सबसे जाग्रत अखाड़ा है। काशी में हनुमानघाट में अब इसका केन्द्र है। दत्तात्रेय इस अखाड़े के इष्ट देवता हैं। लेकिन *अवधूत गीता* (I, 54) में तंत्र-मंत्र का निषेध भी है। ''न गुरु है, न उपदेश है, न उपाधि है, न क्रिया है, मुझे स्वभाव से विदेह, विशुद्ध और आकाश के समान जानो।''

अब अगर इसकी तुलना *श्रीमद्भागवत* (अध्याय 7-9) में आये उनके 24 गुरुओं के व्याख्यान से करें तो कैसा? यहाँ तो कहते हैं कि गुरु नहीं, वहाँ अपने 24 गुरु बताते हैं। पृथ्वी से सहिष्णुता; वायु से अनासक्ति; आकाश से अलिप्तता, और व्यापकता; जल से स्निग्धता, मधुरता, निर्मलता; अग्नि से तेजस्विता, मलनाश और श्रेयस्करता; चन्द्रमा से उपाधिरहितता; सूर्य से स्थितप्रज्ञता, दुर्गुण-परिहार और सद्‌गुण का प्रखर व्यवहार; कबूतर से संगत्याग; अजगर से यदृच्छा से प्राप्त लाभ से संतोष; समुद्र से अक्षोभ, प्रासाद, गाम्भीर्य, लाभालाभविवेक और समानदृष्टि; पतंग से परित्याग, भँवरे से मधुकरी वृत्ति; हाथी से विषय-गोष्ठी त्याग; मधुपालक से असंग्रह, हरिण से ग्राम्यगीत, नृत्य वाद्य

से विरति; मछली से संयम; पिंगला से ग्राम्य-संगत्याग और आत्मोद्धार; टिटिहरी से असंग्रह; सर्प से बिना घर के रहना; मकड़ी से खुद अपने जाल बुनना और समेटना; कुमारी कन्या से एकांत रुचि; लोहार से एकाग्रता; कीट से सरूपता, और सबके ऊपर अपनी देह से विरक्ति, विवेक और असङ्ग; इस प्रकार 24 गुरुओं से एकाधिक गुण सीखा है। ये सभी उनके गुरु स्थानीय हैं। यहाँ तो संक्षेप में सिर्फ गुण गिना दिये गये हैं। *श्रीमद्भागवत* के ग्यारहवें स्कंद के अध्याय 7-9 में कही गयी उद्धवगीता में दत्तात्रेय ने इनकी कथा कही है। सो द्रष्टव्य है। यहाँ तो सिर्फ उन कथाओं की सीख का सार या तत्त्व या पद कहा गया है। पद पदार्थ नहीं। जो हो, जब 24 गुरु हैं तो फिर गुरु नहीं है, उपदेश नहीं का क्या मतलब है?

तर्क बुद्धि से या तो गुरु हैं? या गुरु नहीं? भाषा ऐसा दो-टूक बँटवारा करती है। जब कि जीवन सतत-निरंतर है। एक संदर्भ में, एक अर्थ में पृथ्वी आदि अनेक गुरु हैं, और आखिरी अर्थ में कोई गुरु नहीं है, न कोई उपदेश है, न शिष्य है, गुरु शिष्य भी है, और शिष्य गुरु, इत्यादि। अतः अवधूत की संध्या भाषा का मात्र शब्द-अर्थ नहीं ग्रहण करना है, बल्कि अर्थ का अर्थ जान लेना है, जैसे नारियल के अन्तर का जल पीना है। अर्थ के अन्तर में उतरना है। शब्द तो संकेत मात्र है। शब्द को ऐसे मौन में होम करना है कि अशब्द हो जाए। जैसे अगरबत्ती जब जलाते हैं तो ही उसमें से सुगंध आती है। और वह हवा में आकाश में बिखर जाती है। अगरबत्ती जल जाती है और सुगंध छोड़ जाती है।

यह दत्त दिगम्बर के चरित्र में कहाँ है? क्या यह सिर्फ कोरा शास्त्र-ज्ञान है? या कहीं इसका जिन्दगी से मेल है? उनके जन्म की कथा में यह द्वंद्व उनकी माँ अनसूया के जीवन में तो आता है। कथा प्रसिद्ध है :

अत्रि सप्तर्षियों में से एक हैं। वे सरयू के तट पर आश्रम बना कर तपश्चर्या करने लगे। प्रजापति की कन्या अनसूया से विवाह किया। इस जोड़ी की ऐसी श्रद्धा हुई कि उन्हें एक ही पुत्र हो जो जगत का उद्धार करने वाला हो। उसके लिए उन्होंने विष्णु की उपासना की। अत्रि ऋषि के संसर्ग से अनसूया और भी अधिक आतिथ्यशील, प्रेमल, सद्गुणी और अगत्यशील बनीं। उनके पातिव्रत्य की देवताओं में भी चर्चा होने लगी। तभी नारद ने एक युक्ति की। उन्होंने अनसूया के पातिव्रत्य और आतिथ्यशील की बड़ाई उमा, रमा और सावित्री-देवताओं की पत्नियों से की। इससे उनके मन में मत्सर पैदा हुआ।

उन्होंने अपने पतियों से ब्रह्मा, विष्णु, महेश को अनसूया की परीक्षा लेने के लिए अत्रि के आश्रम पठाया। उनके कहे मुताबिक त्रिदेव अत्रि ऋषि के आश्रम पहुँचे। उस घड़ी ऋषि बाहर गये हुए थे। अनसूया अकेले आश्रम में थीं। उन्होंने इनका आदर-सत्कार किया। आसन दिया, पूजा की और पति के आगमन के बाद भोजन करने की विनती की। परंतु वे बोले, "हम बहुत भूखे हैं, दूर से आये हैं। तुम्हारी आतिथ्यशीलता की महिमा सुनकर यहाँ आये हैं। तुम अपने आश्रम में इच्छा भोजन कराओ! अगर वह नहीं मिलता तो हम अन्यत्र जाएंगे।"

यह सुनकर अनसूया सोच में पड़ गयी। आतिथ्य धर्म में बाधा जान कर उसने भोजन की तैयारी की। पूछा : "आपका इच्छा भोजन क्या है?" उन्होंने उत्तर दिया, "हमारा भोजन तो सादा है, पर तुम पूर्ण विवस्त्र होकर हमें भोजन परसो, तो हम तृप्त होंगे।"

अनसूया के लिए यह कसौटी का क्षण था। उसने धैर्य नहीं छोड़ा। और सत्वहरण को टालने का उपाय किया। क्षण भर के लिए पति चरणों का स्मरण किया। तुलसी दल से उन देवों पर तीर्थ का जल छिड़का। उससे तीनों बालक हो गये। जो ब्रह्मा, विष्णु, महेश उसके चरित्र हरण के लिए जार बन कर आये थे, वे तीन बालक बन गये। उन्हें वात्सल्य से उसने भोजन कराया। यह मनुष्य के मन के सामर्थ्य और सत्य संकल्प का प्रत्यय है।

कालांतर में पति की खोज में उमा, रमा, सावित्री अत्रि ऋषि के आश्रम आयीं। वहाँ उन्होंने आश्चर्यजनक घटना सुनी। अनसूया ने कहा कि आप लोग अपने पति को खोज लें। पर वे पति को पहचान नहीं सकीं। तब उसने अपने सामर्थ्य से उन्हें अपने मूलरूप में ला दिया। ब्रह्मा, विष्णु, महेश अनसूया के सामने नतमस्तक हुए। आशीर्वाद दिया कि "हम अंशरूप से तुम्हारे पेट से जन्म लेंगे।" पुत्र जन्म के अनन्तर उसका नाम 'दत्त' (देवों द्वारा दिया हुआ) और अत्रि के नाम से 'आत्रेय' जोड़कर दत्त+आत्रेय = दत्तात्रेय हुआ।

(चन्द्रहास जोशी, *श्रीक्षेत्र नृसिंहवाडी माहात्म्य*, पुणे, 1993, पृष्ठ 21-23, मराठी मूल से भावानुवाद)

अब इस कथा की भी क्या व्याख्या जरूरी है? पुराण की शैली में अनसूया का द्वंद्व, पातिव्रत्य का और आतिथ्यशीलता का, यहाँ उभर कर आता है। सो ही द्वंद्व

आधुनिक जीवन का नहीं है। आज कौन इतनी पतिव्रता है? और कौन इतना आतिथ्यशील है? किन्तु द्वंद्व है। कौन निर्दंद्व है? स्त्री-पुरुष सम्बन्धों के अनेक द्वंद्व—स्वतंत्रता और स्वैराचार के, इन्द्रिय सुख और उसके परिणाम के प्रति जिम्मेदारी के, मुक्तता और प्रामाणिकता आदि के नये-नये रूप-रूपाकारों में आज उभर रहे हैं। प्रश्न है कि दत्तात्रेय क्या अपने दिव्य जन्म के कारण इनसे निर्द्वंद्व हैं? या इन द्वंद्वों से गुजर कर—बन्ध-मोक्ष, माया-अमाया, छाया-अछाया आदि द्वंद्वों से गुजर कर उनके पार चले गये हैं? या उन्हें यह द्वंद्व व्यापते ही नहीं। वे स्वभावतः निर्मल, शुद्ध, बुद्ध हैं? विरक्त और निःसङ्ग हैं?

अवधूत अपने बारे में बहुत तो नहीं कहते, पर *श्रीमद्भागवत* के उसी प्रसंग में संकेत करते हैं। इस प्रकार अनेक गुरुओं से सीख कर उनमें वैराग्य पैदा हुआ। (*एवं सञ्जातवैराग्यो*)। इस विज्ञान के आलोक में, अपने में स्थित, मुक्त संग और अहंकार रहित वे पृथ्वी पर विचरते हैं। एक गुरु से सुस्थिर और पुष्कल ज्ञान शायद नहीं होता। ब्रह्म अद्वितीय है, ऋषि बहुधा, बहुत प्रकार से उसका गान करते हैं, इसलिए किसी एक से स्थिर और पुष्कल ज्ञान नहीं हो सकता। ऐसा कह कर अवधूत जैसे आये थे वैसे ही चले जाते हैं : *यथागतम्*।

अन्ततः तो शायद कोई गुरु नहीं है, अपना 'क्रॉस' खुद ढोना है, खुद ही अपना पथ ढूँढ़ना है या खोना है; किन्तु व्यवहार में एक नहीं, अनेक गुरु हैं। सत्य एक कुँआरी भूमि है, उस पर पहली बार खुद विहरना है।

अवधूत गीता (I, 48) में कहा गया है कि न षडङ्गयोग से शुद्ध होता है, न मनोनाश से, न गुरु उपदेश से ही शुद्ध होता है, वह तो स्वयं तत्व, स्वयमेव बुद्ध है। फ़िर, बिना प्रयत्न जो निश्चल है वह चल-अचल प्राप्त करता है, स्वभावतः शान्त चैतन्य और आकाश के समान है। (II, 3) इसका क्या अर्थ है? यह तो सही है कि वह न तो योग से शुद्ध होता है, न मनोनाश से, न गुरु उपदेश से। वह तो वही है, स्वयमेव बुद्ध हैं। स्वभावतः शुद्ध, शांत और चैतन्य हैं, गगनोपम हैं। प्रयत्न से वह प्राप्त नहीं है। किन्तु क्या इसका मतलब यह है कि अब वह प्राप्त होता है तो होता है, इसलिए चुपचाप पड़े रहना है। न योग है, न तंत्र, न मंत्र, न जप, न कोई यत्न है, न कर्म चेष्टा, न मार्ग है, न भूमि, न फल। शायद यह भी सही नहीं है। शायद निषेध इस बात का है कि योग आदि से, मार्ग से, गुरु उपदेश या दीक्षा से वह प्राप्त होता ही है, इसकी

कोई 'गारंटी' नहीं। कोई निश्चित अनिवार्य कार्य-कारण सम्बन्ध नहीं है। यह है, और वह होता है तो एक क्षण में होता है, और नहीं है तो नहीं होता है। बस इतना है। शायद यह शब्द से कहा नहीं जा सकता। मौन से इसका साक्षात् होता है।

फिर, *अवधूत गीता* (II, 17) में विश्व के विष और मूर्च्छा के विनाश का एक अमोघ अस्त्र 'सहज' बताया गया है। यह सहज क्या है? प्रायः भाषा में इसका अर्थ बिना प्रयत्न के, स्वाभाविक, नैसर्गिक, सरल हो गया है। सहज का एक पारिभाषिक अर्थ है : *सह जायते इति सहजः*। जो साथ-साथ उत्पन्न होता है, जैसे द्रव्य और उसका गुण वह सहज है। जैसे आग के साथ ताप और प्रकाश और जलाना।

अब प्रश्न है कि मनुष्य के लिए सहज क्या है? क्या है जो उसके साथ पैदा होता है? वह भी क्या एक है? या भिन्न-भिन्न है? या भिन्न-भिन्न होते हुए भी उसमें कोई एकता का सूत्र है? इस खोज का कोई अन्त शायद नहीं है। क्या सहज शुद्ध है? और मल आगन्तुक है? सहज शुद्ध है और मल आ गया है तो वह जा सकता है। अगर सहज अशुद्ध, हिंसा है, राग-द्वेष-मोह है इत्यादि है तो फिर उसका छूटना कठिन है। क्योंकि यह तो जैसे आग है और वह जलाये नहीं ऐसा मानना है। शायद सहज न शुद्ध है, न अशुद्ध है, कोटियाँ नहीं हैं, द्वंद्व नहीं है, द्वैत नहीं है, और वह है। जो भी है, उसे जानना और उसके साथ सजगता से जीना है। शब्द की माया से छूट जाना है। अन्यथा तो इस माया जाल का अंत नहीं।

जैसे, क्या यह सही नहीं है कि जो भी भेद हो, सब प्राणी स्नेह चाहते हैं, उपेक्षा नहीं। कम से कम मैं स्नेह चाहता हूँ, तो शायद दूसरे भी स्नेह चाहते हैं। इसलिए मुझ में ऐसा क्या विशेष है कि मुझे तो स्नेह मिले और दूसरे को उपेक्षा। शायद शांति इसका आरंभ और अन्त दोनों ही है। शांति में से और शांति के द्वारा यह प्राप्त है, न कि प्रयत्न साध्य। क्या यह जीवन-मुक्त के लिए ही सच है? अवधूत गीता है? मुक्त पुरुष का लक्षण है? या यह साधारण दैनंदिन जीवन में भी देखा जा सकता है? जीया जा सकता है?

●●●